妈妈的远见，才是孩子的起跑线

一个大学老师的10年教子心得

付雪 / 著

中信出版集团 | 北京

图书在版编目（CIP）数据

妈妈的远见，才是孩子的起跑线 / 付雪著 . -- 北京：中信出版社，2019.6（2024.7重印）

ISBN 978-7-5217-0025-1

I. ①妈… II. ①付… III. ①家庭教育 IV. ① G78

中国版本图书馆 CIP 数据核字（2019）第 024328 号

妈妈的远见，才是孩子的起跑线

著　　者：付雪
出版发行：中信出版集团股份有限公司
（北京市朝阳区东三环北路27号嘉铭中心　　邮编　100020）
承 印 者：北京盛通印刷股份有限公司

开　　本：660mm × 970mm　1/16　　印　　张：23　　字　　数：288 千字
版　　次：2019 年 6 月第 1 版　　印　　次：2024 年 7 月第 6 次印刷
书　　号：ISBN 978-7-5217-0025-1
定　　价：58.00 元

服务热线：400-600-8099
投稿邮箱：author@citicpub.com

目录

Chapter 1
也爱也管教，斗智又斗勇

Chapter 2 孩子仿佛突然长大，父母如何不被落下

Chapter 3 让孩子爱上阅读和写作

Chapter 4 兴趣班，谁的兴趣谁的班

Chapter 5 不是我们教育了孩子，而是孩子教育了我们

Chapter 6 你是妈妈，你是你自己

Chapter 1

也爱也管教，斗智又斗勇

相对于老师，孩子其实更在乎父母对自己的看法。只要父母坚定地爱护和支持他，那么他就是自信的、放松的。任何教育体制下，乐观、积极、灵活思考的人都会有无上的生存空间。

“恰到好处”的孩子和大人

儿子上个学期被老师批评得有点儿多，尤其是期末的时候，竟还被叫了一次家长，搞得我也有些招架不住了，拿不准到底该怎么对付他。打击重了，怕他失去了个性；轻了，又怕他没有切肤之痛。于是，为了怎样才算批评得“刚刚好”而纠结不已。

一日，跟朋友闲聊又自然扯到了孩子身上，我大倒苦水，跟她描述我收到老师告状短信的时候如何头晕目眩，接到老师电话的时候简直都能屁滚尿流。谁知她听了之后来了一句，我太羡慕你了！

我错愕不已，如此境遇，怎可能还会招来艳羡？

朋友接着说了下去。她说，我儿子从来就没被告过状，他老师只给我打过一次电话，我一开始看是老师打来的还挺高兴，心想终于惹点儿事儿了，可谁知老师只是说他裤子弄湿了，叫我给他送条裤子。唉，我多希望能接到一次老师的告状电话啊。

听完她的话，我忍不住大笑了起来。这番安慰着实奏效，你看，人家想被告状还告不成呢！

我想起有一次跟另一个朋友聊天时，她讲起她的女儿，说是叫写作业就写作业，叫练琴就去练琴，乖顺得让人有点无措。我说这多好啊，我儿子要是有这一半也好啊。可她说，我觉得不踏实，你说她现在那么乖，会不会突然有一天就一下子还给我了？

听了她的话，爆笑之余，不由得又觉得有些悲凉，我们这些做妈妈的，是不是有点儿太多虑了！好像无论孩子怎样，都有发不完的愁，担不完的心！

说老实话，为父为母的你，是不是也有过类似的想法呢？

比如说，如果自己的孩子老实，你希望他不要太老实，最好也能像 ××× 一样调皮一点儿，老实的孩子比较沉稳，调皮的孩子比较灵巧，最好一半一半；

比如说，如果自己的孩子乖顺，你希望他不要太乖太顺，最好也能像 ××× 一样叛逆一点儿，乖顺的孩子比较省心，叛逆的孩子比较有主见，最好一半一半；

比如说，如果自己的孩子性格内向，你希望他不要太内向，最好也能像 ××× 一样来点儿人来疯，内向的孩子善于思考，外向的孩子善于交往，最好一半一半；

再比如说，如果自己的孩子性格敏感，你希望他不要太敏感，最好也能像 ××× 一样什么事出门就忘，敏感的孩子心思细腻，粗放的孩子心胸宽广，也最好是一半一半。

反过来说，如果自己的孩子太调皮，太叛逆，太外向，太粗放，你肯定更是安心不到哪儿去，担心他在外跟人打架了，发愁他很容易就被人拐走了，生气他如果不结结实实地被打一顿就根本记不住自己犯过的错。情急之下，说不定还会被逼亮出撒手锏，说，你看看人家隔壁王二狗！

这简直就是甲之砒霜，乙之蜜糖。

村上春树曾经在一篇讨论年龄的文章里说，经常纠结于自己年龄的人不妨换个想法，其实“不管多大年纪都无所谓，无非就是个恰到好处的人

罢了”。他还自我解嘲说，自己“长相不英俊，腿也不长，还五音不全，又不是天才，细想起来几乎一无是处。不过我自己倒觉得‘假如说这样恰到好处，那就是恰到好处啦’”。

由此看来，“恰到好处”这个词其实带有很大的欺骗性，看似有据可依，让我们不知疲倦地去追求，希望能够踏踏实实踩到那个点，希望那个让人操心的娃即使不完美，至少也可以与之无限接近。可实际上，到底什么叫“恰到好处”，还不是全凭自己一句话。

所以，调皮的、老实的、乖顺的、叛逆的，不管他/她是个怎样的孩子，只要我们少一些对比，少一些左思右想，或者少一些完美主义，那么他/她也“无非就是个恰到好处的人罢了”。

就像我，之前还给儿子立了家规，规定他每周罚站不得超过三回、留堂最多一回，现在想来也是好笑。于我而言，这是一种让人心安的平衡，可是换作别人，有可能早就忍无可忍了。

每个人的“恰到好处”都是不一样的，我们就不必自寻烦恼了。

小孩子也有“选择困难症”

放了学，加加还不肯离开校园，和同学果果一起在操场上撒欢儿。跑了两圈儿，在一旁等候的果果爸爸有些不耐烦了，对果果说：“你还去不去毛毛家玩儿了？”

我猜想毛毛应该是果果的好朋友吧。

果果一脸纠结地说：“嗯……我也不知道。你说还去不去？”

“你自己决定，是在这里玩，还是去毛毛家。自己想清楚！”果果爸爸说。

果果看看操场上疯玩儿的小朋友，又回头看看爸爸，小眉头皱皱的，嘟囔着说：“我……我也不知道！你说呢？”

“这是你自己的事，你要自己做决定。”爸爸再次大声提醒。

果果的眼神开始有些慌乱和躲闪。看到这种情形，我也忍不住替果果纠结起来。唉，这个选择题还真是不好做啊！

一直以来，中国传统的家庭教育最为人诟病的地方之一就是父母总把孩子当成自己的附属品，不懂得尊重他们的意见和做人的权利。而受过良好教育的新一代年轻父母充分意识到了这一点，决定要像西方的家庭教育学习先进的经验，要做民主的父母。于是，现在的孩子就经常要面对这样的问题：今天中午你想吃胡萝卜还是蘑菇？这衣服你是想要蓝色那件，还是绿色那件，还是黄色那件？这个变形金刚和蜘蛛侠，你想要哪一个？如果孩子可以顺利给出答案，那父母的民主得到了充分的体现；如果孩子说不出个子丑寅卯，说不定还会被批评没主见。

但是换位思考一下，如果我是孩子，刚吃完早饭就问我中午想吃胡萝卜还是蘑菇，我可能也说不上来，又不是要选红烧肉还是青菜；衣服的话，三个颜色都很好看啊；变形金刚和蜘蛛侠，难道不能两个都要吗？所以，**做选择题有时并不像我们想的那么容易。我们急于矫正传统教育的弊端，但是把握不好、矫枉过正的话可能会给孩子带来更多的压力，正所谓过犹不及！**

再回到一开始摆在果果面前的选择题。其实果果爸爸能够征询果果的意见，而不是不由分说就把他拉走去毛毛家玩儿，已经是民主的体现了。而在孩子一时无法做出选择的时候，爸爸可以使用一些小技巧来减轻孩子的压力。比如，爸爸可以说，我觉得去毛毛家玩儿挺好的，他一定准备了好吃的水果等我们。这时，“水果”就成了释放压力的缺口。要是果果很想吃水果，他一定会马上做出决定，高高兴兴跟爸爸去毛毛家了；如果水果吸引力不强，那么果果很可能决定留下来继续在操场上玩。不管怎样，都不用再纠结，也可以玩儿得痛快。

说到这里，我也想起自己在育儿过程中遇到的一件类似的事。加加习惯抱着玩具入睡，而有一天就为到底该抱哪个玩具而左右为难。

他问我：“妈妈，我要抱小鳄鱼睡还是要抱大车睡？”

我的第一反应就是，是你睡觉，又不是我睡觉，你爱抱啥抱啥。于是我说：“你自己看着办吧！”

可是，他还是不知道到底选A还是选B。眼看着就快纠结得睡不着觉了，我给出了自己的理性分析：“要不就抱小鳄鱼吧。小，抱着不占地方。车车抱着有点儿大吧！”

听完我的话，加加二话没说，直接就把小鳄鱼扔到了床尾，一边抱紧了大车，一边叨叨：“天天抱小鳄鱼，都抱烦了！”然后就滚到一边，很快进入了梦乡。

虽然“气”得我捶胸顿足了半天，但是我的分析最终帮他做出了决定：难道就因为“小，抱着不占地方”，我就要抱它睡觉吗？

所以，表面上看，给孩子做“选择题”是尊重他们的意见也保证了他们的权利，但是由于孩子的理性思维还没有发展到那一步，很多情况下，他们会感觉到“选择恐惧”，还需要我们家长帮帮忙，做出引导。

但是，有一种情况，“选择题”反而会大大减轻孩子的压力，帮他们快速解决问题。

记得有一次加加放学的时候又被老师留堂，说是彩排节目的时候不认真，在舞台上捣乱，不听指挥。回到家，我跟他谈话，问他：“为什么彩排节目不认真，为什么捣乱？”

一连两个“为什么”像炮弹一样砸得他有点儿晕，“嗯……”了半天也没说出个一二三来，小脸儿都快憋绿了。

忽然，我意识到，当他听到这两个“为什么”的时候，是不是就像我听到他的“为什么”时感觉一样啊，毫无头绪，越想越乱。于是，我变换了一种“审问”的思路，说：“我给你四个答案，你看看自己属于哪种情况？A. 你想引起其他小朋友的注意；B. 你不喜欢彩排这件事；C. 你太兴奋了，有点儿失控；D……”

结果我 D 还没说出来，就被他打断了。“是 C，是 C。”他高兴地说。

“你确定？”我又问。

“就是 C，我是第一次到那个大舞台上面，很漂亮，我太激动了。”说话时，他的大眼睛忽闪忽闪的，那感觉怎么看都不像是在挨批评，反而像是千辛万苦终于想出了问题的答案，心里特别舒畅。

鉴于这种情况，我又批评教育了他两句就速战速决了，心里也很透亮。他这个年龄，自控能力不强，自省能力更谈不上，硬逼着他去做“问答题”可能会把我们两个都逼疯。**而将“问答题”转化成“选择题”，不仅简化了做题程序，也是在帮他理清思路，帮他自省。**

由此可见，育儿路上随处可见的“选择题”并不仅仅承载了父母要进步要民主的愿望，只要稍微补充一些技巧，“选择题”就不会变成为难孩子的屏障；而且，好好加以利用，还能起到促进问题解决、提升孩子思维能力的作用呢！

别人家的孩子，你也有

昨天，加加的老师留了个作业，把刚学的课文里的故事给家长复述一遍。故事是这样的：

三个妈妈在井边打水，一个白胡子老爷爷坐在旁边的石头上休息。

一个妈妈说："我那个儿子既聪明又有力气，谁也比不过他。"

又一个妈妈说："我那个儿子唱起歌来好听极了，谁都没有他那样的好嗓子。"

另一个妈妈什么也没说。

那两个妈妈问她："你怎么不说说你的儿子呀？"

这个妈妈说："有什么可说的，他没有什么特别的地方。"

三个妈妈打了水，拎着水桶回家去，那个老爷爷跟在后边慢慢走着。一桶水可重啦，水直晃荡。三个妈妈走走停停，胳膊都痛了，腰也酸了。这时，迎面跑来三个孩子。

一个孩子翻着跟头，像车轮在转，真好看！三个妈妈被他迷住了。

一个孩子唱着歌，像鸟儿在叫，真好听！三个妈妈也被他迷住了。

另一个孩子跑到妈妈跟前，接过妈妈手里沉甸甸的水桶，提着走了。

一个妈妈问老爷爷："看见了吗？这就是我们的三个儿子。怎么样啊？"

"三个儿子？"老爷爷说，"不对吧，我可只看见一个儿子。"

听他讲完这个故事，我自然而然地问道，为什么老爷爷只看见一个儿子。他说：老爷爷年纪大了呗，眼睛不好！

我严重怀疑该同学上课又没专心听讲，于是耐着性子给他分析讲解了一遍，并着重强调了怎样做一个好儿子。

他不好意思地一边"嘿嘿"笑一边说：哦，哦，是这个意思啊！然后，闪电般转移了话题说，你看，我改装的这个飞机飞得很厉害的！边说边玩起了纸飞机，好像刚才的谈话从没发生过一样。

我有些不甘心，努力想把话题扯回去，谁知他把食指放在嘴边做了个"嘘"的动作。我说你干吗，他说，不要再唠叨了！我翻着白眼瘫软在沙发上。

其实，我当时立刻就明白了他嫌我唠叨的原因。在我解释这个故事含义的时候，好像是在表达着对他的某种期望，而且使用了最不招人待见的"你看看人家的儿子"这种对比的方式，所以遭到了他无言的反抗！我也明白他"嘘"我其实是一种自我保护，**被别人赋予期望是一件很有压力的事情，特别是在有具体的参照物的时候，如果达不到期望怎么办呢？**所以，实际上我从不拿他跟别人做比较，而这次感觉像是在头脑不清楚的情况下一下子掉进了什么陷阱，浑身不自在起来。

话说回来，如果真的要像故事里的三个妈妈一样比儿子，我也真没什么可比的，因为他简直就是个“劣迹斑斑”的家伙。从幼儿园开始，就被留堂，还被叫家长。六一儿童节的表演因为不乖，老师不让他登台，最后劳烦爸爸跟老师吵了一架才勉强被塞到了最后面看不见的地方。他没有学乐器，没有学画画，没有学下棋，要说才艺或者特长的话，不知道玩了四年勉强能捏出人形的陶艺算不算。他没考过一百分，学习成绩中等，没有比赛得过奖，没有上过光荣榜，连入个少先队都没有挤进第一批。要真去跟别人比的话，我早就吐血了。

所以，为了自己的健康，我才不比。可是，你要问他最喜欢做什么事，他会说，我最喜欢“比”。比什么呢？什么都比。比谁跑得快，比谁吃饭香，比谁个子高，比谁腿比较长……他甚至可以用那“三寸不烂之舌”把一个明明比他优秀很多的小朋友瞬间比得自惭形秽。

有一次，我问他，有没有觉得自己长得不太好，或者对自己某个部位不满意，因为我自己小时候就总会有这种感觉，觉得自己脸太大、腿太粗，等等。他说，没有，我觉得自己长得挺好的，你有那种感觉，是因为你本来就不漂亮！看吧，盲目自信的程度已经到了令人发指的水平！

可是，我不比并不代表我对他没有期望。我期望他乘电梯的时候老老实实站好不要蹦；我期望他大口吃红烧肉的时候能够自觉地夹点青菜；我期望他少罚两回站；我期望他能整洁一点儿不要把书包搞得像个垃圾桶；我还期望他每天都高高兴兴……总之，**只要我的期望不以别人为导向，应该就可以尽量避免摧残他的自信心而变成一个烦人的妈妈，我一直这样想并时刻注意着自己的言行！**

不过，人生是很现实的，我不摧残不代表他永远不会遭受打击。一年级的时候，有次英语测试 50 分的试卷考了 29 分。他问我如果换算成

100 分他相当于考了多少分，我实话实说告诉他没及格。没想到，从那以后他开始发奋图强，后来的每次测验都得 A 和 A+。于是，接着爆棚，你若问他英语难不难，他肯定说，超……简单。

还有，升了二年级之后，为了追求速度，字写得越发潦草和脏乱，每次考试或者作业都会被扣字体分。我从书柜里翻出了他一年级的作业本给他看，起初他都不相信那是自己写的，一笔一画，工工整整。从那以后，他再也没有因为字体或卷面不整洁被扣过分！**所以，自己对自己有期望，并且能够通过自己的努力找回自信，这比什么都重要吧！**

因此，对于这个不惹麻烦就无法生活下去的熊孩子，我基本还是可以保持淡定的。你若问我信心从何而来，那肯定是他的自信多到 hold 不住了而分给我的。

而说到期望，那么回到最初那个故事，我难道不应该期望他对我孝顺一点儿吗？当然应该了，简直天经地义。于是我趴在沙发上，有气无力地说，哎哟，今天上了一天的班，累死了！他趿拉着拖鞋“哒哒哒哒”地跑过来，握起拳头“砰砰砰”给我捶起了背，边捶边自言自语说，那个老爷爷肯定看见我了。于是，吃饭的时候，我看着他的碗说，你的叉烧那么多啊。他夹起一块放我碗里说，你吃吧！然后眼珠一转换上一脸坏笑，我赶紧抢先说，行了，老爷爷看见你了！他边吃饭边挺起了胸膛！

当我的期望和他的期望保持一致的时候，事情好办多了！

被人喜欢是最大的正能量

某天吃饭时，我和加加愉快地聊了起来。

我问他：“你有没有被老师表扬过啊？”

他顿时喜形于色，说：“有啊，今天就被英语老师表扬了！”

我迫不及待地问道：“怎么表扬的？”内心一下子充满了前所未有的鼓舞。

“老师说我上课没有乱叫，就奖励我上台表演了！”他说。

Duang 的一下。

但我继续问道：“上台表演？别人都没演，就叫你演了？”

“切，别人都演完了，最后才叫我演的。”

Duang！ Duang！

可既然开了个头，不得到我想得到的答案，怎么能够轻易放弃呢！于是我接着问道：“别的老师表扬过你吗？”

“嗯……张老师也表扬过我！”他得意地说。张老师是数学老师。

瞬间一个希望的泡泡升了起来。泡泡很薄，我生怕一不小心把它弄破，于是屏住呼吸小心翼翼地问道：“怎么表扬的？”

“张老师说我最近上课都不捣乱了！”

Duang！ Duang！ Duang！

可我仍然无法死心。

“朱老师呢？朱老师表扬过吗？”朱老师是班主任，感觉成败在此一举了！

“朱老师也表扬过，朱老师说我乖，放学叫我留堂的时候就乖乖留下，都不逃走！”

Duang！聊天到此告一段落！

以上对话虽然逻辑混乱，但也给了我莫大的安慰，不管怎样，“表扬”总是好事，看来这小子总算开始“改邪归正”了。可是，就在我以为已经长大的他会在被表扬的道路上越走越顺利的时候，意外发生了。

那天正上着课，手机突然响了。之前我也曾经有过上课忘记关掉手机铃声的情况，但是从来没有接到过电话。于是，慌乱中，我赶紧从包里掏出手机，准备直接关掉，可是一看来电显示，犹豫了。关键时刻，刚好响起了下课铃。还没走出教室，我战战兢兢地接通了电话。电话那头，传来了班主任朱老师柔柔的声音：“喂，加加妈妈，有件事要跟你讲一下！”那一刻，我感觉自己就像被五花大绑了以后扔到了蒸锅里的粽子，怎么挣扎也只能在云里雾里等着皮开肉绽了。

详细的对话我就不多说了，因为我根本也没记住。别看我站在讲台上时思路敏捷逻辑清晰口若悬河，可每次跟加加老师说话的时候就会变得结结巴巴，语无伦次。总之，这次是因为他把学校走廊上挂着的名人肖像给弄掉了，玻璃相框碎了一地，幸亏没有伤到人。在聆听了老师的教诲之后，我将此事告知了他爸爸，不然等我下午下班后再去处理，黄花菜都凉了。

下午拖着沉重的步伐回到家，加加给我开了门，还没等我进屋就提醒我说：“那件事，爸爸已经跟我谈过话了，你不用再谈了！”

我一口气还没喘过来，他又说："我觉得爸爸谈话谈得好一些，他就尽情地批评一顿就行了，你总是啰里啰唆！"

我被他噎得直接躺床上了。可是，又觉得很奇怪，照理说发生了这种丢人现眼的事，他应该情绪低落一点儿才对，怎么会那么平静，甚至还有点儿兴奋的感觉呢？

吃晚饭的时候，说了不谈这件事的我们还是扯到这件事了，这么大的事，怎么可能说忘就忘呢？

加加边吃饭边说："朱老师说她很喜欢我！"小脸笑得像朵花。

我说朱老师什么时候说的，他说不就是打电话跟我告状的时候吗。原来，他那时正站在老师办公室里反省，老师和我的通话他全部听见了。可是，我怎么就记得老师说的是"太调皮了，老是做些出格的事，我们教室的门都是他搞坏的"等等之类啊？

在他的引导之下，我慢慢回想起了那段在我脑中飘忽不定的对话。确实，老师在开始的时候，说了很多好话，比如说他"聪明、单纯、热情，这么大了见了老师还会去拥抱一下"。这时，我恍然大悟，终于明白他犯了错挨了批评却仍然情绪没怎么受影响的原因了。他一定是这样想的：虽然我把相框打碎了，但是老师表扬了我那么多，还是那么喜欢我！我甚至可以想象，他站在那里反省的时候内心肯定在欢呼雀跃吧。

看，被人喜欢是多么大的正能量啊！

我还在等着到底要不要赔偿相框以及教室的门的消息。可是生气之余，又不免很宽心，比起愧疚自责深沉低落，我还是宁愿看到他的这种看似死猪不怕开水烫的傻里傻气。每次被投诉被教训完之后，比起改错，其实我更担心的是他的情绪，生怕他陷进泥沼里出不来，就算出来了也灰头土脸的满脸晦气。而到目前为止，这种担心纯属多余。他总能在最短的时间内找到自己的亮点快速反弹，根本不给自己消沉的机会。

快吃完饭的时候，加加还跟我透露了一个秘密，他说，爸爸在尽情地批评完他以后，还把他抱在怀里亲了亲。而他那一副回味无穷的表情，怎么看都像是得到了莫大的奖励。

就这样，一件如此闹心的事儿愉快地结束了！

别人的爸爸都有车

昨天一大早，雨就开始铺天盖地地下。抱着忐忑的希望洗完脸刷完牙换好衣服，希望终于破灭了。眼看着指针一点点转动，可雨还是大得出不了门。这时，只见加加坐在椅子上耷拉着脑袋闷闷不乐地说："人家的爸爸都有车。"我倒吸了一口凉气转过身看爸爸，爸爸苦笑了一声就闪人了。我一个人杵在加加对面，头皮发麻。挣扎了半天，大脑再也转不动的时候只好说："我今天就去给你买双新的雨鞋，以后赶上下雨我们就穿着雨鞋踩着水去上学。"没想到，听了这话，他一下子又高兴得手舞足蹈。

雨终于小了一些，爸爸和加加穿好雨衣，骑车去学校了。可我的心始终无法平静。"人家的爸爸都有车"，这句话一遍又一遍地在我耳边回响。我不知道该如何跟他解释为什么"我们家的爸爸没有车"。

他爸爸是一个"极端"的环保主义者，而且有着很强硬的价值观和世界观，一直坚持着自己的信仰和理想，不会被外界因素所左右。所以，不管周围的同事和朋友如何热衷讨论买车的问题，爸爸从来不曾动摇。但是这样给加加解释也太复杂了。

或者还有一个方法。记得我小时候一有攀比之心，我妈就会教育我说："我们不跟别人比吃比穿，就比学习。"但是，其实我不喜欢这个方法。这好像是一种道德上的谴责，比吃比穿或者比任何学习以外的东西，都不是一个“好孩子”应该做的事。所以我记得那时候时不时都会受到自己“良心的谴责”，滋味很不好受。

还有第三个方法，就是我们也买辆车不就算了。其实，每次放学去接他，路过停车场的时候，他都喜欢告诉我说“这个是谁谁谁家的车，那个是谁谁谁家的车”。每当这个时候，我都会特别注意他说话的表情和语气，看他到底想要传达什么样的信息给我。但是我的心里竟然还会生出一丝愧疚，觉得真是委屈了儿子。而这样想的结果就是严重影响了我对他的意思的判断能力。再说了，为了这个就背弃自己的价值观去买辆车实在是不理智的做法。

纠结了半天，自我安慰道，或者加加这次只是随口说说，其实并不需要任何解释，不下雨了他很快就会忘了。但是，我心里也很清楚，随着他慢慢长大，这种攀比之心肯定会有，而且会越来越明显。我们既不能一味满足，又不能处处打压，也不可能要求他早早练就强大的内心。而且，当他的要求和我们的价值观不一致的时候，可能矛盾还会更加激烈。那么，在他拥有强大的内心之前，我们该怎么做呢?

我想，**首先，我不会让他觉得攀比是可耻的，因为这是每个人都会有的一种正常的心态，适量的攀比也会给人带来前进的动力。**我应该更多地尝试换位思考去理解他的想法，但理解并不代表顺从。其次，我也不会长篇大论地去给他上课，去讲一些所谓的人生大道理。因为说得越多就越强化了事件，可能会使本来无足轻重的一件事毫无必要地升级，而更糟糕的结果是会引发他的逆反心理。所以，**最好的方法应该是先保证他的言论自由，再快速转移他的注意力，帮他及时走出负面情绪。**

幸亏加加这句“人家的爸爸都有车”提前给我敲响了警钟，让我有时间在其他同类事件发生之前理性地思考一番。但是话说起来很简单，真正操作起来肯定又会遇到这样那样的难题。不过，我不得不，而且很愿意在“为人父母”这个注定要失败的职业生涯里接受挑战，不放弃。

想要大红花的小孩

加加上幼儿园的时候，每个小朋友都有一本成长档案，每两周老师写一次评语给家长看，而且家长也要记录一下宝宝趣事，评价一下在家表现，再交回给老师。

有一次，又到了写成长档案的时间，加加跟我说：“妈妈，你能不能在成长档案上写上我帮你干活儿，扫地、切菜啊？”受不了了，说谎都说得漏洞百出，还“切菜”。我忍无可忍地问他：“你切菜了吗？切什么菜了？”“我帮你切黄瓜了！”居然还敢继续编！我刚想笑，可突然觉得怪怪的，无缘无故他干吗让我写这些谎话？我问他：“干吗要写这些？”他的回答让我无论如何也笑不起来了，他说：“你写上这些，老师看了就会表扬我，奖励我大红花了！”我听了之后真是五味杂陈，一时间自己的表情和语调都找不准频道了。

我着实没有想到，一个四岁的小朋友也会有如此功利之心。可是细想一下，谁没有呢？这是人与生俱来的吧！只不过我们大人把自己的功利和欲望隐藏在内心最深的角落，不让人知道罢了。而加加可以坦率地讲出他想要大红花，想要通过什么手段来得到大红花，对孩子来说，这种率真是不可以用道德的标准来评判来否定的。但是，作为家长，给予正确而及时的引导实在太有必要了。

于是，我快速调整了过来，跟加加进行了一次严肃的谈话，**告诉他想得大红花是没有错的，但是不可以用欺骗和说谎的方式来达到目的。做任何事都要脚踏实地，不要想走捷径甚至是歪门邪道。**

其实这次思想教育不光针对加加，对于我来说也是一次自省。我相信这种不好笑的事还会再次发生，这对于我，对于加加，都将是挑战，而我们也都将勇敢而理性地面对。

孩子上小学了？不慌不怕，问题不大

前段时间，微信上看到朋友转发的一篇文章，题目是《女儿小学一个月，摧毁家长六年教育理念》。文章中列举了国内传统小学教育的种种“罪”，以及学校和自己的教育理念无处不在的冲突和矛盾，声情并茂地表达了自己的失望和恐慌。

我上网查了一下，发现这是一篇两年前的文章，貌似流传很广，而且也引发了很多家长的共鸣。作为一名二年级小学生的家长，我对此表示深深理解，因为自己去年在儿子刚入小学的时候也曾郁闷过，牢骚过。但是现在，我们在广为诟病的教育体制下快乐地上学，自在地生活，而这绝对不是束手无策的屈服。

在那篇文章中，作者说“我用了六年力图把女儿培养成她自己，告诉她每个人都是独一无二的，既不妄自菲薄，也不妄自尊大，让她慢慢明白你有你的好，我有我的好”，然而却因为老师要求所有孩子用统一的作业本、文具袋、舞蹈鞋而备感受挫。我想她可能是因为孩子初入小学，家长需要跟进的事情太多，一下子有些调整不过来，而导致思维有些混乱。

培养孩子的“个性”是对的，但是这与孩子跟别人用一样的东西有什么关系呢？“个性”是内在的，不是通过孩子使用独一无二的作业本或者文具盒来体现的，也不会因为一些外在的统一而轻易改变。而且，小孩子生来就有模仿的天性，有了同伴以后，也会受到各种同伴的影响。不管你给他买了多么独特的文具盒，他可能就想要“小明那种的”。所以从这个角度讲，学校规定大家都用统一的东西，从一定程度上防止了孩子注意力的分散和小攀比，也不是不可接受的。只不过，大人们总觉得自己被各种“规定”压制了人生，所以一提到这个词，难免会有一些过度反应。

接下来，作者提到自己“三分教七分等”的教育观从一开始就碰了壁，说自己的女儿因为上学前没有学过写字，所以一开始写得很不好，于是收到了老师的短信提醒，进而对“等”还是“不等”产生了怀疑。其实，她之所以产生怀疑，根本在于自己太过在乎老师的看法。表面上看似有着优于学校的教育理念，而内心又非常在乎老师对自己，以及对自己孩子的看法，所以才会纠结不已。**相对于老师，孩子其实更在乎父母对自己的看法。老师觉得他不好，但父母仍然坚定地爱护和支持他，那么他的内心就是安全的、放松的。如果父母认为老师是自己孩子的最终评判者，那对自己也太不自信了，对孩子也很不负责任。**家长和老师存在教育理念上的矛盾是正常的，当我们不认同老师的做法的时候，不用大加指责，只要坚持自己认为对的事，保持镇定和淡定。必要的时候，也可以小小反抗一下。比如，我妈以前在辅导我妹妹作业的时候，对老师要求一个生字抄十遍的做法很不赞同，于是每次都是在确认我妹妹已经会写了的前提下，让她抄个一两遍完事。我很赞赏她的“魄力”，自己心里有把握，又不会对老师的看法在乎太多。所以，作为父母，我们要始终坚定地做孩子的第一负责人，不用对别人的评判太过敏感就好。

另外，作者还在文中提到老师在给家长发信息下通知的时候都是一种“命令”的口气，比如：“明天必须带……”儿子上了小学后，我也经常会收到老师群发的各种通知，被要求做这做那。我并没有过多关注老师的口气，而是先去分辨老师到底是要我做还是要孩子做的问题。刚上小学的孩子自理能力还不够强，也会经常记不清楚老师说过的话，所以老师会把要求孩子做的事直接通知给家长。而随着孩子慢慢长大，慢慢适应小学生活，如果老师发来的通知是要求孩子做什么事情，我只要再传达一下，做不做和怎么做都要他自己负责；而如果是需要家长配合的事情，我自然不会偷懒，况且老师也不会提出无理要求的。如果真把这当成了"命令"，那也太把老师"当回事儿"了。

最后，作者还提到她的女儿在学校表现好可以得到贴纸作为奖励，集够一定量的贴纸后又可以拿去换其他的礼物，这和她的"礼物不是做事的动因"的教育理念针锋相对，而我却觉得这道理对孩子来讲太深奥了。与其说"动因"，我更认为这种小礼物是"鼓励"。孩子做对了事情或者做出了努力的时候，自然希望得到鼓励和肯定，一个棒棒糖都能让他欢喜半天，同时也会找到一种自我认同。而如果硬要认为孩子是为了得到奖励才去努力的，不光否定了他的主观能动性，也会剥夺他得到奖励时的满足感，小孩儿的心理或许会不平衡。

我儿子的班也有这种奖励制度，至于这种制度会对孩子产生多大的影响，父母的态度也是关键。如果父母很重视孩子得了多少奖励，时时督促他好好学习争取得到更多礼物，那么他的功利心也会慢慢变强。而如果父母并不过度关注此事，孩子得的礼物多也不大张旗鼓地表扬，礼物少也不凶神恶煞地批评，那么自然地，孩子也就不会太在意了。而且，有时候孩子希望得到老师的礼物也是和别的同学之间的竞争所致，这对他们来说也算是一种锻炼吧！

写了这么多，好像全是给"病入膏肓"的传统教育说好话，在一众批判声中显得很不合群。其实，我也会有不满。比如，去年儿子刚入学的时候学习拼音，有一次作业要求默写声母表，儿子把两个字母的顺序写颠倒了，于是作业被打回来要求重写一遍。当时我不知火有多大，感觉儿子在这种死板的教育制度下肯定会废掉的。可是慢慢地，我想通了，教育不光是学校的事，家庭才是最重要的。

所以，对那些孩子刚入小学，正经历着失望和惊慌的父母，我想说，即使我们都对教育有不满，也不用沉重到要死要活的地步。**不要过度纠结细节问题，自己把握好教育孩子的大方向。不用讲大道理，自己的一言一行就是对孩子最重要的教养。任何制度下，乐观积极灵活思考的人都会有无上的生存空间。**

你打算让孩子参加高考吗

朋友最近比较烦，因为孩子明年九月就要上小学了，而究竟上哪所学校现在还没有着落。离家近的学校嫌不好，好学校不光离家远，还要交钱，而且还不知道钱要“怎样”交。一阵唉声叹气之后，他突然问了我这样一句话：“你也是没打算让你儿子参加高考的吧？！”我一下有点儿反应不过来，怔了半天，弱弱地回复道：“参加啊，为什么不参加？”这下，轮到他吃惊了。

等我回过神来，和朋友讨论该话题的时机早已过去，可我却无法停止思考这个以前从没想过的问题。

周围的中年同事，放眼望去，孩子几乎全在国外留学，有的是高中一毕业就直接“送”了出去，有的是在国内大学读了一两年之后申请了出去。每到快放暑假的时候，就能听到这些妈妈互相询问：什么时候去美国啊？这次打算住多长时间啊？一起去啊！然后暑假里，就能在朋友圈里看到她们发自美国或欧洲各地的美图。在这种氛围中，好像出国留学是再自然不过的一件事，尤其还是大学英语老师家的孩子，本身就比别人有语言和信息优势。

可是，在这种氛围中，我却从来没有考虑过一定要让儿子将来出国留学，或者因为他现在才上小学，言之过早，但更重要的是，我实在不能替儿子决定出国留学到底对他有多好。

据我了解，我的这些孩子在国外上学的同事，自己都是没有留学经历的。那么可以再扩大范围想象一下，把孩子送出国留学的家长们到底有多少是有亲身经历的呢？**我们对国外教育的了解来源要么是从报纸杂志网络等媒体，要么是从别的家长那儿口耳相传，虽然说有一定的事实和理论依据，但总之还是道听途说。**但是，我们却对此深信不疑，因为，我们对国内的教育太没信心了。

所以，出国留学是被人羡慕的，甚至会给人高人一等的感觉。

记得这学期刚开始的第一堂课，我所教的某学院的一个班有十几个学生特意过来跟我解释说：我们是要出国的，我们的英语课是要在国际班上的，所以你的英语课我们是可以不用上的。虽然上课人数的变动对我倒也没什么影响，但他们说话时的那种优越感还是深深触动了我，让我想起自己上大二时的一些事。

那时我们学校和德国的大学合作办了一个中德留学中心，去那里学习一年的德语，然后就可以直接申请去德国留学。当时班里有几个同学直接就退出了正常的本科学习，交了不菲的学费去那里学德语，等待着一年之后踏上德意志的土地。而其他同学表面上不讨论，实际上大家都羡慕得肝儿疼。

一晃十几年过去了，这留学潮好像丝毫没有减弱的迹象，因为我们对国内教育制度的批判也呈愈演愈烈之势，所以留学生的年龄也越来越小。这之中有多少家长是头脑清醒的选择，有多少家长是从众心理，还有多少家长是受到裹挟，我不得而知。

可是，回到最初朋友的那个问题，“你是不打算让你儿子参加高考的吧”，我觉得他在这句话里至少包含了两层意思。第一层，参加高考的话，就要死命学习，不光辛苦，还要承担变成“高分低能”的风险！第二层，就算参加高考，考上了国内不错的大学又能怎么样，能学到啥啊？

对于第一层，我是这样理解的，**学习从来就不是件轻松的事，无论在哪里。如果选择不参加高考只是为了不让孩子累着，这未免有些幼稚。**而且，一个能把“应试教育”妥妥搞定的孩子，应该不能称之为“低能”吧！

而对于第二层，我纠结了。作为一个大学老师，叫我告诉孩子，你千万别在国内上大学，啥也学不到，我还真开不了这个口。其一，我其实不认为在国内上大学真的啥也学不到；其二，不是因为我不敢自我批判，而是我害怕，如果我给孩子传达了这个思想，他是不是会变得消极地怀疑中国的一切，**不光是教育。而我是希望他深深地热爱他的国家的。**

除此之外，人生的重要组成部分，上学、考试、毕业、工作，不管去到哪里，应该都是一样的。**对于孩子的未来，胸无大志的我所希望的无非是他最后有个自食其力的饭碗，能够自立；期望稍高一点儿就是能做自己喜欢做的事，并且自立；期望更高一点儿就是能做自己喜欢做的事，能够自立，并且生活富足。仅此而已。这些期望的实现好像跟去哪里受教育也并没有直接的因果关系。**

所以，尽管我也对我国现行的教育制度有着这样那样的看法，但我不会一开始就给儿子设定一个出国留学的光明大道，更不希望自己的一面之词影响了他对人生的把握。**他需要自己去体验，去接触，去判断，究竟要不要出国留学，为什么要出国留学，当他可以给出理性答案的那一天，那他，就可以出发了，永远都不晚！**

当孩子生病了……

五岁的时候，我出了一场意外，全身被开水烫伤。由于当时小县城医疗水平落后，虽性命无碍，却落得一身疤痕。小的时候，并不明白这对我意味着什么，也没有什么美和丑的概念。等到长大了，懂得美丑的时候，这疤痕已跟了我很久了，成了我身体不可分割的一部分。虽然偶尔也会因为不得不放弃一件遮不住胸口上方那块疤痕的心仪的衣服而遗憾，但也感谢那些疤痕的存在带给我的豁达和坦然。但是一直以来，我只是从我的角度考虑这个意外，审视我的疤痕，却从来没有想过，我的疤痕不是我一个人的。当年我年轻的父母背负了怎样的心理压力啊！当我作为一个母亲也经历了类似的事情之后，才更深地理解在陪孩子成长的道路上，父母付出的艰辛。

那是一天下午，加加出去练轮滑回来后，我发现他老是皱鼻子眨眼睛。一开始以为他可能是太累了，就没有放在心上。可是接下来几天，时不时都发现有这种情况，我们没有办法再淡定了，带他去了医院。挂了儿科普通号，到护士站报到的时候，跟护士讲了一下情况，结果护士硬要我去换成专家号，而且专门为我打电话到挂号处加号。我从来没有享受过如此优厚的待遇。但是，那一刻，这特别的关照让本就忐忑不安心存侥幸的我，心情一下子跌入谷底。

战战兢兢地在诊疗室外等候。加加依旧本色不改，一刻也闲不住。而我和他爸爸却相视无语，感觉就像在等审判结果一样。终于叫到加加的名字。我强迫自己平静下来，快速地又把事先想了无数遍的话整理了一下，然后来到医生面前，小心翼翼地跟医生描述情况，生怕漏掉任何细节而影响医生的判断。听完了我的叙述，医生否认了我们认为加加是眼睛发炎的想法，直截了当地说："不是眼睛的问题，这应该跟神经有关。最少也要两三个月才能恢复。"我心里五味杂陈，胸口堵得难受，但又不得不自我安慰还好不是不治之症。我们更不能在加加面前表现出来，让他以为发生了什么大事。医生开了两种类似维生素的据说是补充能量的药，让吃完药来复查。

回到家，我和爸爸疯了似的赶紧上网去查，结果却让人更加绝望。加加的症状跟"抽动症"的描述一模一样。这是我第一次知道世上还有这么一种病。而且，根据网上的介绍，挤眉弄眼只是发病的初期阶段的表现，随着病情的发展，还会出现四肢和身体其他部位的抽动。而治疗这种病的药物都是些精神类药物，会有比较大的副作用。不同的网页显示的内容都大同小异，但我和爸爸仍然一有时间就一人抱着一台电脑疯狂地"噼里啪啦"，心里盼望着能看到哪怕是一丁点儿的利好消息，那时感觉周围的世界都离我们远去了。

曾经轻松快活的日子一下子变得灰暗，不知该怎么过了。尤其是当我喂加加吃药的时候，他竟然说："妈妈，医生怎么说我得了神经病啊？"本来就已经裂开却被我拼命箍紧不至于散掉的心终于没能支撑住，顷刻间四分五裂。于是，已经上网查好了医院和医生，打算带他去看儿童心理科的我们迟疑了。他知道得越多，是不是心理负担越大啊？事情已然至此，怎样才能将对他的影响降到最低限度啊？可是如果不及时治疗的话，他在学校被同学取笑怎么办啊？一向很有主见的爸爸这次也犹豫了。在痛苦的煎熬中，我们最后决定趁端午节假期出去两天，换换环境，调整调整心情，同时密切地不动声色地观察加加。

然而，出去度假只有加加一个人是真开心，他挤眉弄眼的频率仍然居高不下，让我和爸爸如何笑得起来？每看他皱一下鼻子眨一下眼睛就好像心被蜜蜂蜇了一下。只有当他睡着的时候，我才会放心地看着他的小脸，想想他的调皮，想想他的可爱，想想我的加加还是以前的加加吗？

事情就在这个时候出现了转机。出发去玩的那天刮着风下着雨，一到目的地加加就开始不停地流鼻涕。一开始，我只当他是感冒了。但是又有些怀疑，因为如果是着凉，他会先流清鼻涕，可这次一流就是黄绿色的脓鼻涕，而且鼻子像个关不掉的水龙头一样。所以，我和爸爸判断，估计是鼻炎。就在这时，爸爸突然欣喜地说："他皱鼻子眨眼睛说不定跟鼻炎有关！"一瞬间，我热血沸腾，只觉得整个人被裹在了一个大大的希望泡泡里。虽然泡泡随时会破灭，但是它却将一种宛如重生的希望注入了我的身体。

回到家以后，我们马不停蹄去了医院，直接挂了耳鼻喉科。经过检查，加加得了严重的鼻窦炎。我问医生，他不停地皱鼻子眨眼睛是不是由鼻窦炎引起的，医生说："他患上鼻窦炎，肯定鼻子不舒服的嘛，就会皱啊！"那一刻，我好像一下子被人从牢笼里面解救了出来，周围的世界越来越光明了。然而，还有一丝担心，因为网上说很多孩子的抽动症就是由鼻窦炎所诱发。但是，捧着医生开的抗生素，我头一次感觉心里是那么踏实，总比只能吃着维生素观察情况强多了。

让我们振奋的是，才吃了一天的抗生素，加加的症状就明显好转。到第六天吃完药去医院复查的时候，除了鼻涕还在，挤眉弄眼的现象已经完全没有了。加加还是加加，日子终于恢复正常了。但是每到夜深人静的时候，看着睡得又香又甜的加加，时不时会想起那让人揪心的画面，心有余悸的同时又感到非常庆幸，非常感谢，虽然不知道该感谢谁。

我也无法忘记当时在网上查“抽动症”时看过的那些病例，尤其是那些患儿的妈妈所写的博客，她们的艰辛，她们的坚强，她们最深的爱，让我动容，更加让我自叹不如。如果我的加加真的得了“抽动症”，我会变成什么样的自己呢？我也更加理解我的爸爸妈妈。他们从没有刻意帮我去掩盖疤痕，顺其自然的态度让我从来都不会为此而感到自卑。可是泰然的笑容之下，他们的心恐怕早已刻上了伤疤！

成长的过程中，艰辛从来都是买一送一的。孩子有多少痛苦，父母就有多少磨难啊！作为父母，我们对这些磨难责无旁贷；作为孩子，我们要更爱我们的父母，因为我们的艰辛他们也全都尝过呀！

“熊孩子”能管住吗

寒假的时候携家带口参加了一次同学聚会，儿子领着另一个同学家的孩子一起玩得嗨翻天，调皮好动的性格给人留下了深刻的印象，以至于散会的时候，一同学语重心长地对我说：“我看你啊，肯定管不住你儿子，都得你老公来管吧！”

听了这话，我一时有些转不过弯，不明白他这结论是从何而来，难道是看我跟我老公比起来，个子太矮，嗓门太小，脾气太好，太面善，根本不够气势或者没有能力镇住那个上蹿下跳上天入地的调皮蛋？

这到底是表扬还是贬损？我有些不解其意，只好求助于“呵呵呵呵”这个万能回应。

然而事后，我仍然有些“耿耿于怀”，不断地回想我的育儿人生，衡量着，我到底是管得住他，还是管不住他呢？

我想起一件事。

有一次周末，跟儿子一起去书店。偌大的书店虽挤满了人，但是并不吵闹，大家大多在看书选书，即便说话也都是轻声交谈。就在这时，人群中突然爆发出一阵凌厉的哭喊，很明显是个小朋友的声音。喜欢看热闹的儿子一脸坏笑想要拉我去看，我表示不感兴趣，不想围观。

可是，哭声一直持续着。我循声音的方向张望了一下，发现本来站在那边看书的人群自动散开了，大家围成了半个圆往中间看。这下，我的好奇心也按捺不住了，拉着儿子一起过去一探究竟。

只见一个和儿子差不多年纪的小女孩，梳着漂亮的发型，穿着漂亮的公主裙，正抱着桌子腿坐在地上哭得梨花带雨，还边哭边说“你要跟我说对不起，你要跟我说对不起”。

我环顾四周，没有看到像是她家长的人，觉得有些奇怪。小女孩一直不停地大哭，毫不在意那么多人的围观。书店的一个店员实在看不下去了，过去蹲下来试图哄哄小女孩，可是说了半天也没奏效，最后失望而又气愤地走开了。

又过了一会儿，人群中终于走出来一个年轻女人。她走到小女孩的身边，小女孩抓着她哭得更凶了，而且不依不饶地重复着那句“你要跟我说对不起”。女人气愤不已地理论起来：我为什么要跟你说对不起，你都这个样子，还要我跟你说对不起……

原来这是母女俩在闹别扭。哭声渐渐平息，我和儿子也随着窃窃私语的人群散开去。

回到家，儿子又提起他看的这场好戏，我抬高声音义愤填膺地跟他说，那个妈妈也太弱了，连这都管不住，你要是敢那样，我直接把你拉出去打一顿再说，还敢在那儿闹！

这话一出口，不知为何，我突然有一种莫名的兴奋，一种很强的权力感油然而生，眼前出现一个大大的英文字，power（力量）。

再看看儿子，正在对我嗤之以鼻，十分不以为然，我一下子又好像从白日梦中穿越回来。

事实上，这种情况根本不会发生在他身上。而刚才为了高效镇压而把他“拉出去打一顿”的臆想却给了我一种权力的快感，让我突然间觉得，所谓的“管”是不是就是满足了大人权力的欲望？

“管得住”就表示他听话，自己的权力得到了有效的维护，至高无上；而“管不住”就表示他不听话，自己的权力受到了挑战，地位也随之下降。

如果“管”字是做此解释，我现在终于想明白该如何回应我同学的那句“你肯定管不住你儿子”了。

我会说，我根本不用管，我都是以德服人！

看到这句话，估计大家已经在自行脑补《方世玉》中的雷老虎那句经典台词了。我比雷老虎漂亮一万倍，他能以德服人，我就更加可以了。

所以，日常生活中，在我和儿子的关系中，我的 power 好像从来派不上用场，没有什么问题是可以通过“管”来解决的。

做父母的，首先自己要给孩子树立好榜样，然后要告诉他必要的行为规范，教给他做人的道理，帮他养成健全的人格和良好的习惯。所谓以德服人以理服人，应该就是如此吧。这样的话，他怎么可能会上演“大闹书店”，要等着你来“管”才能收场呢？

然而，以德服人以理服人也不总是药到病除的，在跟熊孩子不断过招的经历中，**我觉得还有一条很实用，那就是以智取胜。**

儿子有一次跟我吵架，使出了最强撒手锏，恶狠狠地说，我不喜欢你这个妈妈，你看 ×× 的妈妈多好啊！

这个时候，找谁说理去啊？

于是，我一声不吭，踮起了脚尖，走到哪儿都踮着脚，再配合着夸张的扭腰摆臀。

儿子说，你干吗，干吗那样走路？

我说，我穿着高跟鞋啊，×× 的妈妈不都是这样走路的吗？我现在就变成她了！

说完，我继续装模作样扭来扭去。最后他终于受不了了，强行把我制止。

我趁机不依不饶地说，你说我哪里不如 ×× 妈妈好了，她不就是个子比我高吗？不就是总穿高跟鞋吗？我只是做个妈妈，我用得着那么高的个子吗？你自己说说看，做妈妈到底需要什么？

这顿连珠炮瞬间搞得他理屈词穷了。他嗫嚅了半天说，什么都不需要。

我说，那你就说说你需要我怎样吧。

他说，我不需要你怎样，我只需要你是我妈妈！

就这样，我反败为胜，还逼出了一个暖男。

所以，如果你觉得总“管不住”你家熊孩子的话，就不要“管”了。再说了，大家都不会以“管得住”或“管不住”孩子作为评价父母的标准，咱也别把力气使错了地方才是！你说呢？

你能容忍孩子的不完美吗

有个不同院系的同事，孩子跟我儿子在同一个小学。上周偶然在学校碰到了她，就寒暄了几句。

我随口问她是不是中午一直把儿子送去托管，她说这学期不了，中午也接回家。我说，那大人可够累了。她说，没办法，他太挑食了！

听了这句话，我一时间觉得很奇怪，因为我明明记得上次见到她的时候我们也聊了这个话题。

那一次我问她，她说给送去托管了。我说这样也好，大人也省很多力气。她说，不是为了省力气，因为他太挑食了。

因为孩子太挑食，所以送去托管了；因为孩子太挑食，所以不托管了。我顿时觉得有意思起来。

我想起三年前儿子将要上小学之前，我提议上了小学后中午就把他托管，遭到了他严正的拒绝，他大喊，我不要去托管，去托管就不能挑食了！我哭笑不得，可是为了保障他挑食的权利，最终他一天托管都没去，每顿饭都能按自己的意思挑来挑去。

看到这里可能你觉得我也太惯着孩子了，其实不然。

他说的挑食只是想挑合自己口味的东西吃。比如说比起牛肉，他更喜欢吃猪肉和鸡肉；比起芹菜，他更喜欢吃菠菜和韭菜；他喜欢吃豆腐，不喜欢吃海带；他喜欢吃黄瓜，不喜欢吃南瓜；他如果这顿想吃排骨，我就不做红烧肉；他如果想吃饺子，我就不做面条。喜欢吃的他可以吃很多，不喜欢吃的可能一口都不想碰。这也是人之常情吧。

我想，那位同事的儿子所谓的“挑食”，大概也是这种状况，因为看她儿子高高壮壮的，哪里像营养不良。

可是这种事，如果你要觉得它是毛病，那还真就是毛病，得纠正。于是，在家搞不定就送去托管那里改造，因为人家才不会考虑你个人的口味和喜好，做好了什么就得吃什么，吃得不好还会挨批评，还会向家长告状。这样的话，说不定孩子慢慢就会不挑食，有什么吃什么，营养更均衡，身体更健康。

这个愿景当然是美好的，可是，为什么又放弃托管了呢？而且还是因为挑食。肯定是美好的愿景落空了。

她可能会发现，儿子托管这段时间，非但没把挑食的毛病改掉，反而体重下降了，终于明白这个计划行不通，于是就又接回来了。

一个人的口味是有可能跟着他的生活环境发生变化的，可是不管怎样，这都不是一个有关对和错的问题。你喜欢吃胡萝卜，我不喜欢吃，你就认为我有毛病，这个怎么也说不通吧。

可是，我们常常无意识中就把这种逻辑用在了孩子身上。一旦他有不喜欢吃的东西，就会很容易被贴上“挑食”的标签，就要改正。**因为，潜意识里，我们无法容忍这种不完美。我们需要打造出一个没有任何瑕疵的符合任何人期待的完美产品。**

想想看，除了想纠正孩子挑食的毛病，你是不是也曾经有过下面的念头或者做法呢？

比如说，看到孩子太活泼好动，一刻也坐不住，你就想给他报个围棋班，希望能中和中和，让他变得安静一点儿；看到孩子太内向太安静，你就把他推到足球班里，希望他也能在泥地里滚一滚，豪放一点儿；孩子有些胆子小，你就要带他去坐过山车，逼着他摸毛毛虫，一定要把他锻炼成勇敢的男子汉。正所谓缺啥补啥。

一不小心，孩子的个性在我们眼里就变成了毛病和缺点，变成了亟须矫正的问题。我们对自己要求不高，可是对孩子却是近乎苛刻的完美主义。

这种完美主义哪里来呢？就来自我们自身的恐慌和焦虑。其实不管是孩子的口味还是性格，都有可能随着环境而改变。可是我们等不及，况且那种改变也是不确定的东西。于是，我们就不自觉地要第一时间亲手完成产品设计和改造，希望用一个可控的结果转嫁恐慌和焦虑。

可是，他不是一个产品或者一个面团，可以让你任意揉捏，想让他变成什么样就变成什么样。如果他就是一条鱼，你怎么可能把他变成螃蟹呢？

其实，我跟上面提到的那个同事的对话在她说到因为孩子挑食就不再托管了之后还没有结束。

我说接回去大人就要多受累，为了省点劲儿就不用自己做饭了，去大学食堂吃不挺好的（因为我们的小学是大学附小）。

谁知她听了我的话后毫不犹豫地反驳说，那怎么行，去食堂他肯定想吃什么就吃什么了！

她可能有一层意思是说去食堂吃，那些炸鸡扒啊烤肠啊摆在那里，小孩子肯定想吃，就算知道那是你不想让他吃的东西也控制不住自己。可是她说的那句话，“他肯定想吃什么就吃什么了”，还是让我差点儿忍不住笑出声来。

我猜想，她虽然放弃了托管把孩子接回了家，亲自下厨，可是还是没有放弃改造的念头，肯定还在继续跟孩子的“挑食”做着不懈的斗争。

有时，“忽悠”孩子不是错

一日乘公交车外出，前面坐着一对母子，孩子看起来两岁左右的样子。

孩子举起小手跟妈妈说：“妈妈，蜘蛛！”

我也顺着他手指的方向看过去，原来他在指固定在两个车窗之间用来在出现紧急情况时砸破车窗的小锤子旁边贴的图片标志。以前从来没注意过，这样一看，那图片倒还真的像只大蜘蛛。

这时，听见妈妈说：“那怎么是蜘蛛呢？你看，中间那个黑的代表小锤子，旁边几条线代表玻璃被砸破的裂纹，那不是蜘蛛！”孩子一边盯着图片一边听妈妈讲，没有出声。

又过了一会儿，孩子又伸出小手往车外指：“彩色的天空！”

公交车稳稳前行中，我看到外面街边的一幅广告画闪了过去。

这时，听见妈妈说：“天空应该是蓝色的，你看，就是这种颜色，这叫蓝色。”她一边说一边指着自己的座椅靠背。

妈妈说话的声音非常温柔，口齿清晰，普通话标准，很有耐心。可是不知为何，我突然觉得有些乏味起来。

刚好，车到站了，我一边下车一边禁不住去想：估计这一路上，那孩子得学到不少知识。

我想起很久之前在杂志上看过的一篇文章，给我留下了很深的印象。

文章的作者说，他问五岁的小侄子，你知道月食是什么吗？话音刚落，小侄子就口若悬河地解释了一遍关于月食的科学原理，把作者惊得目瞪口呆。而他原本是想给孩子讲讲天狗吃月亮的故事，可是发现在五岁的孩子面前已经完全派不上用场，深感失落。

他失落的不是自己炫技不成，而是孩子的大脑过早地被各种所谓科学正确的知识填塞挤压，留给幻想的空间越来越少，世界在他们眼里越来越不生动。

我猜想，那个小孩子以后坐公交车的时候，估计再也不会想到“蜘蛛”，因为他的小脑子里，“蜘蛛”已经被正确答案所取代，没有了位置。

可是，如果那位妈妈没有着急揭晓正确答案，而是顺着孩子的想象把对话进行下去，可能会出现什么情景呢？

孩子：妈妈，蜘蛛！

妈妈：哦，真的是只大蜘蛛啊！

孩子：蜘蛛趴在那里干吗？

妈妈：在帮我们赶蚊子吧，车里的蚊子看到它就吓跑了，就不会咬到你了！

这只是我在靠有限的想象力使劲儿瞎编，可能你也觉得这不靠谱。可是如果这样的话，他可能每次坐公交车都会想到蜘蛛吓唬蚊子的故事，以他那个年纪奇妙的想象力，故事可以丰富到你我这些大人完全跟不上的程度。

那么对孩子来讲，少知道一个正确答案，又有什么所失呢？况且，那个正确答案他不是早晚会知道吗？

可是，很多大人是等不及的，甚至忍受不了孩子的“幼稚”。大人们总是不停地把他们往前赶，要看到进步，要用知识快速将他们武装起来，以免输在起跑线上，所以，《十万个为什么》总是最早买给孩子的书。

殊不知，他们的想象力就在大人们冷酷的“理性”中被渐渐抹杀。

前几天发生了这样一件事。儿子要喝水，我从壶里倒水给他，倒的时候由于气流作用壶里总是发出“呜呜”声。儿子问我，为什么倒水会有这种声音。我一时无法做出准确的科学解释，犹豫着是不是该一起上网查一查。

突然，我想起他小时候我们经常玩的游戏，于是对他说，因为你要喝水，水很高兴，所以唱起了歌！谁知他听后甚为不解地说：水应该不高兴才对啊，因为我喝进去，等会儿它出来就变成尿了。

我俩一齐笑喷。

虽然到现在他也不知道倒水时壶里为什么有响声，可是他那个不靠谱却生动不已的答案却是我最喜欢的。

而我说的我们以前经常玩的游戏就是指对问题给出各种不靠谱回答。

比如，他问，月亮上黑黑的地方是什么，我说，是玉兔坐在树下凉快呢；他问，瑜伽是什么，我说，是印度人的广播体操；还有一次他拿着张塑料的港币问，为什么香港的钱是这样的，像玩具一样，我说，因为香港本来就是去玩的地方嘛！

我的瞎编并不高明，甚至很多时候是因为自己才疏学浅所致。可是就在我觉得他可能已经过了幼稚期应该正经学点儿知识的时候，有一次说起地震是怎么回事，他说地震不就是土地爷在翻身吗，我马上放弃了自己的理论讲解，而且觉得好欣喜啊。

所以，什么幼稚期不幼稚期，我倒希望自己也能像他那么幼稚，幼稚的人的世界永远不会无聊。

因此，我们大可不必那么着急地给孩子灌输“知识”，告诉他们那么多

的正确答案。他们会用自己的方式去探索世界，“忽悠”他们不是误导，而是尽可能给他们多打开一道门、一扇窗。

儿子八岁生日得到的礼物是一个简易的天文望远镜。天气好的时候，他拿着天文望远镜去楼顶看月亮，清楚地看到月亮上的环形山时兴奋地大叫，然后就给我这个科学盲做科普，说得头头是道。

可是同时，他依然执着地寻找着月亮上的小兔子。

我觉得，这样挺好。

你比孩子更聪明吗

暑假不知不觉中已经快过半了。刚开始的那几天，像以往每一个暑假到来时一样，简直是恐慌又绝望，那种“天不怕地不怕，就怕熊孩子放暑假”的感觉真不是随便说说。然而，毕竟身经百战，这个心理过渡还是快速完成了。暑假生活马上步入正轨，我和他爸爸做了最简单的懒人分工，一人带娃半天，上午我负责学习，下午他负责运动。

学习 + 运动，听上去是不是好像很完美？语言有时还真的像 BB 霜，轻轻一点就有美化的作用。其实具体到细节问题，现实情况是这样的：说是学习，吃完早饭已经十点，休息休息，磨蹭磨蹭，基本能在十一点开始。学一会儿玩一会儿，学习的时间加到一起总共一小时。运动是指下午先睡个长长的午觉，然后太阳快落山的时候出去游泳。所以，对儿子来说，学习和运动之外的时间还有大把，他除了看看书，摆弄摆弄玩具，竟然还被逼开发出了新技能。

他爸爸有一个淘汰的手机，里面装满了游戏，成了儿子的宝贝游戏机。平时打游戏也不是完全禁止的，只是不放假时也没什么时间玩，想玩的时候就让他直接先用手机闹钟定上表，十分钟，十五分钟，时间一到就停。

然而假期里，需要消磨的时间一下子多了起来，在得到允许可以光明正大玩游戏的时间之外，他开始动起了歪脑筋。

有一次，他一个人在自己房间待了很久没出来，我过去看了看，发现他正趴在床上，手里既没玩具也没书，还打着哈欠，一副又无聊又累的样子。我问他在干吗，他说没干吗。不知为何，我突然有一种直觉。等他出了房间，我又偷偷进去，果然在他被子下面发现了手机。

毕竟没抓到现形，所以我也没说什么。而且，就算他是在偷偷摸摸打游戏，我直觉上觉得还是不要直接拆穿为好，先静观其变。

不过从那以后，每次觉得他自己在房间待的时间长了点儿，我就故意在客厅来回走几趟，或者趁上洗手间的时候过去推开他的门跟他打个招呼。有时他确实不是在打游戏，但是有时也能明显看得出来他刚刚处理了现场，脸上的表情极其不自然。我暗自觉得这个猫鼠游戏又好笑又好玩。

后来，他可能觉得我那么迟钝，一直都没有发现，胆子也大了起来，居然开始在客厅“作案”。因为，我一般都是待在书房。

我继续跟他玩游戏。每次从书房出去之前，我会先“啊啊”地叫两声，或者自言自语喊着“要出去休息一下喽”。走到客厅，我假装不经意地快速瞟他一眼，有两次，看到手机被塞在沙发两个垫子之间的缝隙里。我仍然不动声色，只是更加频繁地进出客厅，故意造成干扰。

直到最后一次，不知他是不是太入迷，居然没听到我要进入客厅的提示音，等意识到我人来了的时候已经来不及了，慌乱之中一下把手机扔出老远，落在了沙发另一头放着的一本书上，发出“嘭”的一声闷响。

看他很想假装没事却又一脸的狼狈相，我再也忍不住了，哈哈大笑起来，边笑边说：“你刚才在偷偷摸摸打游戏吗？”

见事情已经败露，他很是窘迫，不好意思地把头埋在沙发靠垫下，“嘿嘿嘿”地笑个不停，嘴里还不断地重复着“偷偷摸摸、偷偷摸摸”，好像觉得这个词很有意思。我越发笑得直不起腰。

笑完了以后，我跟他说，你都已经被允许打游戏了，什么时候想打就自己定好表，控制好时间，以后就不用这么偷偷摸摸了吧！

他自觉理亏，点了点头，表示要听话的样子。

可是，虽然看似是我取得了胜利，可这胜利这只是暂时的。我心里明白，我说了也等于白说，他肯定还是会偷偷摸摸打游戏的。而且，这可能只是一个开端，以后，他要“偷偷摸摸”干的事肯定不止这一件。这倒不是说我对他不信任，而是突然间发现，他又长大了，“偷偷摸摸”的技能根本不用教，本能地就学会了。看来，我们斗智斗勇的路还长着呢。

突然间，我好像有些理解了曾经有一个读者给我的留言，他说：育儿一大要点就是永远都要比孩子更聪明！

回想当初做孩子的时候，谁不是自以为头脑机灵天下第一，随便就能在老爸老妈面前蒙混过关，然而自己当了父母以后就会发现，小孩子的那点儿小手段小伎俩一眼就能看穿；就好像做学生的时候，总觉得自己的作弊手段高明无比，演技也是毫无破绽，再厉害的老师都不可能察觉，可是等我做了老师才发现，站在考场前面随便扫上一眼，居然那么容易就能看出谁有作弊嫌疑，这才意识到当初是有多幼稚。

所以，“姜还是老的辣”绝不是一句虚言。“比孩子聪明”是时间和阅历赋予我们的能力，做起来一点儿都不难。可是，却又没那么简单。

如果这次我第一时间拆穿了儿子偷偷摸摸打游戏的真相，他肯定会觉得我很“聪明”。然而这种“聪明”除了换来他少打几分钟的游戏，还能有什么用呢？**硬要去拆穿一件别人不想让你知道或者不想让你看穿的事，这其实也算不得真正的聪明吧。对朋友如此，对孩子也是一样，因为他也需要保留尊严。**

然而，如果不是因为他自我暴露，我也不清楚自己还有多少耐心要把这个猫鼠游戏继续玩下去。因为不同于对待朋友，朋友不需要管教，而孩子需要。

既要尊重，又要管教，二者如何平衡，这大概是为人父母都要经历的考验。

不知道儿子下次的“偷偷摸摸”又会带给我什么样的挑战，只能兵来将挡，水来土掩。我需要努力做到永远比他更聪明，但是又不能让他看出来。

或许孩子都是为了开发我们的潜能而来，感激之余，又必须明白，对待他们，永远都要“魔高一丈”！

好大一个“禁忌”

放学接回儿子，挤在一堆人中在楼下等电梯，他对电梯门旁边贴着的广告画来了兴趣，跑到前面左看看右看看。突然大喊了一声：“哇，好大一个月经啊！”如同一个冰桶“哐当”一声扣到了头上，我直挺挺地僵在了那里，喉咙干得直冒烟儿，一个字儿也吐不出来。电梯终于来了，我揪着他站到了最里面的角落里，大脑快速思索着这家伙到底又出了什么问题，那不就是个手机广告画吗？

回到家，我问他：“你刚才干吗说好大一个月经啊？”

谁知他却说：“妈，月经是什么啊？”

我满脸黑线，耐着性子问他是从哪里看到的这个词。

他说：“在书上看的。书上说女生如果在学校发现自己来了月经但又没带……没带什么什么……”

我说：“卫生巾！”

他说：“哦，对，又没带卫生巾该怎么办？”

我又问他是在什么书上看的，他说是在他们发的安全教育的书里。听到这里，不知为什么，我松了一口气。可是松完这口气，又突然觉得自己不可理喻，难道说如果他不是从教科书上看的就说明真的有问题吗？我不禁哑然失笑，笑自己骨子里也是那么传统保守。

“妈，月经是什么啊？”他再次发问。可不是，绕了一圈儿，人家只不过是想要个答案而已。

看着他充满好奇的眼神，我一阵晕晕乎乎，因为我打死也想不到作为一个男孩子的妈妈居然还有机会触碰这个问题。我决定豁出去了！

于是，避开那些连我自己也说不清楚的生理构造，我用最简单直白的方式跟他解释了这个科学术语，概括为一句话就是女生每个月一次身体下面流血的现象。

他听了仍旧一脸懵里懵懂。为了让他有一个更为直观的感受，我进一步解释说：“你记不记得我每隔一段时间都会有几天总是说肚子疼……”

“切！你天天都说肚子疼！”他毫不客气地打断我喊道。

“我……我哪有天天？都说了叫月经，就是一个月经过一次，一次持续一周，明白了吗？”我也不自觉地把声音提高了八度。

他一边“哦、哦”一边点头，而我却不得不提醒自己，以后再也不能拿“肚子疼”作为拒绝参加他“损人利己”的游戏的借口了，这个挡箭牌已被我亲手捅坏。

终于解释完了，我一头是汗。这时，突然想到还有一个词——卫生巾。既然说了就说到底吧。于是我问他：“你要不要看看卫生巾长什么样子？”

他不屑地说：“不就是像纸尿裤吗，我知道！”

我滔滔不绝起来：“作用跟纸尿裤一样，但是更小更薄……”

“我知道，我见过！”他不耐烦地将我打断，拿书看了起来。

想想也是，那玩意儿放在柜子里，本就没有刻意避他耳目，说不定他早就研究过了。

事情到此为止算是告一段落。他的好奇心得到了满足，该话题也即刻成了过去式。看着他边看漫画边哈哈笑，我却在心里咬牙切齿地直叫唤：你小子挺轻松，有没有照顾一下你老妈是抱着怎样一种赴汤蹈火视死如归的心情在讲啊！

最后，我忽然想到了一件事，跟他交代了一句说：“这个问题你自己了解了就好，不适合在公共场合大声讨论，就好像你刚才在楼下那么喊，不太合适！”

他抬头看了看我，略显迷惑地点了点头，随即又一头扎进了漫画书里。我暗自庆幸他没有接着问我为什么不可以在公共场合说，因为我其实很不想告诉他，这，是一种“禁忌”。

我想起前不久看到的新闻。一个女生参加马拉松时刚好来了月经，她没有使用卫生棉条而是任由经血流出染红了裤子坚持跑完了全程。接受采访时，她说此举不光是为了让自己跑步时更舒适，也是为了对抗这个男权社会对于月经的污名，唤起人们对月经的正视，颇有女权主义的意味，而网友对此也是褒贬不一。

虽然我并不女权主义，可是本能地会对这个禁忌产生些许抗拒，因为我不希望自己身上如此正常存在的东西却被别人戴着有色眼镜审视，我更不想看到儿子小小年纪就把这副“有色眼镜”戴起。

我清楚地记得上初中的时候，班里的一个女生弄脏了裤子，被一群男生起哄嘲笑甚至用很脏的话侮辱。我的儿子绝对不能成为那种男生。

我还想起几天前中午上完课，去隔壁教室找同事一起吃午饭，却看到一个女生脸色煞白嘴唇发紫地趴在课桌上，整个楼都快走空了，她却疼得连站起来的力气都没有，最后来了两个男生把她背回了宿舍。我希望儿子将来在这种时候也可以挺身而出毫不犹豫。

可是，我依然很忐忑，这个话题虽然开讲了，我却无法把握它将往何方走去，因为这个禁忌前面还有两个字——文化，“文化禁忌”。儿子始终是要在这个文化里长大的。

想到这里，我突然记起一开始他说到的书上写的那个问题：女生在学校发现自己来了月经又没带卫生巾，该怎么办呢？

我假装好奇地问他这个问题，他说："书上说，要去找老师求助！"

我想了想，说："如果她不方便找老师，你也可以帮忙去找老师的，是不是？"

他大方地点了点头，说："嗯，我知道，要去找女老师。"

我赞赏地摸了摸他的头，舒了一大口气。

当天晚上，我和老公聊天时调侃他说："我一定不能生病，我要是倒下了，你们两个懒人连饭都没得吃！"一旁的儿子冷不丁插嘴道："你身体那么好，不会生病的，就是会有月经！"说完一副若无其事的表情转身离去。我头还在"嗡嗡"响，老公抱着被子"哧哧"笑得花枝乱颤。那一刻，我突然放松下来，起码在我们家里，没人要求这成为"禁忌"了。

你能不能不要用这么腻歪的眼神看他啊！
嘿嘿嘿……
我给你学学他是怎么看你的哈！
怎么看的？
哇！好像吕秀才啊！吕秀才就是这么看郭芙蓉的……
好想给这两只来个排山倒海！

你要是破产了怎么办？
我怎么会破产呢？我都没产可破！
那你要是一分钱都没有了呢？
我怎么可能一分钱都没有呢？我有工作！
要是你没工作了呢？
我怎么可能没工作呢？
因为你会变笨……
我怎么可能变笨呢？
因为，不看书了……
……

开学后，找一天放了学去练球吧。
好的。
可是……
可是什么？
要是那天我被留堂了怎么办？
明知道有安排，你就不能悠着点儿，干吗要搞到被留堂？？？
不是我搞，很多时候我也不知道为啥被留堂。
ACCIDENT

妈，你说我到底会跟谁结婚呢？
哈哈哈……别发愁了！先不管跟谁，你说说你想跟什么样的人结婚？
反正，只要不像你就行！
我怎么了？
你老是惹我，批评你的时候还嘻皮笑脸……太烦人了！！
哼！反正爸爸不觉得我烦人，都跟我结婚了！
那个时候你年轻，现在老了，变得烦人了……
不过，姥姥这么老了也一点儿都不烦人……真不知道姥姥怎么生的你……将来有一天，姥姥一定会说：女儿啊，告诉你一个真相，你其实是在垃圾堆里捡的……
哈哈哈……
扁你！！！

朱老师，我妈怀孕了！
是吗？恭喜你啊！
朱老师，我妈做B超了！
是吗？是弟弟还是妹妹啊？
朱老师，我妈预产期是2月！
你一定很期待吧！
妈，你说等你生弟弟的时候，老师们是不是要给我庆祝一下？
哈哈……你想要老师怎么给你庆祝啊？
比如说：不罚站、不留堂、不批评……
这也想太多了吧！

妈，你快看这一段儿，特别搞笑……
哼，就知道玩手机！
哼，我在查东西，干正事儿，谁像你，一拿手机不是逛淘宝就是打游戏……哼！
哼，你就知道干正事儿，也不知道娱乐一下……哼！

妈，今天新的电脑课老师说对我们班印象最深的就是我！
???
因为我说话很多……
为什么？
说话很多？是你上课跟同学说小话很多，还是回答问题很多，还是……
不知道哦……
反正老师说对我印象最深！
真让人不放心啊……

来，姥姥给你看看我年轻时的照片！
哇！怎么这么丑啊……
哪里丑了？姥姥当年可是美女……美女……美女……
问姥爷去……
????
姥爷，你长得这么难看，所以才跟姥姥结婚的吧……
你儿子太欺负人了……

Chapter 2

孩子仿佛突然长大，父母如何不被落下

无论怎样，孩子的青春期都会如期到来。也许他的经历会像小说或电影中描写的那么美好，也许会撞得头破血流，但都是属于他的人生财富！

“好动”是不是毛病

一转眼，又一个学期结束了。考试完，领回了学生手册，儿子也正式开始了寒假生活。

学生手册里除了有各科成绩，还有一项重要内容，就是班主任老师的评语。每次去看老师写得很长的一段评语，了解一下他在学校的表现和留给老师的印象，也是极有意思的一件事情。不过，每次也没有什么意外状况（或者说惊喜）出现。知儿莫若母，他到底是个怎样的人，我比谁都清楚，所以那些表现，以及可能会给老师留下什么印象，也基本都在预料之中。

不过这一次，我却在老师的评语当中发现了一个小问题。在评语将要结束的时候，有这么一句话：老师希望你今后能改正好动的毛病，逐步成长为优点越来越多的好学生……然而，评语的第一句明明是这么写的：你是一个聪明伶俐、活泼好动的小男孩儿。

毕竟我也是学语言学出身的（如今已经荒废了，所以这么说其实有些不好意思），以我对语言的敏感性，马上觉得这里有一个词变得有趣起来，那就是“好动”。同一篇评语里出现了两次，而根据老师前后不同的表述，那么“好动”到底是好还是不好呢？

为了进一步探究老师对这个词的态度，我又把之前的评语全部翻看了一遍。从一年级到现在，每个学期一次，一共七次评语，“好动”这个词总共出现了三次，除了这一次之外，另外两次分别出现在这样的句子中，“你，聪明活泼好动”，和“但你又是一个顽皮好动的小男孩……希望你能约束好自己好动的性格……”

我越看越觉得有意思。从这几句话来看，“好动”到底是褒义还是贬义完全取决于和它一起搭配使用的词，放在“聪明活泼”的旁边和放在“顽皮”的旁边给人的感觉完全不一样。然而，这么说只是一个很表面的分析。“好动”到底要跟什么词搭配使用，还不是完全由语言的使用者的态度来决定的。也就是说，儿子的老师有时觉得他“好动”挺好的，有时又觉得不好。而这次呢，直接自相矛盾，好像自己也搞不清这到底是优点还是毛病了。我为儿子给老师造成如此困扰深表歉意。

如果继续深入分析的话，为什么老师的态度会左右摇摆呢？这里有两个因素的影响，一是儿子“好动”的程度，二是老师本人对“好动”的接受度和容忍度。而且，这两个因素也都是动态的，各自在不断的变化中相互交织碰撞，时而和谐相处，时而互相排斥。这还真是一件既复杂又让人无可奈何的事情！

“好动”一词触发了我强烈的好奇心，我又去评语中寻找其他类似的地方，没想到真的又找到了一处，就是对于“课堂回答问题”的评价，在七次评语中竟然出现了六次之多，分别是这样的：

1. 上课有时争着回答问题，有时喜欢东张西望。

2. 你上课能认真听讲，敢于发表自己的见解。

3. 耐心是一切聪明才智的基础……胜利者不一定是跑得最快的人，叫得最大声的人……（要）有能耐等待老师叫你了才说答案……

4. 上课爱边玩边学，有时还能听到你精彩的发言。

5. 活泼的你课堂上发言真积极，也很随意，想说什么就说什么，有很多与课堂无关的话，你张口就来……

6. 课堂上，你爱抢答老师提出的各种问题，你的声音和各种奇怪的表情变化多端，太丰富了……

看完了这六句话，作为一个老师，我对他的老师那种纠结而又凌乱的心情真的是感同身受啊。

每个老师上课的时候，都希望和学生有良好的互动，希望学生能对自己提出的问题有热烈的反应，不要冷场。但是同时又忐忑不安，生怕学生的反应超出自己的预料，超出自己的控制，以至于不好应对，不好收场。所以，那个经常积极回答问题的学生，有时是救场的菩萨，但有时又会变成砸场的克星。到底是哪一种，就要看师生双方当时的配合是不是天衣无缝。而这里面存在的不可控因素就更多了，比如当时讨论的话题，老师的准备，老师的状态，学生的状态，等等。

所以，我也不知道儿子的老师对他的这个课堂表现到底有何具体要求（是积极一点好呢，还是矜持一些好呢，还是说某些具体的时刻该积极还是该矜持），就像我不明白老师判断“好动”是优点还是毛病的分界线在哪里一样。

嗯，还是说回“好动”的话题。我一点儿不否认儿子很好动，就像不否认他是个男生一样。但正如前面说过的，**到底给“好动”加上一个什么样的感情色彩，要看评价者的容忍度，说得更直白一些，就是主观好恶。**

记得儿子一年级入学不到一个月，我认识了他的体育老师。体育老师很严肃地跟我说：你儿子有多动症，上体育课站个队都不能老老实实站在那里，不停地晃来晃去，我们每年都会在新生里发现几个这样的！瞧，在这个老师眼里，“好动”不是毛病，而直接被诊断是“病”。我当时无意去跟她探讨“好动”和“多动症”到底存在什么本质上的区别，唯有尴尬地“呵呵”以对，然后不可避免地有些愤愤然，再然后就是释然、遗忘。

毕竟，作为他的老妈，我肯定比其他绝大多数人对此的容忍度都要高（比我容忍度还高的人也有，比如爸爸、爷爷奶奶、姥姥姥爷）。你可以鄙视我护犊子，然而我也没有办法，这只不过是我光荣的使命，我无法用自己的标准去要求别人，但是，我也绝不会纵容。

所以，不管是“活泼好动”还是“顽皮好动”，这种概括性的评价都没法研究明白，只能就事论事，具体问题具体分析。那么，“好动”到底算不算毛病，家里有个好动的孩子又该怎么办，让我再讲一个小故事。

加加是个既调皮又兴奋点很低的孩子，常常会把握不住尺度，只管自己开心，不顾自己的形象，也不考虑别人的想法，我不得不从头到尾不停地提醒他。说得轻了他好像没听到，说得重了又很影响他的心情和我的心情。以前遇到这样的情况，我大声吆喝他时，他会适当收敛一下，然后回家再数落他几句事情就算过去了，他一副没心没肺的样子，更别说记仇了。可是那天，当我又在大庭广众之下时不时地大声提醒他时，他那充满恨意的目光刺得我脊背发凉。我突然感觉到，他长大了。

回家的路上，我们俩一说话就想吵架，心情都很糟糕。到了家，干脆互不理睬。吃饭时，没说一句话，给他洗澡时，也是我洗我的，他负责配合抬抬胳膊抬抬腿什么的，一副爱咋咋地的样子，完全没打算主动求和。而我，虽然表面上也是很冷酷地拉着脸，“看见你就很烦”的样子，其实心里已经纠结成一锅粥了。怎么办啊？难道要比比谁先低头求饶吗？

洗完澡，把他安顿到被窝里，我先开口了：“你是不是很想妈妈陪你，但又不好意思说啊？”

他白眼儿一翻，冷冷地说：“我心情不好，不想理你。”

我说：“心情不好的时候，要找个人聊一聊。我也心情不好。要不，咱俩聊聊吧！”

他没作声，我当他默许了，就躺在了他旁边。

我说：“今天的事，我不怪你。你猜我怪谁啊？”听了这话，他一下子来了兴致，眼珠子咕噜咕噜转了几圈，说：“那肯定是怪爸爸。”唉，好人坏人怎么都是爸爸！

我说：“我们俩出去玩，跟爸爸有什么关系啊？”

“那，怪爷爷老是挠我的痒痒。”得，越说越糊涂了，还是别为难他了。

我告诉他正确答案：“我是怪我自己！”

他越听越糊涂了：“你干吗说不怪我怪你自己啊？”

我解释道：“我觉得你本来跟小朋友玩儿得挺开心的，都怪我老是说你，搞得我们两个都心情不好，你也没玩好。”

这回他听明白了，马上说：“就是，那你要说两声对不起。”

我乖乖地说：“对不起，对不起！”他的表情看上去缓和了很多。

于是，我接着说：“可是，等事情发生以后再说对不起有什么用啊？重要的是，要让它不发生。现在，我们两个一起想个好办法，看看以后怎样才能避免我老是唠叨，搞得大家都不开心。”

这可能又难倒他了，他说：“你先说你的好办法吧！”

于是，我小心翼翼地说：“我的好办法就是，我觉得你以后玩儿的时候如果太疯狂了，就停下来想一下，这么疯狂可不可以呢，如果不可以，就自己做出正确的决定，稍微收敛一下。”

他忽闪着大眼睛说：“是不是如果太疯狂了，我就去喝点儿水，想一下？”

我鼓励道：“没错，你可以先去喝口水，去玩儿一些平和点儿的游戏。这是不是个好办法啊？”他没说话，但认真地点了点头，看来破门成功啦！

我又接着说：“现在，轮到你说你的好办法了。”

他说：“我觉得你再控制不住想说我的时候，可以停下来，想一下能不能不说。”这家伙，开始比着葫芦画瓢了，学得还挺快嘛！我有点儿震撼，他说的真的很有道理啊，越是冲动的时候就越要冷静一下！

我高兴地说：“这真是个好办法。你是要我在控制不住的时候停下来考虑一下到底是说还是不说，是吧？真棒，想到这么好的办法！”

受到肯定后他开始有点儿兴奋了，说：“到你了，该你说好办法了！”

我说：“好吧，我还有一个好办法，就是你跟小朋友玩儿的时候可不可以考虑一下别人的想法，有的小朋友可能不喜欢你那种玩儿法，你都把人家搞生气了，你觉得是不是？”他考虑片刻，又点了点头。很好，再进一球！

然后，到他了，他说：“我觉得你说我的时候能不能声音小一点儿，温柔一点儿，就像你刚才说话那样！”我又被震了一下，他是要我也该考虑考虑他的感受吧！这个我确实做得不好，大庭广众之下就那么扯着嗓子吆喝他，他该多没面子啊！小时候，他可能对此还没那么敏感，现在长大了啊！

我揉着他的脸激动地说：“真是个好主意，太好了！”

他越发兴奋了，说：“又到你了，快说啊！谁说到五个就可以抽大奖了！”天哪，这又是哪里冒出来的想法，还比上了！看他心情那么好，不想拒绝他，于是我们俩又你来我往地说了几个好办法，虽然不像之前两个回合那么一针见血，但是如果不是这样，我还真没想到这家伙居然这么有想法。

最后，说累了，我们假装抽到了大奖，激动地抱到一起又搂又亲，甜蜜得好像之前的事都没发生过一样。而他，也依偎在我旁边很快就睡着了。

我很庆幸自己及时转换了思路，而没有一错到底地说“你以为我想那样说你吗？不都是你自找的吗”之类的话，更没有僵持到要他先低头认错才罢休。要不然，跟他怄气，你猜猜，谁比谁更痛苦啊？虽然我敢肯定，他疯狂到忘乎所以的状况还是会发生，但是再提醒他的时候，我也应该收敛一下，不能再简单粗暴地乱吆喝了，不能再让他像看敌人一样对我咬牙切齿了。所以，我觉得，有时应该“卑微”一点，不能老是以一副高高在上的样子对待他，因为给他一个机会，他真的可以教我很多东西啊！可能“卑微”这个词不太贴切，说“退一步海阔天空”会更好吧！

别人的评价与自我的评价

期末考试前的一天，儿子放学回家说，他们班今天又评选各种先进了，但是在评选之前，老师问了个问题说，有没有谁觉得自己什么也评不上的？儿子说，他举手了。

说完以后，他一直看着我，以一种征求意见似的疑问口气说，嗯？好像在问我这么做对，还是不对。

我问他，是真的觉得自己差，什么也不够格评上，还是就为了出个风头。而其实，这问题我从一开始就知道了答案。如果是为了出个风头博人眼球，他是不会回来跟我说的。这次，他是真的遇到麻烦了。

果然，他一脸落寞，声音很低地说，是真的觉得自己可能什么也评不上。说话时，还是一直看着我。

其实，除了“课外阅读之星”的称号，他从来也没评上过什么，而我们也从来没有谈论过评优这种事，更不用说评不上就挨批评了。所以，他一直看着我说话，根本不是在揣摩我会不会批评他，而是，他对自己突然失去了把握，希望我能够给他一个评价。

看着他迷茫的小脸，我在心疼之中夹杂着欣喜，不禁感叹：这真的是要长大了！

儿子上幼儿园的时候，被老师评价为“自信心爆棚”的孩子。不管别人比他强多少，他总能想尽各种办法用他那三寸不烂之舌把别人给比下去，为此，他也没少受老师打压。可是，他依然没心没肺，一直到上了小学，赢了输了，考得好与不好，从来不往心里去，转眼就忘了。我虽然觉得这等“心胸宽广”也是不可多得，但是也一度因为他没有所谓的“上进心”而着急上火。

而第一次发现他的心胸变得没那么“宽广”了是在这个学期开运动会的时候。

他报名参加接力赛，但是因为比他跑得快的同学太多而被淘汰了。他还报了另外两个项目，但报名的时候可能是因为跟老师沟通不畅导致老师没有注意到，所以最后也没能参加。照他以前的作风，这种事他肯定第二天就抛到脑后了，根本没工夫伤心难受。可是这一次，运动会当天我跟他一起在看台上当观众，能明显感觉出他心情非常糟糕。

于是，我给他买了个小日记本，让他把自己的不开心写下来，也算帮他找了个发泄的出口。看着他愤愤不平地在本子上写了大半页，还配了个火山爆发的图，我还有些暗喜，心想，这小子终于知道在乎了，终于学会难过了！

我想，这个挫折或多或少对他产生了影响，但是除此之外，他对自己的不确定主要还是因为另外两件事，一件是数学老师这学期发了三次告状信息给我，另一件就是刚刚过去的被叫家长。数学老师嫌他上课精力不集中，练习做错太多；而被叫家长的时候，班主任也是一一列举了他的各种不当行为和毛病。

于是，评优就在刚刚被叫完家长的当口，他的自信心完全处于跌到谷底的水平。可以想象，他举手承认自己一无是处的时候该是怎样的心情！

脑子里像过电影一样想了那么多前因后果，可是眼前的问题还没解决，儿子还在一直看着我，希望我能说点儿什么。

我问他，为什么觉得自己那么差呢？是因为这学期被老师批评太多了，还是自己真的觉得自己很差？

听到这个问题，他皱了皱眉，目光转向别处，支支吾吾半天也说不清楚。

我接着跟他说，**老师批评你那是老师对你做出的评价，你对自己有没有做出评价呢？还是老师认为你不好你就觉得自己不好，老师觉得你好你就觉得自己好呢？**

他又扭头看着我，一副为难的表情。我明白这个绕口令一样的问题又显得深奥了，可是也必须要硬着头皮解释到底。

我说，数学老师可能不怎么喜欢你，可是英语老师很喜欢你，不是吗？

他点点头。

那么两个老师对你的评价不一样，你到底觉得哪个老师对呢？我再问。

他又蒙了。

我继续说教，**一个人除了被别人评价，最重要的是自己要给自己一个评价，别人说什么都不如自我认识重要。自己对自己有一个正确的评价以后，就不会太被别人的评价干扰动摇了**。

他懵懵懂懂地点点头。

你能不能说说你觉得自己到底是怎样的人呢，我问他。

这个问题听起来简单多了，他放松下来，说了一些自己的优点，比如乐于助人之类的，然后又说了一些对自己不满意的地方，比如觉得自己脾气有时候不好，成绩也不够理想。关于成绩，我们从来没有强调过什么，只是说只要努力了，考多少分都行。没想到他的“上进心”终于在此刻觉醒了，让我有些小意外。

我接着问他，既然有对自己不满意的地方，有没有想着去做出改变，比如有没有找到自己可以学习的榜样。

他想了想说，觉得同学 ××× 挺好的，脾气又好，学习又好。

我说，这不就简单了，你就以他为榜样，提高自己，把自己变成自己喜欢的样子就行了！

说到这里，好像并没有直接回答他一开始想知道的自己举手那件事到底是对是错的问题，可是那都不重要了。

我只想让他明白，作为一个社会人，我们每天都会面临来自别人的评价，我们既不能完全视而不见，又不能被此控制，所以最重要的是自省，自己对自己做出合理正确的评价。

然而，我是谁，我是怎样的人，这问题并不那么容易回答，很多人可能终其一生也没有找到答案，就只能一直生活在别人的评价中，被别人的一两句话而左右或牵制。

探寻“我是谁”的过程肯定不是轻松愉悦的，因为自省本身就是会带来压力的一件事情，它让人少了任性的借口，也会促使一个人不断地做出改变，而任何改变都是多多少少会带来痛苦的。

但是即便如此，我仍然愿意跟他探讨这个自我评价的问题。看到他开始介意别人的看法，我感到欣喜，因为这说明他在成长；但是，不管这个过程有多辛苦，我还是更希望他自己能够找到“我是谁”的答案，一个既不妄自尊大又不妄自菲薄的答案，因为，那才是真正地长大！

性教育，猝不及防地到来

晚上把儿子按到床上，已经十一点多了。我催他赶紧睡觉，他耍赖要我陪他。我已经困得抬不起头，于是为了不再磨嘴皮子耗费过多精力，我二话没说躺在他旁边，给他挠挠胳膊抓抓腿，祈祷着五分钟之后能撤退。

他一边享受一边使劲儿往我这边挤。

我说，你挤啥，热死了！

他说，我要让鸡鸡里的精子从你肚脐眼儿里流进去，你就能再生一个小宝宝了！

本来昏昏欲睡的我一下子被劈得清醒得不能再清醒。看着眼前这个跟我一样高的半大小子，我不由得往外挪了一下。乾坤颠倒之时，突然间一个词出现在我的脑海：可教时刻。在《从尿布到约会》那本书中，这是作者一直强调的一个词，因为**对孩子的性教育不适合太刻意，最好的方法就是遇到问题的时候顺便教育。**而这一刻，摆在我面前的不就是一个完美的可教时刻吗？

可是，可是，他真的不能像别人一样无师自通吗？一定要我把话说得明明白白才可以吗？我……我真的能讲清楚吗？

然而，时间不允许我再做任何思想斗争，该来的总是要来。

于是，我使劲按住自己瑟瑟发抖的小心脏，呼了一口气，很不以为然地说："切，你现在根本没有精子！"

"啊？为什么？为什么我没有精子？"他竟然满脸惊恐地大呼小叫起来。

看着他那跟身高毫不搭配的表情和反应，我在心里快要笑岔气了。

"到了青春期发育以后才会有精子的。"我必须得科普到底了。

"哦，那现在我的蛋蛋里面有什么？"

"蛋蛋的名字叫睾丸，这个你知道的吧？"

"知道，知道，我是问你现在没有精子有什么？"

"有什么……就是两坨肉吧！"不知为啥，我想起老家的烧烤摊上卖的烤羊宝，又忍不住在心里一顿狂笑。

"那我什么时候青春期？"

"这个不一定，有早有晚，看个人的发育情况。"

"哦……"他一副若有所思的样子。

谈话进行到这里，我已经平静了不少，可是这才算个开始，核心问题还没说到呢。而我觉得，不能再放过这次机会了。

"你不会真的觉得精子是从肚脐眼里跑进去的吧？！"之所以这么问，是因为我早在他七岁时就给他买过《小威向前冲》那本书，精子是怎么从爸爸身体里跑到妈妈身体里，书里不是画得清清楚楚明明白白吗？我以为他早就了解了。

"难道不是吗？不是从肚脐眼，那是从哪里？"他刚才的惊恐表情重现了。

唉，原来我自以为开放的性教育也只是表面文章而已。那本书买回来我就扔给他自己看了，并没有做过多解释。其实，不管我的态度客观上是如何开放，但潜意识里还是希望在这件事上他能够无师自通，最好用不着我讲，因为，从来没人给我讲过，我根本不知道怎么讲。

我想起有一次在接他放学的路上，不记得聊了什么，他问我：爸爸的精子是半夜从床上爬到你肚子里的吗？

当时在大街上，实在不适合讨论这个话题，我含糊其词了几句就岔开了。然而这次，死都岔不开了。

“精子是从阴道流进去的！”我牙一咬，说就说吧。

“阴道？阴道是啥？在哪里啊？是尿尿那里吗？”他求知若渴。

“不是，尿尿那里叫尿道，阴道在它旁边。阴茎（这个词是他之前已经了解过的）放在阴道里，精子就流进来去找卵子了。”

“哦！原来是这样的！”他一副恍然大悟的表情。

“那你现在明白避孕套是干什么用的了吗？”

“明白了，就是不让精子流进去。我原来以为是女的用的！”

“你刚才还说让精子流到我肚里让我再生一个宝宝，这是不可能的。和妈妈，或者姐妹生宝宝，这在伦理上是不允许的，知不知道？”

他瞪着两只大眼睛静静地听我说，显然需要消化的东西一下子太多了。可是，我对他还有更想说的话。

“你觉得让别人生宝宝是很好玩的事吗？”我问他。他有些不明所以。

“生宝宝是一件责任重大的事，虽然男人的精子可以让女人生宝宝，可是他得有能力负起这个责任。而且女人生宝宝没你想的那么简单，是一件有很大风险的事。生你的时候我没想那么多，可是生妹妹的时候，我从头到尾都很害怕，因为谁也不知道中间会发生什么事，我很害怕万一我真出了什么状况，你怎么办！”

他静静地听我一口气说完这些，有些不好意思地“嘿嘿”傻笑。

而说完最后一句话，我突然生出一种悲壮感，又转瞬间觉得是不是有些跑题了，于是匆忙整理了一下情绪，做了最后的陈词：“你以后要是还有什么疑问，就直接来问我吧。”

说完，连我自己都有些吃惊于这胆量。不过，有了这个开头，我大概可能也许应该可以对付得了了！

出了他的卧室，我感觉就像做了个大头梦，这么大尺度的对话对我来说绝对不轻松。可是，他坦荡荡，真的没有任何别扭和脸红。

说实话，虽然看了一些关于儿童性教育的书，可是真把书中所写用于实践，我并没有把握是不是就会取得书中所说的良好效应。因为，我在身边还没有见到过实例，连我自己都是自学成才无师自通。

可是，既然他给了我躲不开的实践机会，我总得想想靠谱的方法。

下一个可教时刻，也许正在疾驰而来的路上，肯定会再次来个不期而遇猝不及防。

来吧，打起精神！

没人玩不是件可怕的事

期末考试前两天，儿子因为身体不舒服请了一天假。

吃完早饭，他坐在沙发上看上去有些忧心忡忡。

我安慰他说，你自己在家把练习册上错题什么的看看就行了。

他说，今天不会给老师打分吧！

这小子，原来不是担心因为缺课错过了重要复习，而是操心着给老师打分的问题。

于是我敷衍他说，可能今天不会打分吧！

谁知他说，我们班 ×××、××……好几个同学都商量好了，说要一起给数学老师打 D！

听了这话，我心头一惊。

我问他，数学老师真那么差啊？你也要一起打 D 吗？

没有啊！我觉得数学老师很好啊，我要打 A。他毫不犹豫地回答。

我心头又是一惊。然后，那件让我一直羞愧不已的事再次冒了出来刺激我的神经。

记不清是我大二还是大三的时候，学期末要给老师打分，大家私底下串通，要给泛读老师打低分。说是大家，其实我也不知道有多少人，只是当有人通知我，并细数了泛读老师上课无聊等数宗罪的时候，我想都没想就答应加入了。

打完了分以后，这件事就被我忘得一干二净，结果到底怎样我也没再关心过。直到好几年以后，早已经毕业了，和大学同学聚会聊天时，有人提起了这件事，说打分事件之后的那个学期，泛读老师和之前判若两人。之前，曾在日本待过好几年的他在路上遇见我们都会“点头哈腰”十分热情地打招呼，之后则经常一副郁郁寡欢的表情，招呼都不知怎么打才好。同学说，他感觉很对不住泛读老师。

当时听了他这番话，我才想起当年的这件事，而且十分震惊，完全没想到自己曾经这样伤害过一个人。不只震惊，更加羞愧不安。如果说别人是真的因为自己对泛读老师有意见才打的低分，而我，其实并没有什么看法，仅仅是因为追随大家的意见，不想落在群体之外而已，对整件事完全没有做独立思考。

然而，说句实话，不是我没做独立思考，而是当时的我根本不知道怎样独立思考。所以，看到儿子那么清晰而有力地表达自己的意见，我真的感觉自愧不如。

事实上，我直到大学毕业之后才慢慢对很多事有了所谓的“个人想法”。而儿子不同，他早就习惯了用“我觉得……”这个句式表达。其中的原因有很多，比如在学校教育方面，他们课堂上回答问题远远超越了当年我们只需要说出答案的局限；再比如在家庭教育方面，吃什么穿什么去哪里玩看什么电影，他从小就有表达意见的权利，并且意见会得到尊重。而我在这里想说的是我观察到的另一个因素，即成长环境。具体来说，比起我，他的童年，有很多独处的时间。

我小时候有段时间住在家属院，同龄小伙伴众多，几乎所有的课余时间都是在和小伙伴们的玩耍中度过，这个没时间就找那个，那个没在家再接着找另外一个，从来不寂寞。

后来搬家到独门独院的平房，很快又和左邻右舍的小孩交上了朋友。每日除了学习，依然是在这种热闹和喧嚣中度过。

说起来这应该是理想的童年生活。但是，事物的两面性决定了这些快乐的获得也是有代价的。最初发现这个代价是在上大学之后的某一个寒假。

上大学时放假回家最重要的项目就是和高中老友一起玩耍。我有一大帮好友，每天都不缺节目，整日三五成群泡在一起，吃喝玩乐，嗨个不停。每天要么一个电话，要么有人跑到我家门口喊一声，我就乐颠颠地出门了。

我清楚地记得有那么一天，一个上午快过完了，没接到电话，没人在门口叫我。我忍不住打了几个电话，结果大家各有各的事。放下电话，当我意识到这一天只能自己待在家的时候，忽然间感觉世界从未有过的冷清。我心神不宁，感觉时间如此漫长，根本不知道如何去打发。

而儿子从小生活在城市的水泥森林，“家”和“邻居”的概念跟我小时候相比早就有了翻天覆地的变化，“串门儿”就更是一件奢侈的事了。虽然他也有很多小伙伴，但大家要想聚在一起玩，基本得靠“约”，还得家长跟着，根本不可能像我小时候那样吃完饭，饭碗一推就一溜烟跑得没影了。所以，很多时候，他只能一个人在家待着。小的时候，做什么都陪着他，大一点，就慢慢学会自己打发时间了。

看上去，这是挺悲惨的一件事，更悲惨的是他没有像我一样整日包围在喧闹之中，从来没有习惯过清静的个人空间，所有的问题都是听从群体意见，个人思考根本无从谈起了。

虽然有时候看他确实挺无聊，但我从没有试图通过给他安排一个又一个活动去帮他把时间填满。**小孩子喜欢热闹，但清静和无聊也是必要的，他会慢慢学会如何独处，而这是一种很重要的能力。**

会独处的人更善于独立思考，也会有更强大的内心抵抗人云亦云的困扰。这是我成年以后才亲身体会到的。

有时周末帮儿子约小伙伴没约到，姥姥总会说：“唉，现在的小孩真可怜，没人玩！”

然而，塞翁失马，焉知非福！他只要对自己的成长环境善加利用，“没人玩”根本不是一件需要担心和可怜的事。

考多少分才够好

前天，加加爸爸在朋友圈转了篇文章，标题是《为什么这个老师说考80多分就好？》。我一看就乐了，他的朋友圈里牛娃的爸妈一抓一把，他竟然还好意思转发这文章，也不怕别人笑他纯粹是自我安慰！

然而乐归乐，自我安慰至多也只是调侃而已，但这并不是因为我们对儿子的分数无所谓。相反，我们觉得分数挺重要的，至少体现了阶段学习状况。所以我们一直要求他必须考80分以上，而他也基本没让人失望。

但是，如今小学生考80多分是个根本不受待见的成绩，基本可以直接进入学渣排名。

我也知道儿子的考试名次经常是倒数的，可总觉得事情没有那么严重，毕竟80多分呢！可是硬要我说出这80分理念有什么根据，我也很模糊。所以，我点开了那篇文章，想看看同样持此观点的老师怎么讲。

那篇文章的作者是位中学老师，他在文中有条有理地列举了自己持这种看法的原因，其中包括，消耗过多的时间和精力去追求高分不值得，不要追求所谓的标准答案，不要为获得高分对已知内容进行低水平重复，等等。

看完了文章，虽然觉得他说得挺好、挺有道理，但是又觉得给这件事找这么细致的理论依据不是很有必要。而且这种反其道而行之的论调，别人一句话就能将之驳倒。

果然，再接着往下看评论，证明了我的猜想。只有极少数表示了谨慎的赞同，多数是强烈怀疑的。

有人说，“你考 80 多分还能进入好学校吗？连一般的学校都难进吧，这么现实的问题摆在眼前，那还如何谈以后？”

有人说，“谁家父母会真的这么想并贯彻 80 多分标准？那是艺考生、体育生等身怀绝技的特长孩子吧？”

有人说，“一步错，步步错，这不是普通老百姓家庭承受得了的……”

还有人说，“学校里的考试，80 多分完全不够看。连考试都搞不定，还发展什么业余爱好，这对大多数平民子弟，就是个毒药。对他们来说，往死里学才是正路。”

且不说这些评论中出现的逻辑问题，以及评论者没有全面理解文章的内涵就急于下论断的草率，我所感受到的是因“80 分”这个字眼而引发的满屏的奓毛，让我一下子想起有一次听到走在身后的妈妈边走边教训孩子说：“不是我对你要求高，而是现在大家要求都很高……”

于是，那个词又来了，就是大环境。

大环境是，分数仍然是唯一的评判标准，一分之差，有可能意味着会被改写人生。所以，是大环境逼得孩子们不得不上补习班，是大环境逼得家长们不得不在分数上跟孩子斤斤计较，是大环境逼得大家将要求一再拔高。这绝对现实得不能再现实。

可是，如果这个大环境本身是有问题的，那么让它来替我们做决定是不是更有问题呢？所以，以一己之力无法对抗整个大环境，我所能做到的就是一直努力拒绝被裹挟其中。

影片《相约星期二》（*Tuesdays with Morrie*）里，教授莫瑞（Morrie）

谈论文化（culture）时说：女人要瘦，男人要有钱，这都是这个社会的文化要你相信的东西。但是，不要相信，你要有自己的 subculture[①]。

简单的解释就是，不要盲目听信和顺从大环境，而要有自己个人的信仰，或者说自己的小环境。具体到学习这件事上，80 分就好比是我的 subculture。

但是，仅仅为了标榜自己与众不同而牺牲孩子，这不是自私，而是愚蠢。所以，当我在《我家有个小学生》那本书里看到这样的句子时，很受触动：我只跟那些能理解的人谈我理解的教育。说这句话的人就是那本书的作者，几年前以批判小学语文课本而出名的中学老师蔡朝阳。在书中，他通过讲述自己儿子成长中的一件件小事清晰直白地展示了自己的教育观。

我一直希望自己也有足够的底气跟别人侃侃而谈“我理解的教育”，因为那才是“为什么我觉得考 80 多分就好”的真正答案，**因为游走在大环境的边缘靠的绝不是意气用事，而是蔡朝阳所说“温和而坚定”的教育观。温和是指在不满大环境和体制的情况下不去硬碰硬，坚定是指因为对教育有着充分的理解而不会随随便便被裹挟。**

所以，说到底，考多少分才好根本是个无聊的问题。

---

① subculture，亚文化，指与主文化相对应的那些非主流的、局部的文化现象。这里指属于自己的独特的价值与观念。——编者注

“找到自己”才是最重要的

昨天中午和同事们一起吃工作餐，一群女人聚在一起，自然而然就聊起了孩子。

一同事说，她女儿今年六年级，正处在小升初的紧要关头。而且由于一开始对形势估计不足，导致到了五年级的时候才报了课外补习班，跟别人比起来，已经晚了很多。

这个话题一出，搞得我们几个孩子正在读小学的妈妈们顿时有些紧张。

她继续解释为什么一定要报补习班，哪怕去上课要长途颠簸甚至倒几趟车才能到也要去上，因为补习班会经常举行排名或摸底考试之类的，而好的中学通常会去参考这些信息来选择学生，换句话说，补习机构和学校之间是相互合作的。

听她这么一讲，我才明白，为什么一到升学季，我们小区里的一家补习机构总在门口贴着类似于光荣榜的东西，上面一条一条列着：××× 升入 ×× 中学。我一开始很是疑惑，心想别人不就是来你这里多上了两节课，升入哪个中学跟你有多大关系呢？怎么会拿这个来做宣传？而现在才算明白这背后的故事。

不过，我依然不解，小学学来学去，不就那么多东西，一定要去补习班才能学会吗？而且那么多排名摸底考试，考来考去不也就那些东西，不把孩子考煳了才怪。

于是，心里这么想着，嘴里就不自觉地说出来了。我说，小学不就学那点儿东西吗……

可是，后面的话还没来得及说，就被同事抢过去了。

她说，这你可就不知道了吧，光学课本上那点儿东西根本不行，去参加补习班的排名考试也就只能考十几二十分，他们在补习班现在都学的是高中英语的内容！

闻此，我深深感觉自己已经落伍了，原来只有我还满足于儿子只要把课本上的东西弄懂保证不掉队就行，别人早就拓展到课本以外了。

可是，这个课内课外的区别表面上看上去没有任何问题，我却总觉得哪个地方有说不出来的别扭。

我强迫症发，止不住地纠结起来，到底哪里不对劲呢？琢磨了一遍又一遍，终于发现了问题。原来我所认为的别扭在于，小学阶段学小学的课本当然叫课内，可是学高中的课本就叫课外了吗，那不还是在学课本的东西吗？只不过是在提前学而已。如此一来，这个课内课外的分法也显得太自欺欺人了。

我无意于声讨什么，毕竟也听不少妈妈说过，孩子在课外补习班学得挺开心的，而是想借此机会谈一谈我所认为的“课外”是什么意思，孩子应该学什么。

当然，你会说可以学音乐、美术、运动等，没有问题，**而我认为最重要的是让孩子慢慢找到以人为本中的“人”字。**

我做大学英语老师最痛苦的一件事就是给学生改作文。数量大是一个因素，而更重要的原因是：一两百篇作文改下来，几乎都写得差不多，看了上句简直都知道他下句要写什么，改得我大脑麻木。我只看到一百多页纸在我眼前晃啊晃，而完全看不到这些文字里所带出的不同的写作者的形象和个性。不是说文如其人吗，难道这些人都是一样的吗?

这些人很可能都是一样的，为了写出符合要求的作文，他们很早就开始学习写作模板，背诵范文。他们可以在规定时间内写出没有什么语法错误的作文，结构严谨，条理清晰，可是却总让人觉得少了点儿东西。

不可否认，为了应付考试，模板和范文确实有一定作用，可是我也常常告诉他们，如果你能做到真正有感而发，从心而发，就算抛开那些所谓的模板，肯定也能写出精彩的作文。而有感而发指的是，你落笔写下的句子应该是“你”的一部分，你不能以一个旁观者的姿态去写，这两种不同的情况即便写出一模一样的句子，读起来感觉也是不一样的。一个生动，一个生硬。

而一个班里，真正能写出让我产生“见文如见人”的感觉的文章的学生，真的是凤毛麟角。大多数学生根本不知道该怎样表达自己这个“人”。

这种情况不只体现在写作文，还体现在课堂演讲上。

通常我会根据每个单元的主题设计一个题目，让学生演讲。这里我先举一个正面的例子。

上周学到了与克服恐惧有关的文章，于是我给的演讲题目是《如何克服演讲的恐惧感》。我提出希望有经验的同学来做分享，有一组女生主动接下了这个任务。

到了演讲那节课，她们的 PPT 不到十分钟就放完了，内容也平淡无奇，就像随处在网上都可以收集到的二手资料。然而，就在我失望之余，事情出现了转机，没想到在后面的观众自由提问环节，她们才发挥出了应有的水平。

演讲完了之后，下面的提问也很踊跃。有一个同学问道：我从没做过演讲，我想知道怎样才能让自己有动力去做一次演讲。

听到这个问题，我开始有些担心，祈祷着她们千万不要回答“Be brave！ Don’t be shy！ Just do it！”之类的。

她们也着实没有想到会被问这样一个问题，一时有些卡壳了。下面的同学静静地等着。她们想了一会儿，其中一个最终开口了，面向提问的那个同学说道：你有没有对某一个问题有什么想法或看法呢？当你有了想法，你就有了跟别人分享的欲望，就自然而然想去演讲了。

她当时的英文说得并不是很流畅，但是听她表达出来的这个意思，我莫名的一阵激动。

然后，又有一个同学提问道：你刚才说 eye contact（目光接触）很重要，可是我演讲的时候，一看到别人看着我，就把接下来要讲的全忘了，怎么克服呢？

听到这个问题，我猜想她们可能会朝如何消除紧张感这个方向回答，比如深呼吸，提前多多练习等，这样虽然无误，却也无趣。

然而她们的回答是：演讲本身是你，而不是演讲稿，当你全身心地在做分享在表达想法而不是背演讲稿的时候，应该不是那么容易就会忘词的吧！

这回答，绝对满分啊。

我再次看向站在讲台上的她们，此时感觉已经发生了巨大的变化。念 PPT 的时候，两个人干巴巴的，就像毫无存在感的传声筒，而回答完问题，两个人顿时有血有肉起来，因为她们很好地表达了“我”以及“我”和演讲这件事之间的联系，既实用又生动。

但是，这种情况我一个学期也只能幸运地遇上一两次。大多数时候，就算我已经布置得很清楚，告诉他们可以怎样通过采访别人以及提什么样的问题来收集一手资料准备演讲素材，他们还是会从网上找来一堆二手资料来交差。如果他们能找到自身和这些资料之间的交集也可以，可是情况往往是：在做演讲的时候，你会明显感觉他这个人和他讲的东西之间是互不相干的，在别人提问的时候他也往往答不上来，即便回答上来，也让人感觉答案和问题根本不在一个频道上。这个问题就在于，他找不到自己和这个话题或者这个世界之间的联系，也就无法表达自己。

举了这么多例子，无非就是想说，**我觉得教育很重要的一点就是要让孩子找到“自己”，认识到自己这个“人”，而这，在课堂内往往是学不到的，**不然我的那些学生上了这么多年学，也不会作文写得千篇一律，演讲讲得了无生趣。

儿子前天放学回来跟我说，当天的语文课是打作文草稿，他和几个同学因为没有按时在课上写完，就被留堂了，老师说一定要打完草稿才能走。

我听了之后，有些郁闷。不是因为儿子没能按时完成作业，而是因为我觉得写作这个东西不像是做几道加减乘除题，每个人可能都有自己不同的时点找到写作的灵感，逼也没有用。我跟儿子讲了我的看法，觉得他就算课堂上写不完也没有问题。他竟然还撺掇我去跟老师“投诉”。但是考虑到之前他的草稿从来没有在课堂上写完过，有时甚至是一个字没写，每次都是拿回家里晚上写到很晚，因为留堂也仅仅发生了这一次，我也没有这么急着去讲理，而且也根本不打算去讲。我只需要他自己明白这是怎么回事，认识到自己跟别人的写作时机有不同就可以了。

我理解学校里很多整齐划一的做法，不可能一一都去反抗，也对反抗的效果不抱希望。**我只希望在“课外”，可以给他宽松和放松的环境，让他有时间有精力去摸索，去思考，去认识自己是谁，去发现自己和别人的不同，去找到自己与这世界的联系。**

所以，他有时在家无聊的时候，我告诉他，要么找本书看，要么发呆，自己解决。他有时也真的会发起呆，一个人在沙发上，一会儿趴着，一会儿躺着，很长时间，不知道在干吗。但是这个看似浪费掉的时间，我不会去剥夺，也不会试图去填满。它的用处绝不在于可以多做几道奥数题或者多背几个单词那么简单。

我不知道这么做是不是显得很理想主义。但是，人总要有点儿理想的，不是吗？

请尊重孩子的“隐私”

暑假的时候，加加练游泳。他的泳镜是去年买的，大小并无问题，可他一直嘟嘟囔囔想要换个新的，而我以不能浪费东西为由拒绝了。

有一天又去游泳，下水之前，他突然摘掉泳镜说：“妈，你帮我把这两个小企鹅揪掉！”

泳镜的两个镜片上方各有一个塑胶的卡通企鹅，很可爱，去年他就是看中了这个才买的，而现在却又要把企鹅揪掉。虽然这也不费什么力气，可我对破坏东西有着本能的抗拒，于是说：“要揪你自己揪。”

谁知，他二话不说揪掉了两个小企鹅，然后戴好了泳镜满脸欣喜地下水了。

我一下子反应过来，原来他是觉得自己长大了，怎么还能用这种小宝宝版的卡通泳镜呢？

于是，我主动提出给他买一个新泳镜。到了商店，他没怎么犹豫就选定了一款全黑的，就是戴上以后看起来又神秘又酷的那种。拿着新泳镜，他高兴得又蹦又跳，我在心里暗自发笑。

买完了泳镜，我们一起赴约吃饭。朋友问他为什么买了那么黑的泳镜，他笑而不语。而我早被这笑料憋得不行了，边笑边跟朋友讲：“你知道吗，他以前的泳镜是款卡通造型的，买这个新的是因为他……”

话刚说到这里，突然听到他大喊一声：“是因为以前那个坏了！”

我猛地转头看他，发现他也正盯着我看。那一刻，我一下子读懂了他的意思，转过头接着把话说完：“嗯，没错，是因为那个坏了！”朋友知道我的笑话没讲完，但也很配合地没再往下问，泳镜的话题就此打住了。

那件事以后，我做了一番自我反省，感觉自己对待他的态度总也赶不上他成长的速度。**他长大了，开始有自己的“隐私”，开始介意别人的看法。我不能再当众乱爆他的料，让他觉得有被冒犯的感觉。**

可是，尽管理智提醒自己要像对待大孩子那样对他，可心里总是觉得他还是我的小宝宝。于是一不小心，我又犯错了。

有一天半夜，他嘴里一边叨叨着“没关系”一边走去洗手间，我问了句“什么没关系啊”，谁知他“哇”的一声放声大哭，边哭边说：“角的两条边的长度和角的大小没有关系！”我一下笑趴了。

第二天，他和他的好朋友一起玩耍，我忍不住要将这笑料和朋友的妈妈分享。可刚开了个头，正在一旁玩着的他突然跑了过来，瞪着我声色俱厉地说：“昨天晚上怎么了？怎么了？”那语气里满是威胁的味道，一下子让我止住了话匣。

这件事又让我懊丧了半天，对自己进行了深刻检讨。虽然这也上升不到道德谴责的层面，但觉得自己不该“背叛”他。从那以后，我时刻提醒自己不能随心所欲对他乱八卦，要尊重他的“隐私”和想法。于是，我会真心地问他“这件事我能不能跟别人讲”或者“这张照片我能不能发给小姨看”等，如果他不同意，我一定不会自作主张。

前两天，他的班主任知道了我写了一本记录育儿趣事的书《家有小小男子汉》，就问我可不可以给一本放在他们班教室的图书角，让小朋友们都分享一下。我没有马上同意，而是先征求了加加的想法。经过一番考虑，他同意送给老师一本，但不想放在图书角给同学们看。我向老师转达了他的想法，老师也给予了充分的尊重和理解。

想当初我开始用博客记录他的成长，就是受了他的鼓励。他总是催着我把他的好事“写给小姨看”，他觉得给别人带去笑声是一件特别得意的事。**而不知不觉中，小小男子汉长大了，心智也不再像以前那么简单，对很多事有了自己的衡量和看法。可能在我看来无所谓的一件事对他来说就是不可触碰的底线，所以我必须要学会理解他的标准，尊重他的“隐私”，不能老是“拆台”，一定尽力协助他维护好他自己想要的形象！**

从“妈妈”到“妈”

“妈，我要喝水！”

“妈，我的袜子呢？”

“妈，陪我玩！”

“妈，……”

听着这一声声吆喝，我的心也跟着一次次抖动。这抖动并不是因为那一个个催命的呼唤，而是因为实在是郁闷：我不是“妈妈”吗？怎么就成了“妈”呢？

第一次听到加加喊“妈”的时候，我不由得怔了一下，问他：“这是跟谁学的呀？”他笑着说是在漫画书里看的。我想，他可能觉得新鲜好玩，模仿一下而已。可没想到，从那以后，我就成了“妈”。只有当我耍赖般使出激将法说“你以后都不准再叫我妈，只能叫妈妈”的时候，才能重温一下那声天籁般瞬间融化我心的“妈妈”。连我自己都有些吃惊，自认为理性多过感性的我居然为这一声“妈”而失落了。

从“妈妈”到“妈”，仅一字之差，但对加加来说，却意味着成长。就像他现在不再说“狗狗”而只说“狗”，不再说“车车”而只说“车”一样，小宝宝的痕迹越来越少，小宝宝的影子也越来越远了。

而不同于从“狗狗”到“狗”，从“车车”到“车”，从“妈妈”到“妈”

不单单是语言发展的变化，还是一种成长心理的变化。**“妈妈”是向内的，意味着依赖和保护，而“妈”是向外的，意味着独立和出发。**虽然他一开始是说模仿漫画里的人物这样叫，可其实他模仿的不只是一种叫法，而是向往着能像漫画里的人物一样有更多的自由，独自去闯荡，不再像个小宝宝一样整天腻在妈妈怀里，什么都要听妈妈的话。所以，“妈妈，我要吃雪糕”是一种请求，而“妈，我要吃雪糕”是把自己的决定转达一下。加加已经在坚定地表达着自己走向自由走向独立的决心，这对他对我来说绝对是一件好事，只不过我还需要时间去适应一下。

龙应台在《目送》中写道：我慢慢地、慢慢地了解到，所谓父母子女一场，只不过意味着，你和他的缘分就是今生今世不断地在目送他的背影渐行渐远。你站在小路的这一端，看着他逐渐消失在小路转弯的地方，而且，他用背影告诉你：不必追。

之前看到这段文字的时候，觉得这本来就是正常并且正确的人生，不必感慨，不必凄凉，而此刻却因为这一声“妈”而五味杂陈了。**从他在我肚里发芽开始，已经习惯了“二合一”的感觉，而以后也必须要习惯他把自己一点一点地拆分出去，看起来是他在成长的路上必经的历练，而对我来说又何尝不是考验呢！**

前段时间出去游玩，下海游泳的时候，水不太干净，加加皱着小脸儿说：“好多脏粑粑啊！”那一刻，我竟有种失而复得的激动。而他见我笑了起来，很是不好意思，最后竟有些恼羞成怒。“脏粑粑”在我听来那么可爱，而在他看来竟是自己不小的失误啊！

他不用在意那些“失误”，成长的路途上有可能走走停停，有可能后退几步再继续前进。而在陪伴他成长的道路上，“妈妈”和“妈”就是我的两个频道，在他需要的时候随时切换，放手让他前行，不会追！

儿子是个“毒舌男”

新学期第一天，去接加加放学，在学校门口碰到了他同学东东的妈妈。我和东东妈互相打了声招呼，寒暄了几句。

这时，加加从学校里跑了出来，热情地喊了声：“东东妈妈，你瘦了！”

东东妈仰头大笑，边笑边说：“真的吗？”

加加点着头说：“嗯，是瘦了一些吧！”

东东妈一边跟我使眼色一边对加加说：“谢谢哦！”

而我，看着东东妈紧身毛衣下明显的圈圈，紧身裤里裹着的软绵绵，突然觉得有些尴尬。尴尬之余，我又使劲儿地将东东妈打量了一番，或许她是真瘦了呢，只是我没有儿子的目光敏锐吧。

回去的路上，我有些不放心地问加加：“你觉得东东妈真瘦了吗？”他心不在焉地哼哼哈哈，显然对此话题不感兴趣，很快转移到了令人兴奋的“开学第一天”上去了。撇下我，还在强迫症一样地自问：东东妈是不是真瘦了？

你可能觉得我神经病，人家瘦没瘦跟我有什么关系？其实，事情是这样的。

加加完美地遗传了他爹“毒舌男”的基因，只不过老毒舌男不光毒舌，还很腹黑，只是在背后偷偷把人损到拆骨削肉，当面从来一个字不说（对我则是完全相反）。而加加尚幼，学艺不精，话痨一枚，舌头常常打滑。

有一次去好友湘家跟妹妹玩，一进门，加加就对着湘直嚷嚷："你减肥了吧？！"

湘摁着抖起来的小心脏，强装镇定地跟加加确认："你是说觉得我减肥瘦了，还是说我该减肥了？"

在明确了答案是前者之后，湘的笑容正要如桃花般绽放，只听加加又来了句："不过大腿上的肉还挺多的。"

本来感觉还挺有面子的我，那一刻瞄了瞄湘的热裤，恨不得找个地缝钻进去。

还有一次，带加加去单位开会，碰巧好友红也带了女儿去。加加和小姐姐相见恨晚，玩得不亦乐乎。开完会一起拼车回去的路上，另一好友惠问了加加这样一个问题："你是喜欢跟湘阿姨家的妹妹玩，还是喜欢跟红阿姨家的姐姐玩啊？"

此时，湘和妹妹都不在车上，而红和姐姐就坐在旁边，是个正常人都知道该怎么回答，我对此表示相当放心。

可谁知，加加不假思索地指着小姐姐来了句："我不跟她玩，她那么胖！"

刹那间，车里的空气凝固了。已经五年级的小女孩完全可以把这当成人身侮辱。那一刻，我简直想抱着加加直接跳车算了！

鉴于此类事情不止一次地发生，那天回到家，我气愤地把他教训了一通，严肃地告诉他没有哪个女孩子喜欢听人家说她胖，还有诸如"说话之前就不能过一过大脑"或者"能不能就说点儿让别人高兴的话"以及"要学会欣赏别人"之类的谆谆教诲。我也不清楚这些高深的处世良言他到底能吸收多少，反正，在挨批评时他看着我的眼睛点头了。

如此说来，这次加加能够对东东妈不吝赞美之词，我应该高兴才对，证明我的教育的确起效了。可是，在东东妈给我使眼色的那一霎那，我好像听到了她在说："儿子教得不错啊！嘴那么甜！"而且，有那么一瞬间，我看着加加，感觉他怎么好像变了。所以，我才会执着地探询东东妈是不是真的瘦了，以衡量一向崇尚儿子自由成长的我这次到底添加了多少人为因素。

答案永远无法统计出来。To teach or not to teach，that is the question！（教还是不教，这是个问题！）我恐怕会在此事上跟这个问题一直纠缠下去。然而，我又非常清楚，其实不管教还是不教，这都是他早晚会习得的社交话语。只不过，可能我太过敏感，总觉得有什么东西正在失去！

当他开始在意她

昨天带加加去快餐店吃午饭，点了两个烤鸡翅。我都已经吃完了，发现他还在用勺子托着鸡翅艰难地啃着，啃两口还赶紧拿纸巾抹抹嘴和脸，再啃两口再抹抹。

我忍不住催促说："直接用手拿起来吃吧，快点！"

谁知他头低下来，眼睛瞟向左前方，小声地跟我说："那有姐姐看着呢！"

我扭过头，这才注意到，旁边坐了一桌女中学生正在边吃边聊。

我忍着笑回过头来，耐心地看着这家伙继续斯文地啃着鸡翅膀，简直和在家吃饭的形象判若两人。啃着啃着，他突然又自言自语了一句："全是姐姐！"

我一边在心里狂抽筋一边又不由得有些同情，吃个饭还搞得人家这么有压力！可是，那一刻，却又有些恍然大悟的感觉，餐桌礼仪曾经是让我屡战屡败而被迫放弃的事情，居然就被几个不认识的姐姐给解决了。

这又让我想起上个周末的事。同事带女儿约我们一起玩，加加却一副为难的样子，纠结着到底要不要赴约。在我的不断劝说下，终于同意了，去的路上，他忽然说了句："在小女孩面前一定不能干丢脸的事啊！"那语气好像是在给自己壮胆一样。

本想调侃他两句，但看着略带紧张的他，还是安慰了一下说："不用这么紧张，想怎么玩就怎么玩！"

玩了一下午，同事总结说："能看出他（加加）觉得很无聊，但还是很有耐心！"

当时，我只当这是人家一种礼貌性的夸奖，并未放在心上。现在回头想想，或许是真的，跟女孩子一起玩要随时注意自己的形象呢，没有耐心怎么行！怪不得一开始不太愿意，压力山大啊！

我想起了一首歌，"小和尚下山去化斋，老和尚有交代，山下的女人是老虎，遇见了千万要躲开……"儿子就像那不谙世事的小和尚，一开始的玩伴统称为小伙伴，慢慢地区分成了男生和女生。而在和女生的交往中，小和尚也会慢慢成长，成熟，进入真正的两性世界。

只是，这成长，有时还真感觉是一瞬间的事呢！

上学期放寒假之前，加加跟我说，他跟他们班的 ×××（女生）说好了，假期决定在北京举行婚礼（因为我们已经决定过年去北京），至于我和爸爸，参不参加都行。当时的我被他拍得晕头转向，幼儿园都毕业两年了，这两年的饭都白吃了吗？

从北京返回的时候，在机场安检排队，他突然大喊了一声，惨了，我忘了和 ××× 举行婚礼了！我说，你怎么没给她打电话让她来啊？他苦着脸说，我又不知道她的电话。我只好对此表示了极大的遗憾，并告诉他以后还有机会的，而心里却很鄙视地说，你个愣头青，想当年你老妈我上二年级的时候都已经有男孩子追了！

可是前几天，加加却被这个女孩给上了一课。那天中午刚把他送进学校，转身碰到了那女生。她一看见我就说，今天上午加加被老师叫进办公室了！

下午放学我问起此事，儿子惊讶地说，你怎么知道。我坦白地说，×××告诉我的啊！只见他怒发冲冠，气呼呼地说：“哼，这么暴力！我，我，我不娶她了！”

我突然有些内疚，犹豫着到底要不要告诉他另一件事，那女孩子其实还表扬过他呢！那是上个学期，有一天放学等了半天加加还没出来。×××看到我走过来说，老师今天表扬加加了。我说，表扬他什么了？她说，老师说他罚站的时候表现最好，最乖！我说，他现在在哪儿，你看见他了吗？她说，正在罚站呢！

算了，还是不多嘴了。**很多事，根本不用我去教，他自己一定会慢慢从女生身上学到的！真诚地欢迎他进入多彩的两性世界。**从今天起，我将始终怀着激动的心情见证一个男孩的成长！

从好孩子到好丈夫和好爸爸

饭桌上，趁他爸爸转身去厨房拿东西的空当儿，加加一边时不时贼眉鼠眼地瞟向厨房一边说：“妈，爸爸做的鸡翅膀不好吃，下次还是你做吧！”

这家伙，想用这招把父子矛盾转嫁到我头上，我才不会上当，于是毫不客气地表明了立场：“自己会做就自己做去，自己不会做的话，就乖乖吃，不要乱评价！”

听了这话，加加仍不甘示弱，梗着脖子来了句：“谁说我不会做？我以后要做给我自己的小宝宝吃呢！”

那一刻，好像听到“哐当”的一声，似有什么东西将我在心里筑起的一道隔离墙砸碎，一直被我屏蔽在墙那边的一句话迅速挥发过来，占满了我整个胸腔，不断地回响着：你未来的儿媳妇一定会感谢你的！

这句话出自《好儿子全靠妈妈教》一书。在我看来，这本书内容杂乱，前后重复，如同碎碎念一般，尤其是像“我实在很难想象你未来的儿媳妇不会为你所做的一切对你感激涕零”之类的句子时不时杀将出来，十分碍眼，甚至让人反胃。所以，我看了一半就把它丢到了一边，愤愤然地。我所有的心血原来竟是为了一个跟我八竿子打不着的女人，这叫我情何以堪！

小时候，加加也曾梦想着长大以后可以骑着自行车载着他的小宝宝去上学、去兜风，时不时说起要给自己的小宝宝喂奶、喂饭，但都被当成了笑谈。可是这一回，当他再次提到他的小宝宝的时候，我突然有了紧迫感，“那个女人”的脚步好像越来越近了。完完全全属于我的加加总有一天会成为别人的丈夫和别人的爸爸。而我，难道要去争风吃醋吗？

每个父母都对自己的孩子有着殷切的期望，我也不例外。虽然也说不清楚我到底希望他怎么样，但笼统的概念还是有的，比如，我希望他长大以后善良、有爱心、有责任感、有担当。所以，他现在要学着去洗自己的内裤和臭袜子，他要在爸爸洗完碗之后去倒垃圾，听见水烧开的时候去关火，书包不管有多重一定要自己背上楼，随手乱放的玩具和书一定自己收拾，在保证安全的前提下可以去帮我切菜，要表扬我画得很蹩脚的画，在跟我撒泼的时候会毫不留情地被警告“敢欺负你爸最喜欢的女人，试试看”……然后呢，然后呢，为什么要教他成为这样的人呢？仅仅因为这样的人是好人吗？一直以来，我总感觉缺乏一个清晰的目标。

而这一刻终于明白过来，**原来这一切都是为了让他今后能够承担起自己家庭的责任，爱护自己的妻子和孩子，成为一个好丈夫和好爸爸。**豁然开朗的同时，怎么突然之间觉得自己伟大了不少呢？！

昨天和加加分享了一个视频。一个刚刚通过剖宫产出生的婴儿被护士放到妈妈身边的时候就自然地搂住了妈妈的脸，而当护士想把他抱走的时候竟哇哇大哭，不肯拿开捧着妈妈脸的小手。看完以后，一脸温暖的加加又让我讲起了那个讲了 N 遍的关于他出生的故事，虽然他最喜欢的情节是护士刚把他擦干净他就拉了一泡屎，结果又得重新擦一遍，可是每次重复的时候，我知道我和他都在寻找着那最初的纽带和最自然的爱。所以，我哪里用得着争风吃醋啊！我希望和他的关系一直停留在最初，而不是将所有的付出变成要挟他的筹码。这么一想，倒开始期待着看到他和妻儿相亲相爱沐浴在阳光下的温馨画面了。

看来，那本书我一定要接着把它看完，原来碎碎念下暗藏着不少真经呢。再说，让未来的儿媳对我感激涕零，我突然对此事产生了浓厚的兴趣，所以一定要再多学两手才行。有了这个清晰的目标，我又开始有干劲十足的感觉了！

有一种闹叫成长闹

妹妹跟我说，她一个同学在美国名校读心理学博士，看了我公众号里写的育儿文章后，赞赏地说，从她专业的心理学角度来看，我的教育方法非常好，甚至是超前的。我听了，心里美滋滋的。可是同时，却又有些愧疚。因为我能写出来给大家看的当然都是些正面的积极的例子，可其实在大家看不到的地方，我每天不知做了多少蠢事摧残着祖国的花朵呢，只不过都被我掩盖起来了。今天，我打算鼓足勇气自我揭露一下。因为在遭到表扬的当天下午，我和儿子就爆发了一次严重的正面冲突。

那天放学后，我们的安排是等他爸爸回来一起出去吃饭。在回家的路上，我提议：他可以在等爸爸的这段时间先把作业写了，而不用像往常那样一定吃完饭再写作业，因为爸爸还不知道什么时候回来。他爽快地答应了。可是回到家，他又马上变卦了，说还是想吃完饭再写作业。我说好吧。于是他开始玩，玩着玩着又说，我要不还是先写作业吧。可是光说不行动。一会儿又说，算了，吃完饭再写吧！？我很快看不下去了，烦躁地说，你还是先去写作业吧！听我这么一喊，他不干了，气呼呼地把书和本掏出来“啪”地摔在桌子上。我“腾”地一下来气了，他摔书，我就摔笔。然后就打起来了。我打他一巴掌，他就还我一拳，我再打一巴掌，他又踢我一脚。还是我先停了手，两个人坐在那里，一句话不说，怒目相向。

不知道看完了上述事件回放，作为父母的你会怎么想，会觉得孰是孰非，又会怎么处理那种情况。

其实打完架后，我已经不气了，而是整个身体里充满着沮丧，感觉自己就是个失败者。于是他爸爸回来了以后，我把儿子拉到一起请求“法官”裁决调解。我把事情的来龙去脉讲了一遍，然后听到“法官”跟我说，你这段时间太累了，放轻松点儿！那一刻，我感觉自己如同得到了救赎一样，差点儿就泪流满面了。因为我心里很清楚，自己虽然嘴硬，刻意把这件事描述得儿子有不可推卸的责任，可其实我需要帮助，我不知道到底发生了什么事。而“法官”的那句话，让我忽然清醒过来，我意识到，其实最近我跟儿子有过好几次类似的小摩擦了，这次只是积累到一定程度的爆发。而爆发的根本原因就在于，我对自己的调整又滞后于他的成长速度了。

之所以说“又”，是因为这种情况发生过不止一次两次，而是充满了他的整个成长过程。

我仍然清楚地记得，第一次确定他不是个“傻子”是在他十个月左右的时候。那天，我和爸爸抱着他出去玩，突然发现他在听到我们说“树”的时候会扭头看树，听到我们说“鸟”的时候，目光会一直追随头顶飞过的小鸟。这让我们惊喜万分。从那开始，我们注意到他的认知开始迅猛地发展，他快速地长大，每过几个月就会有一次大的变化。为什么对他的变化那么敏感呢？因为他的变化从来不是静静发生的，每一次都会搞得动静很大，闹得很厉害，看似都是无缘无故地闹，发脾气，持续一两周的时间。时间一过，他就像大病痊愈了一样，简直焕然一新。一开始，我们备受折磨。慢慢地了解了这个规律，每当他闹起来的时候，我们都会自我安慰说：没事，又在“长脑子”呢，闹吧！于是，即便被他闹到很崩溃，也只有耐心等着。不仅如此，还会发现等他闹完了，之前对付他的那套方法也已经过时了，必须与时俱进，马上调适自己，全面更新带娃方法。如果慢了他一步，就会陷入更大的痛苦当中。

随着他越来越大，他的变化频率逐渐有所下降，这反而给我带来了更大的麻烦。因为对一种方法运用的时间过长，已经习惯到成为定式的时候，就会忘记它需要被改变的可能性的存在。而当改变必须发生的时候，对自己的调整赶不上他的成长变化总会带来不可避免的冲突和摩擦。就像这次，以前在他拿不定主意的时候，我会经常替他做决定，可现在，那不是帮忙，而是变成了一种让人反感的命令。他宁愿自己纠结自己承担作业有可能写到很晚的后果也不愿听命于人。而且这些天，我确实不放松，几项工作同时展开，又都是费脑力的活儿，于是就错过了反思的时机，才会导致最后的爆发。

我在和他爸爸的谈话中慢慢平复了情绪，儿子坐在一旁边听边摆弄着玩具。我问他，我刚才有没有打得很用力，你屁股疼不疼啊？他摆出一副“你用不着大惊小怪”的表情说：“你用力了吗？我怎么一点儿都不疼啊？”感觉他好像在说：“打了吗？什么时候打的？”不过，我还是跟他说，对不起。不知为何想起我妈曾跟我说，我小的时候她打过我一回，结果我红着眼睛跟她打了起来，于是后来她就再没打过我。

有一次跟我妹视频聊天，忘了聊了些什么，我妹跟我说，她还记得我儿子小时候有段时间她来我家，每天晚上就看见我儿子哭啊闹啊，我就抱着他坐沙发上哄啊，她看都快看崩溃了。听她这么说我一时觉得很奇怪，什么时候有过这种事啊，我怎么一点儿都不记得？在我印象里，我儿子从小到大都不闹人的啊！后来一想，她说的应该是儿子某个“长脑子”的特殊阶段。只不过在我眼里，那不叫“闹人”。其实，那些成长带来的变化对他来说何尝不是小小的痛苦呢，他也是要学着调整自己的吧！

所以，这一路走来，我真心不觉得我是在领导着他，反而是感觉时时受制于他。因为他的成长就摆在那里，无法改变，无法阻止，连他自己都控制不了，更不用说外人了。我如果不顺应他，就会马上感觉到跟他之间出了问题，不舒服（可能我是敏感体质吧，吃豆角都会过敏的）。而我又对“不舒服”有着极低的容忍度（请叫我“豌豆上的公主妈妈”）。所以，**我不得不经常做出判断，我们之间的冲突是因为他的无理取闹还是源自他的成长，若是后者，我必须退后一步，给自己时间冷静思考，再调整好自己的步调，跟他重新出发。**这对我来说，何尝不是新的教育新的成长呢！

欠孩子一堂爱情课

一天正吃饭，儿子跟我说，妈，今天（3）班的 ×× 告诉我，他们班的刘 ×× 爱我。

我一口没咽下的汤差点儿喷出来。

这个刘 ×× 不就是他幼儿园时的结婚对象吗，这两人还真打算两小无猜青梅竹马了？

于是我假装很不以为然的样子说，从幼儿园说到现在，无聊不无聊啊！

谁知他一本正经地说，幼儿园时是我爱她，现在是她爱我，可我不爱她了。

天哪，真为难！

不知道该跟他说什么，我随口问了句，她不就在你隔壁班吗，你们平常在学校见面打招呼吗？

他说，不打招呼，我们都没交往过，只是听说她爱我。

听了这句话，我好想爆笑一通，可是看他认真严肃的小样儿，又只好忍着，简直快要憋出内伤。

这时，我忽然想到前些日子看到的一篇文章，题目叫《我们欠孩子一堂爱情课》，那我何不趁这个机会也给儿子上一堂爱情课？

于是，说干就干。我问他，爱是什么意思你知道吗？

他说，就是喜欢啊！

总觉得这个答案太简单，可卡了半天壳自己也说不出更有内涵的，无奈之下只好接着问下一个问题。

我说，那么如果有女生说爱你，可你不爱她，你怎么办？

他说，那我就告诉她，I don’t like you，还能怎么办？

是啊，还能怎么办？我也不知道。

不过想起那篇文章中说拒绝别人也不能伤害别人的时候，我又问他，那样说她会很伤心，有没有其他的方法？

他想了想，然后一脸诡异地说，那我就给她介绍很多很多其他的帅哥！

原来还有这种答案，高，实在是高。可这样真的好吗？我也不知道。

我接着问，那你现在喜欢谁啊？

他说，我们班的李 ×× 天天盼着跟我同桌，她很喜欢跟我坐同桌。

哦，我明白了，说，那不正好，你喜欢她，她也喜欢你，这多好。

他说，是，而且我已经把她训练好了。

我不解，训练什么？

他说，她以前一点都不调皮，太乖了，我已经把她训练得跟我差不多了。

听到这里，我已经彻底凌乱了，一时搞不清到底是谁在给谁上课！

其实不知为何，从一开始，这个话题就聊得让我有一种很吃力的感觉，不像以前说起什么道理，心里明镜似的，跟他讲起来要条理有条理要逻辑有逻辑。可“爱情”这个事儿，我也是满脑子糨糊，因为我这个连前任都没有的人，经验实在是少得可怜。

不过，在听到他说“听说她爱我”的时候，我不禁想起了我那被狠狠扼杀的“初恋”。

那时候我也就儿子现在这个年纪，小学三年级，有个邻班的男孩子跟我表白了。可是这事儿被老师知道了。于是那天课间操时间，校长和大队辅导员在全校同学面前大肆批评了此事，虽然没点名，可是消息灵通的孩子们都知道是在说谁。我一整天低着头坐在座位上没动，周围的说话声、打闹声和笑声在我听来全是对我的嘲笑。现在想起来，还能切实感受到当时是怎样“硬着头皮”在坚持。

虽然也不清楚这事儿当时到底对我带来了什么影响，但那时的老师和家长绝对是闻“爱”色变，“早恋”是洪水猛兽，说“我爱你”几乎相当于耍流氓，所以像我这种“别人家的孩子”必须极力避免一切可能与之有关的暧昧，这简直关乎家门的荣誉。

在这种教育环境中长大的我拿什么来跟他讲爱情啊，脑子里被灌输的那些东西不是说摒弃就摒弃的。每次听儿子大大咧咧讲起他的“爱情故事”，我都要很努力很刻意才不至于想歪，时刻提醒自己不可以做食古不化的封建家长。

我实在是很羡慕，羡慕他生活在如此宽松的环境中，不用压抑自己的情感，才能把“爱”字说得那么自然，那么温暖，那么纯洁，仿佛任何曲解都会玷污这最原始的美好。

可能因为他还小，我们都能泰然处之。可是，尊重他的情感是一件必须从一开始就要学习的事情。我倒是希望一直可以听到他的“爱情故事”，跟着他一起重新经历一遍青春的美好，也是美事一桩。

总之，这次的爱情课以失败告终，而且我决定以后还是诚实一点，不懂的东西少卖弄。

最后闲聊中，我又随口问了他一个问题。我说，你觉得爸爸喜欢我吗？

他说，喜欢啊，他天天亲你。

这倒是真的，我们从来光明正大，不避人耳目。

我又问，那你觉得我喜欢爸爸吗？

他说，你啊，一看见他就扑过去，还不喜欢吗？

原来我表现得这么明显，连我自己都不知道哦。

所以，爱情课失败了我也并不遗憾。爱情是什么，虽然不会谈，但我会继续用行动给他做示范。毕竟，身教胜过言传嘛！

有些事只想跟你做

周末，暴雨洗刷过的城市碧空万里，阳光炸裂般倾泻下来，没遮没拦，叫人不敢踏出室内半步。然而儿子跟我提了个要求，要我陪他去看火车。

从我们家步行十分钟，来到一座人行天桥，下面就是繁忙而又壮观的广深线，各式各样的火车一列接着一列轰隆隆地不停穿梭。站在天桥上看火车是儿子最喜欢的休闲活动。

这个活动在我看来无聊至极，所以通常都是他们父子二人一起去，就算是极力邀请，我也会找借口推辞。

而那天老公有事不在家，面对儿子的请求，再看看外面能把人晒扭曲的南方的烈日，我狠下心说："不去，要去你就等爸爸回来再去！"

任凭儿子怎么磨，我都不为所动。

最后，黔驴技穷的他耷拉着脑袋坐在沙发上，嘟嘟囔囔地说："其实，我就是想跟你去一次！"

那一刻，突然有根心弦被拨动。

我说："你刚才说什么？"

"我就是想跟你去看一次火车，以前都是和爸爸去的，我也想跟你去看一次！"他又说了一遍。

这个熊孩子，总能找到最强的一招正中靶心克敌制胜。听了他的话，我热泪盈眶，果断决定："快去穿衣服换鞋，咱们这就去看火车！"

儿子像过节一样欣喜若狂。

天桥上，热浪滚滚，我打着伞，戴着墨镜，涂了防晒霜，五分钟不到，前胸后背已经湿透，T恤贴在身上。儿子则时不时地往头上、脸上浇水来降温。路过的行人纷纷侧目，估计心里都在暗暗耻笑我们这两个大傻帽儿。

我虽然两颊热得发烫，但是看着他欢快地跑来跑去，兴奋地随着每一趟开过的火车欢呼大叫，同时又不忘照顾我说，"妈，你往那边站站，好像那边有风，凉快一点儿"，于是，所有的不适都抵消了。我竟然有些感动起来，为我们还能一起做无聊的事而感动。

从怀胎十月到呱呱坠地，分离就已经在不知不觉中开始进行了。他学会了走路挣脱了你的怀抱；他上了幼儿园去寻找自己的伙伴，开始不喜欢你在学校门口抱他；他上了小学个子快比你高，激烈地拒绝你当着同学的面亲他的头；他上了中学有了自己的秘密，反感你有事没事出现在学校附近或没敲门就进他的房间拿东西；他上了大学，奔向了更广阔的天地，你终于放手，因为再追也追不到。

生活中，我常常会有此感触。每次带儿子去看电影，我总是会很无聊地想，再过几年，是不是他就会跟别人一起来看电影，而不是跟我一起了；每次带儿子去外面餐厅吃饭，我也会很无聊地想，说不定过几年不知道哪天我就会在这儿跟他偶遇，他手里还牵着个女孩子；而每年带儿子去那个我们每个假期必去的地方旅行，我也总会有意无意地想，将来，我们家的家庭传统是不是会变成儿子家的家庭传统，他也会带着自己的妻儿来这个地方。

这么一想，好像时间一下子变得很紧迫，感觉只属于我和他的时光越来越少，很多以前可以跟他做的事慢慢都会退出历史舞台。于是，我有时会不顾他的反对，想亲的时候就抱着他的头猛亲，好像只要不被他揍就赚到了大便宜一样；于是，我有时会冒着被他痛扁的风险，在他脱光了要去洗澡时偷偷拧一下他的光屁股，然后即便被他追着打也好像中了大奖一样。

那天带儿子去看《美国队长3》，里面有一段钢铁侠回忆自己年轻时和父母在一起的场景。

看完了以后我无限感慨地说："你看，钢铁侠那么大了还跟妈妈亲亲，等你长那么大时还让我亲吗？"

他不说话。

我叹了一口气说："唉，估计想亲也亲不到了，你那么高！"

这时，他看着我说，你可以踮起脚尖亲我啊，钢铁侠的妈妈不就是那样踮起脚尖亲的吗？

那一刻，我心底泛起无限暖流，只要让亲，别说要踮脚尖了，就算爬梯子我也不嫌麻烦！

我一直有种感觉，在和他的关系当中，我就是弱势群体，他往前跑得欢快，而我得成天想方设法去追赶，才能拼命留住那匆匆流走的时光。

所以，当我听到他说"我就是想跟你去一次"的时候，仿佛得到了莫大的宠幸，激动得不行，这一定会为我们的故事再增添一抹美好的回忆。

其实，我们在一起有那么多的故事，我曾经以为每一个故事每一个瞬间我都会牢记一生。可是，那怎么可能。

有一次，我突发奇想让儿子讲讲自己小时候觉得好玩的事，心想，他那些好玩的事，我哪一件没有记下来啊！

可是，他说有一次我坐在床边，他想从后面跳到我后背上，结果刚好我站起来走了，他"扑通"一下跳到了地上。我大脑一下子空白了，怎么搜索也记不起有这么一件事。

我不甘心，让他再讲一个。他说有一次他拉完大便，故意把脚悬在上面吓唬我说“我要踩上去了”，结果自己一个没站稳真的踩上去了，我把他拉出来在水龙头下冲了半天。然而，我的大脑再次一片空白。

儿子说，你记性真差。

而我只是感叹，时光太匆匆，也太无情。

多年以后，不知道我们还会不会记得顶着烈日看火车这回事，而到那时，我肯定也早已经习惯了很多事他不再和我一起做。

但是，我会依然好想听到那句，我就是想和你一起去一次嘛！

儿子，别嫌我婆妈。我这么婆妈，全都是因为我认识你的时间比你认识我的时间长！

男人与男人的对话，不要插话

有儿子之前，我们家是一个二人世界。有儿子之后，不只是变成了一个三人世界，而是变成了三个世界，即我和儿子的世界、儿子和爸爸的世界以及我和老公的世界。

这件事，是我很久之后才意识到的。之前，我只是看到有我参与其中的那两个世界，因为人们总是想当然认为自己才是宇宙中心，我也是，觉得自己才是最重要的，没有我，这两个人都没得混。

直到发生了那件事，我才发现，原来还有一个世界的存在，这个世界对我来说像是永远的未知数，因为我永远没有机会参与其中，只能作为一个旁观者好奇地观察着它的一动一静。那是他们男人的世界。

那一次，儿子犯了错，老公大发雷霆。我本来不打算插手，心想批评完了就算了，可谁知，他的暴风骤雨越来越猛烈，居然对儿子说出了这样的话："……你吃的用的玩的全是我的，你住的房子也是我的，你知不知道……"他就像一头暴怒的雄狮把小狮子吓得一动也不敢动。

那一刻，我再也忍不住了，把他拉到一边，气愤地说："你怎么能跟孩子这么说话，什么什么都是你的，你不觉得这话很伤人吗？我听着都觉得寒心！"

他毫不示弱："我没说你，你是你，他是他，你不要总是把自己和他绑到一起！”

我更加不服气：“我没绑到一起，我只是觉得你这样教育有问题，我爸我妈从来没跟我说过这样的话！”

谁知他说：“那是因为你是女孩子！我爸跟我说过比这还狠的话，你从来都没见过，这是我们男人跟男人之间的对话，你不要老是插话！”

他的话瞬间把我逼得哑口无言，而且让我一下子陷入深深的无助之中。他说的都是实话，我从来没有见过，这对我来说真的是一个因为无法涉足而彻底未知的领地。

第二天，两人因为之前的大动干戈好似有些疏离，我忍不住想发挥一下作用缓解缓解气氛或者帮忙修补一下父子关系。没想到儿子一点儿不领情，觉得这是他跟老爸的事，不需要我多嘴。

老公也出手制止我，转而对儿子说：“爸爸昨天虽然脾气有些不好，但我相信你可以理解！”

儿子在与爸爸的深情对望中点了点头，彻底沦为背景板的我十分好奇地想：“他们之间难道有什么我无法破解的密码吗？”

那是我第一次和这个世界的强烈碰撞。

我忽然间想到很久之前，有一家邻居，那家的爸爸长期驻外工作，男孩十来岁了，跟妈妈一起乘电梯的时候总是喜欢搂着妈妈的脖子或者腰腻在一起。每次见到这情景，老公总是跟我说男孩子不能那样，而我却十分眼馋，希望自己将来如果有儿子也能这么亲密。

现在，我也有了自己的儿子，我依然希望我们可以很亲密，而且那种想要呵护他不让他受一点苦的情感是本能的，就像老母鸡永远会奋不顾身地去护着小鸡。**可是，爸爸的存在总是时时在中和着这份母性中的柔软，把他从母亲温暖的怀中往外推，因为他必须长成一个有担当的人，一个真**

正的男人，而不是妈妈怀里永远的宝宝。

这之后，虽然我已经认识到了这个世界的存在，而且也很有意识又很努力地想要去理解，可由于性别差异，还是接二连三碰到了让我意想不到的状况。

之前我有个男同学由于处理不好家庭关系而被父母逼着和老婆离婚，他烦恼不已。

我将这件事告诉老公，没想到他听了之后却没来由地跟儿子说了一句：**儿子啊，你现在要好好学本领，长大以后就能变得很厉害，你以后是要批评爸爸的，知不知道？**

儿子点点头，好像听懂了一样。

我忽然想到我们刚刚结婚的时候公公婆婆来我家过年，因为什么事情吵起架来，老公冲着自己老爸说：这是我家，要吵回自己家吵去！公公顿时没了气势。而我也被震得掉了下巴，借我俩胆儿我也不敢跟我爸这么说话。事后，我也有些质疑，觉得这么跟父母说话也太不好了，他说他自有分寸。

后来，公婆第一次来看孙子，做惯了大家长而且本身还当了几十年警察的公公想控制大局，却再一次被老公强势击败。

那之后，我们之间的相处没有出过任何问题，好像大家都认识到了各自的位置在哪里。

现在，我渐渐明白，那其实就是一个权力争斗的过程。老国王习惯了处于权力之巅，是那么不想放下权杖，可是年纪不饶人，能力、眼光也都大不如前，在看到自己的儿子已经超越了自己可以顶起一片天地的时候，最终还是适时让出了宝座。

男人的世界，终究一山不能容二虎。后来，老公跟我说，当年他爸爸也是这样在他老糊涂的爷爷面前树立起权威的。这又是一件我从来没见过的事。

我在好奇中激动地等待着儿子批评他老爸的那一天的到来，真是很希望看到他也长成有能力有担当的小国王！

除此之外，还有一件事也让我感受到了我和老公对待儿子的思路有多么不一样。

那天又说起了生小弟弟的问题，我不禁感慨地说："你说，再生一个，我们还能不能维持现在的生活水平？"

谁知老公不理我，转而对儿子说："要是有了小弟弟，你也要分担的，比如说你工作了可是弟弟还在上学，那么你挣了五千块钱就可以拿出一千元来帮忙养弟弟，懂不懂？"

我禁不住笑出了声，心里暗暗鄙视：沦落到这种地步还敢生二胎，还是省省吧！

他对我使了个眼色，示意我不要大放厥词。我虽给了他面子，心里却十分不以为然。

现代父母的养育理念早已不再是养儿防老如此陈旧又自私，怎么这个人还这么老封建，居然弟弟也要人家帮忙养。难道我们不是应该告诉孩子，家里都不用你管，你只要去好好飞翔！

事后，我跟老公理论，他说，又不是真的要他养，但是这个意识是必须要有的，这种男人的责任感你不告诉他那我得告诉他。

我虽没再说什么，但心里想，其实身教胜过言传，老公怎么做的，儿子一点一滴看在眼里，有样学样，估计也差不到哪里去。

可是，老公依然时不时抓住机会搞搞意识形态宣传，告诉儿子他对这个家所负有的责任，应该承担的义务，包括经济上的。我听了，总觉得俗不可耐。

然而有一天，和儿子的对话却让我大为震惊。

那天儿子又在盘点他攒下的压岁钱和零花钱。我随口调侃他：“你攒那么多钱干吗？花了去呗？”

谁知他说：“这些钱我要攒着，等你跟爸爸老了挣不到钱了，我就把这钱给你们！”

回答得那么干脆，显然是早有打算啊！我惊讶得半天没合上嘴。

虽然惊讶之余我还在忍不住笑自己原来不知不觉中又多在他那儿交了份养老金，可是老公的意识形态宣传显然是奏效的，儿子已被成功洗脑！可是，这又有什么不好的呢？对此，我也深感安慰啊！

如今，儿子正是崇拜爸爸的年纪，觉得爸爸这也好，那也好，总是嫌我没有爸爸厉害，甚至去快餐店吃个饭，也要说我端盘子没有爸爸端得稳。我咬牙切齿地警告他：“你成天这么批评他老婆，小心他以后也批评你老婆！”可是，这也没有用，他觉得那么好的爸爸怎么会批评他老婆呢？

这个男人的世界就这么快乐地运转着，就算出了问题，我也学会了不急着插话。男人的问题，就让他们男人自己解决吧！而我，也在无意之中收获了一份偷窥的乐趣，何尝不是人生一大幸事！哈哈！

关于“亲嘴”

记得儿子四年级的时候，有一次，我们一家三口去看电影《泰山归来：险战丛林》。电影真的很精彩，冒险、奇幻加上特效，很是过瘾，但是没想到的是，其中也有一些亲亲爱爱的镜头。不过好在都是点到为止，不然坐在儿子旁边的我真的会觉得很不自在呢。

看完了电影回家的路上，儿子冷不丁地问了我们一个问题。他说，你们两个为啥不亲嘴了？

这肯定是受了电影的影响，但我不知他这么问我们到底是何用意，不过还是“狡辩”道，亲啊，我们两个一直都亲嘴的啊！

他说，没有，我最近都没看到你们俩亲嘴！

我哭笑不得地说，这关你什么事啊？

他一本正经地说，亲嘴代表关系好，你们俩关系不好了吗？

我和老公被他问得不知如何回答，却也忍俊不禁。这小屁孩，天天都操的什么心啊！

想接着逗他一下，于是我反过来问他，那你跟谁关系好啊？

他不假思索地说，凌X！

那是个男生。于是，我果断放弃了对这一问题的深入讨论。

我总觉得“亲嘴”一词不如“接吻”听起来文雅，不过既然他这么说，我也只好将就着沿用下去了。

有一次，他买了个棒棒糖，自己舔了一下，又递给我让我舔一下，然后贼头贼脑地说，嘿嘿，我们两个亲嘴了。我心里一阵嫌弃，但没搭理他，一看就知道是学校里学来的。

我清楚地记得我小时候学校里那些人见人烦的臭男生就是这个样子。比如说某女生用了这支笔，然后某个男生也用了，他们就会大呼小叫说两个人牵手了。有时候还会恶作剧拿个杯子给某个男生喝水，喝完了就说那杯子是某女生用过的，于是说两个人亲嘴了，兴奋地喊到整个学校都能听见。无聊至极！

现在，居然儿子也开始在学校有了类似的游戏。由此看来，这简直是一代又一代的毛头小子走向成熟的必经之路啊！

我本来对此也不打算多说什么，其实也是不知道该说什么。可是后来有一天，他的好朋友来家里玩，他竟然还拿了个棒棒糖要我按照那次的方法配合他一起表演，好跟他朋友讲解怎么跟女生亲嘴。看他一副“不知廉耻”的嘴脸，我简直是“欲哭无泪”啊。

我自认为是很开明的妈妈，但不知为何，竟有些心塞。然而，更让人心塞的事还在后面。

儿子每天晚上睡觉前都要我或者爸爸陪他躺一会儿，这个习惯一直保持到现在。有那么几天，陪他的人都是我。我一躺下就开始闭目养神，可是明显感觉他的鼻息越来越近，于是猛地睁开眼睛，发现他的脸就贴在眼前，嘟着嘴想要来亲我。他看我睁开眼睛，一边笑一边贼眉鼠眼地转到一边去了。过了一会儿，还会进行新一轮的尝试，有时甚至还掰着我的头想要硬来。但是，都被我假装不解其意而巧妙避开了。

最后一次，他又故技重施，我忍无可忍，当场拆穿。我问他干吗要亲我，他坦坦荡荡说，就是想亲嘴嘛。于是我心一横，嘟起嘴来说，亲去吧。谁知他把嘴凑了过来，边亲边吐了一堆口水出来。那一刻，我明白我是彻底被耍了。

我把嘴擦了又擦，恶心到想吐，他边看边笑，乐不可支。

事后，尽管我自己也因为气急败坏而混沌一片，但还是跟他吼了吼什么叫亲嘴。比如说，不能把这当成玩笑或者恶作剧，也不能强行掰着人家的头不管人家愿不愿意就亲嘴，要你喜欢人家人家也喜欢你而且人家女孩子愿意的时候才能亲嘴，等等等等。

我不知道自己跟他唠叨这些是不是有些对牛弹琴又或者为时过早，不过记得他当时听得很认真，后来也没再想要跟我亲嘴，也没有再说过与此有关的事。

时间一晃而过，一年的成长看似悄无声息，而其实他一直在学习在进步呢。

一天，我把洗好叠好的衣服拿到儿子房间时，他正坐在床上聚精会神地看书。于是我轻轻把衣服放进他柜子里就转身出去了。刚走到门口，突然身后传来一个声音："妈，几岁可以亲嘴啊？"

我大脑"嗡"的一声，转速瞬间提升几百倍，然后马上转过头若无其事地说："只要人家女孩子愿意就行！"

虽急中生智，但我也不知这答案从哪儿蹦出来的。好在他一副若有所思的样子，没再说话。我努力保持着平静的步子赶紧逃了出来，内心翻江倒海：这小子，又想整什么幺蛾子！

之所以有些紧张，是因为这段日子，他又开始念叨"亲嘴"这件事了。

有一天放学回来，他跟我说他们班郑 ×× 说自己被诅咒了。我问他什么意思，什么叫被诅咒了。他说，郑 ×× 跟他说，这天上学路上，他在大学校园里一共碰上了三对情侣在亲嘴，他觉得自己很倒霉，被诅咒了。

我听了直想笑，但又有点忐忑地偷偷观察着儿子的态度。因为，一直以来，我从来没在他面前用任何负面的词句评价过诸如情侣之间的拥抱亲嘴这样的行为，反而还告诉过他两情相悦其实是挺美好的一件事。我希望他不要对此大惊小怪，也不要戴有色眼镜。

但是，每个孩子接收到的信息不一样，反应也不同。记得有一次儿子的一个同学来家里玩，两人上网找了部《加勒比海盗》看，我闲着没事，也跟他们一起看了起来。他俩坐在沙发上，我搬了张椅子坐在他们身后。

看着看着，看到了一对恋人生离死别的场景。两人在沙滩上紧紧拥在一起，下一步什么动作不用想就知道。就在两人的嘴唇刚碰到一起的时候，让我惊讶的一幕出现了，儿子的同学迅速将头扭到了一边。几秒之后，他将头转了回去，那个镜头已经结束。可是，这还没完，说了几句台词，那对恋人又再次亲了起来。那一刹那，两人齐刷刷地来了个向右看齐，儿子的同学再次将头扭到了右边对着墙，而儿子也迅速将头扭过来好奇地观察着他同学的反应。看到这滑稽的一幕，我坐在后面差点憋出内伤。而接下来，他同学说了一句话，让我大为震惊。他有些愤愤地说："真希望来个大浪把这两个人拍死。"儿子听了，哈哈大笑。

所以，尽管我一直努力传递着自己的价值观，有时也难免担心他会更多地受到同龄人的影响。

不过还好，据我观察，提及此事时，他总是平静中难掩好奇，但不会将其当成一件侮辱视听的事来加以评论。但很明显的是，这个一年多以前还将亲嘴当成恶作剧玩的小屁孩又长大了，开始对此有幻想。

情人节那天晚上，把他安顿到床上，他突然笑嘻嘻地对我和爸爸说，今天情人节，你们俩怎么不亲嘴啊？

为了满足他的好奇心，我俩大方地亲了一下。

谁知他又说，不行，要亲得使劲一点！

于是我俩又按他的要求使劲了一点。

可谁知他还不满意，竟然说，你们要像电视里那样抱着躺在沙发上亲。

打死我俩也演不下去了。爸爸说，你那么好奇，明天去菜市场买个猪头让你抱着试试！这才堵住了他的嘴。

可是嘴容易堵，心却不行。前些日子有天晚上去饭堂吃夜宵，在路上走着走着，他突然嬉皮笑脸对我说，妈，咱俩假装亲嘴吧，假装是大学的情侣……话没说完就被我打跑了。

还有最近，他放学回来跟我说，他们班好几人约好了晚上去一个地方，因为听说晚上某个时段在大学的那个角落会有很多情侣在那儿亲嘴。

这些半大小子，是不是不好奇才不正常？！

然而，好奇心的强大驱动使得他竟然问我几岁可以亲嘴，这是要摩拳擦掌跃跃欲试的节奏吗？看来，他体内的洪荒之力已经开始酝酿。而我慌乱之中给出的答复，事后想想也并无不妥，那是我潜意识中很重要的一件事：**两性关系中，最重要的是互相尊重。**

只是当时自己着实被他的问题吓了一跳，来不及思考什么，也没有想到这个睡觉还要人挠痒的幼稚的大个子娃，已经悄悄进化到了这一步。

我想起来有一次跟朋友聊天说起的事。朋友说她上一年级的女儿放学回家说班里某男生亲她了，虽然心里知道这只是小孩子的游戏，可听了还是有种吃亏的感觉，于是告诉女儿说以后不能让男生亲，因为不卫生，有病菌。她说她也有些拿不准这样教育孩子到底好不好，于是问我说，如果你儿子跟你说被人亲了，你怎么办？我听完就笑了起来，说，我们是儿子，谁想亲就随便亲，没关系的！

当时虽然说的是玩笑话，但心里确实觉得男孩子在这一点上还是没那么让人操心。可是现在反过来想一想，如果不是他被人亲，而是他去亲别人，这又是另一回事了，尤其是在女孩子的家长眼里，搞不好就自毁形象了，这不是更让人操心？看来，教育儿子的责任更为重大，不光关乎他自己，还牵涉别人家的女儿啊！

之前在看小说《孤独小说家》的时候，书中有这样一段。主人公青田耕平带儿子回老家，那里有一个儿子的玩伴，一个活泼的小女孩，两人常常在暑假见面的时候玩得很开心。一天晚上大家一起到河边烧烤，大人们聊得兴起，两个孩子不知什么时候不见了踪影。青田到处寻找，终于在河的另一段处看见了他们。两个 11 岁的孩子，男孩把手搭在女孩的肩头，女孩用指尖抓住男孩的衣服，脸越靠越近，越靠越近。

青田躲在一块大石头的后面，偷看着儿子的初吻，感慨不已。虽然自己的初吻比这晚了 5 年，但他觉得作为父亲，应该夸儿子几句，因为“**他拥有了喜欢上一个人的美好经历。那不正是生命的大树吗？**”

当时看到这里的时候，我一下就想起了电影《怦然心动》。很久之前看的那个青梅竹马的青春期故事，那么纯净又美好，曾让我感动得一塌糊涂。

而如今，看着儿子渐渐长大，看着他一步一步走向青春期，感动于别人的初恋的同时，我的内心也像青田耕平一样涌起一种“年代感”。

不管怎样，儿子的青春期都会如期而至。不知道他的经历是会像小说或者电影中描写的那么美好，还是会碰得头破血流，无论哪一种，那都将

是属于他的人生财富。

我会在他需要的时候告诉他如何面对和控制自己体内的那股“洪荒之力”，除此之外，就只能躲在“石头”后面远远地看着，同时也十分期待着看到他能够拥有自己的“生命的大树”！

爸爸和儿子谈人生

老公常常半开玩笑似的“威胁”儿子：“妈妈给你上课的时候你要是不听，我就把你送去补习班！”

不知道是不是因为这个，儿子对我在学习方面的辅导不怎么反感，而且如果让他选择谁来给他讲题或者背单词，我肯定是首选。

这让我在老公面前狠狠挺直了腰杆。可是能力越大，责任越大，让我对付那么多事儿，我也很有压力。

于是有一次，我终于忍不住大喊：“你语文、数学、英语都要我来管，我也很累的，你总得让爸爸给你上一门课吧！你说，让他上哪一科？”

儿子眼珠子转了好几圈，最后说：“我觉得让他给我上‘班会’比较好！”

这时，我想起他的课程表上每个周二下午都有的一节课，叫作“班会 / 专题”。所谓的“班会 / 专题”课，就是对各种话题展开讨论，从校园安全教育，到公民道德教育，再到没有共产党就没有新中国的意识形态教育，孩子们在老师的组织下各抒己见。

儿子竟然提出让爸爸给他上这种课，按照我的理解，不就是谈人生吗？没想到这小子这么会看人，因为对于人生课，他爸爸可谓信手拈来。

前些日子，爸爸给儿子上了一堂课，讲了什么是“钱”。这堂课的起因是，儿子只要进了玩具店就走不动，他喜欢火车，看到就想要。一套带轨道的套装少说也要一两百元，不可能次次都满足他。而他对一两百元到底是多少根本没什么概念。

于是，这堂课就开始了。爸爸告诉他钱代表着劳动，付出多少劳动就得到多少钱。比如自己上一节课就赚一节课的钱，写一篇论文就赚一篇论文的钱。钱不是凭空飞进口袋的。

爸爸还说，到底要赚多少钱，每个人都有自己不同的看法。有人觉得自己需要赚很多钱，但他觉得自己根本不需要那么多钱。他有能力现在马上就换工作，可以赚到更多的钱，但是更多的钱也需要他付出更多的劳动更多的工作时间，这样一来，肯定就没有精力和时间来陪伴家人，一起出去看电影，一起出去玩。他赚到的钱能够保证一家的开支，每年假期出去旅行一段时间，当然还有买玩具的钱，但是保证不了看到什么就买买买。不然，就变成了电影《九条命》中的爸爸，赚很多很多钱可以让女儿想买什么就买什么，可就是没有陪她的时间。

所以，我们家为什么没有很多很多钱让他只要看到喜欢的火车玩具就能买，因为这是一种选择。

这堂课两个人是坐在沙发上上完的，气氛严肃而友好，自恋的爸爸一不小心就把自己树立成了正面典型，不过我围观之余又无可反驳，因为总的来说我对此也是表示赞同的。

前几天，爸爸又给儿子上了一堂课，讲了什么叫“贪婪”。这堂课的起因是，儿子总是要把所有的事挤到一起做，还想保证每件事都做到，结果弄得自己不开心。比如说，晚上写完作业，他要看电视，看完电视还想打会儿游戏，打完游戏要洗澡，洗完澡还想上床看会儿书。一件事赶着一件事，不知道如何更好地分配时间，也不懂得放弃，本来每件事都是愉快的事，可最后搞得做什么事都很别扭。

于是，爸爸告诉他，这就叫“贪婪”。每个人的精力和时间都是有限的，与其一把抓，同时想要把四五件事都做到并做好，不如把精力集中放在自己最想做的一件事或者两件事上面。

放弃总是会有痛苦，但是这种放弃可以不是永久的，而只是阶段性的，这一个阶段专做两件事，下一个阶段再去做另外两件事。一个人要学会的是衡量自己有多少精力和时间，以及喜欢做什么，这样不仅可以把事做得更好，也可以让自己更开心。

不过爸爸也觉得这堂课过于深奥，于是跟儿子说，小学阶段可以继续糊涂，初中学会一半，到高中全部学会就行。

这堂课两个人是黑灯瞎火地躺在床上上完的，有没有用以后再看，不过催眠效果倒是不错，儿子没再像往常那样上了床还折腾个没完，很快进入了梦乡。

除了像这种长篇大论地谈人生，爸爸还很擅长见缝插针，随时都能从嘴里蹦出一两句话，看似平淡无奇，却又叫人深思不已。

比如，有一次我和他爸爸吵架，吵完谈完以后，他爸爸对围观了很久的儿子说，你以后找朋友或者女朋友，也得找个能跟你吵架的，而且还要会吵架的，知不知道？听了他爸爸的话，在儿子面前失控的内疚感顿时消失无踪，我觉得有必要以后再多给儿子示范几次，让他好好体会一下什么叫作“会”吵架。

再比如，有一次儿子说圣诞节的时候会给我们买礼物，他爸爸表扬了一下，然后来了句，**你能这样说表示你是个好人，你要是不光说而且去做，那就是个优秀的人，而那些又不说又不做的，就只能是坏人。**这个简单粗暴的区分标准儿子一直沿用了下来，时不时会自我评价一下自己到底是优秀的人，还是好人，还是变成了坏人。

之前，在读龙应台的《亲爱的安德烈》的时候，看他们母子之间自如地聊政治、聊文化、聊民主、聊社会、聊艺术，我不禁生出一种深深的望尘莫及感，恐怕自己永远也达不到那个水平。

而现在，我终于舒了一口气，放松下来，因为儿子已经点名让他老爸负责这种事，不用我操心。而从他的表现来看，绝对大有潜质。我已经提醒他好好备课，好让我将来可以享受一下父子二人深夜品茗言欢的温馨画面。

儿子其实对我和他爸爸的不同功能看得相当清楚，以至于有一天冷不丁地问我：为什么说好儿子要靠妈妈教呢（他看到了我的一本书，叫《好儿子全靠妈妈教》），我觉得我是爸爸教的！

我很不服气，大喊道："我难道就没有教吗？"

他想了想，然后一本正经地说："吃饭确实是你教的……"

我无力多说什么。

其实，我只是嘴笨，这个真的很吃亏！

“从前的日色慢，车马邮件都慢”

这学期儿子的语文学习了信的写法，然后老师就留了个作业，让大家给自己的亲戚或者朋友写一封信，内容也规定了，就写当时刚刚过去的运动会。儿子打完了草稿给我看，大概是这样的：

亲爱的小姨：

您好！

星期天的早上天气晴朗，万里无云，我们一年一度的运动会开始了。

……（中间内容省略）

我们班太厉害了，夺得了第一名！

祝您

身体健康！

您的外甥 ×××

2016 年 × 月 × 日

看完了之后，虽然觉得他写的语句还算通顺，描写也够具体，格式也完全正确，可还是感觉别扭，这哪是在写信啊，除去那些格式上的称呼和落款，干脆就叫《记一次运动会》更好些。

于是，在肯定完了优点之后，我开始耐心地跟他解释要怎么修改得像一封信的问题。

我跟他说，写信是一种交流，就是你在跟小姨说话，你一开始不该先问候问候吗，比如说问问小姨最近怎么样，工作忙不忙之类的。

可没想到，我这一开导，他更加茫然了，脸上写满了问号。

看着他直接蒙掉的小脸，我一下子反应了过来。对他来说，有什么必要去问什么“最近怎么样”啊，他几乎天天都跟小姨视频聊天，运动会还没结束，他参加了什么项目，得了第几名，小姨早就通过照片、小视频、朋友圈知道得一清二楚了。甚至，如果愿意的话，直接在操场上搞个现场直播也不是什么难事儿。

如此说来，原来写这封对他来说根本不现实而且也没必要的信确实是难为他了。

可是，我还是硬着头皮跟他解释说，我小时候没有电话没有手机，对远方亲戚的情况并不是每时每刻都那么清楚，所以写信的时候通常都会先问候几句，既是表示礼貌，另外也是表示关心。

他这才有些理解了，左思右想，最后终于在“亲爱的小姨您好”的后面加上了一句“妹妹最近乖不乖啊”。

我虽然觉得这样读起来感觉好了不少，可还是直冒冷汗。妹妹也是天天“见”，不知道他在加上那句话的时候内心该有多别扭。

信终于改完了，表面上一切都符合要求，可我还是忍不住觉得有些“虚情假意”，不过，也没有其他办法了。除了要把信抄在作文本上，老师还布置了一个任务，就是买个信封真正把信寄出去，顺便也学习一下信封的写法。我催着他赶紧把这个事做完，可他一点儿兴趣也没有，还说，寄什么寄，你拍个照片给小姨发过去不就行了？

我不知如何回答，只好拿老师做挡箭牌，说，老师说要寄的！

谁知他又说，唉，不就寄个快递嘛，你自己去吧！

我说，这个不是快递，要去邮局寄，还要贴邮票呢！

他听了略感好奇，但还是没有任何动力。一直拖了很多天，我才拉他跟我一起去了邮局。我挺想让他见识一下寄一封信的全过程，可是说实话，在去的路上，连我自己心里都在打鼓：邮局现在还卖邮票吗？

幸好，进了邮局，一眼就看见了那熟悉的糨糊瓶，我突然有些小激动。我小心翼翼地把糨糊刷在信封的封口上，还招呼儿子过来看，他用手指沾了点糨糊感受了一下，就跑开了。

然后我买了张邮票，又把他招呼过来，看我怎么给邮票刷上糨糊贴在信封的右上角，他过来瞟了一眼，"哦、哦"了两声，又跑开了。

最后，我让他把信塞进邮筒。看着那封信落进去的那一刻，我感觉好像完成了一个庄严的使命。

然而，走出邮局不到50米，就是我们小区的快递集中收发点，各个快递公司一字排开，生意红火。一瞬间，感觉进入了另一个世界，刚才的庄严感也顿时淹没在了一派热闹之中。

我这才猛然意识到，其实，我坚持让儿子参与寄信的全过程，表面上是为了让他学习，帮他完成作业，可是事实上，全是为了满足自己的怀旧情怀。

对他来说，那就是个作业，而且做不做老师根本不知道。而我，却特别想要借此机会重温一下这种古老的通信方式，怀念一下过去的那种慢悠悠。就像《查令十字街84号》写的，一家书店和一个买书人因书结缘，跨越几十年的书信往来，让这段时光在慢慢流淌中，变得丰满而厚重，意味深长。而现代生活中，这种美好已然消亡。

科技带来了效率，改变了生活。而这，就是儿子生活的世界。他的世界里，从来就没有“信”这种东西存在过，就算我带他体验了从写信到寄信的整个过程，他也不可能像我一样生出什么感慨，说不定心里还一直觉得，为什么要花时间做这么无聊的事情。

说到这里，我又不由得想起了另一件事。

有一次，儿子在做数学作业，数学练习册上有这样一道应用题：爸爸开车带小明去离家240千米的外婆家，他们9：00出发，每小时行驶80千米，12：30有一个英语节目，小明能及时收看到吗？

这是一道有关速度、时间和路程关系的题目，本来对他来说不难。可是没想到他却被那句“12：30有一个英语节目”搞得有点儿晕，问我说：“那个英语节目一定是在外婆家看吗？”

我说：“那肯定，不然还能在哪儿看？”

他说：“你确定不是在车上看？在车上不是也能看吗？”

我被他问得一下子愣住了，但马上又告诉他说“必须在外婆家看”，他才放心地去解题了。

打发完了他之后，我又看了一遍题目。的确，按照他的理解，在车上也能看的话，这道题题干和问题之间的逻辑就不存在了。

根据我的猜测，他之所以会有此疑问，有一个原因就是，我们家是不看电视的，他对几点几分有什么节目根本没什么概念。而除此之外，还有一个重要的原因是，根据他这一代孩子的成长环境和经历，“在车上看”难道不是很正常的一件事吗？随时随地想看就看，干吗一定要在外婆家看？

这么简单的一道数学题也因为时代的发展变化在他眼里竟然复杂了起来，当时也是我始料未及的。

我慢慢意识到，虽然我和他生活在同一个时间和空间，但是在某些方面，我们却是在不同的世界，理解世界的方式自然也就不一样。

他以前还问过我说，妈，你小时候是不是用过银圆啊？

我无奈地说，我小时候和你小时候也就差了20多年，我又不是古代人！

可是，当我和老公兴致勃勃地讲着小时候吃5分钱一根的冰棍时，他好像是在听天书，他甚至连5分钱什么样都不知道。

在他的想象里，20多年前真的就和古代差不多！

于是，当我有时拿自己的经验去说教的时候，他会说我，唉，我跟你不是同一个时代的人！

这个，必须要承认！

不想你长大

小姑娘的到来为家里带来了很多欣喜和欢乐，就连之前一直嚷嚷着只想要个弟弟的儿子，对妹妹也是喜欢得不得了，总想去抱一下捏一下。这样的生活让我心满意足。

然而，不可否认的是，小姑娘在给大家带来幸福的同时，也会不可避免地带来了生活的大变化。就我自己而言，我知道我将要再次经历什么，比如一年之内别想睡个囫囵觉，比如天天收拾不完的屎尿，比如作为“奶牛”随叫随到不得怠工。而且，我也做好了准备去迎接两娃生活的挑战。除此之外，家里其他成员的生活也必将随之调整，比如老公要重新平衡一下工作和生活，儿子对妹妹的到来也要慢慢适应。这些，我其实之前早有充分的心理准备，并不慌乱。再加上已经有养育一个孩子的经历，所以我天真地以为我预想到了所有的事。

然而，带妹妹出院回家的第一天，预料之外的事情就来了，来得让我猝不及防。

之前一直到我住院待产，儿子每晚睡觉前都喜欢先在我旁边挤一会儿。虽然已经快 10 岁了，他还是会像个小宝宝一样贴着我，让我给他挠痒痒，很享受，很放松。而我虽然眼看着他块头马上要超过我，却也乐得把他当成小宝宝，十分享受这样的亲子时光。

那天晚上，他照例挤了过来。可是，新来的小姑娘却不停地出状况，一会儿拉了，一会儿饿了，一会儿又哭哭啼啼，很是破坏气氛。儿子无奈地说，给我两个耳塞吧！然后不堪其扰，回自己房间睡觉去了，痒痒也没挠成。

看着他离开的背影，我突然间心里空落落的，感觉前一天他还是那个小宝宝，后一天就这么长大离开我的怀抱。一瞬间，我体会到巨大的心理落差，那感觉就像当年他一岁时我还没打算给他断奶，而他却不知为何主动戒了母乳一样。

而在这之前，也就是那天下午，还发生了另外一件事。

当时我坐在床边给妹妹喂奶，姿势不对，感觉有些累，就随口对在一旁观看的儿子说：咱家以前不是有个小板凳吗，不知放哪儿了，要是能给我垫脚，喂奶就舒服多了！

儿子听了，二话不说就出去了。接着听见隔壁房间“哐啷哐啷”一阵响，然后他拿着小板凳过来了。

我惊喜不已地说：“哇，我都不记得放哪了，你竟然找到了！”

他说：“有点脏，我去刷刷。”

我说：“不用刷了，找块抹布擦擦就行了……”

可话还没说完，他已经拿着板凳去了洗手间，接着就听见“哗哗”的水声和“唰唰”的擦洗声。洗完了之后，他又用抹布擦得干干净净，最后拿过来放在了我脚下。

我一瞬间被感动得一塌糊涂，心想，这真的是一下子就长大了！

是啊，长大，虽然我也不清楚长大的标准是什么，可这就是我之前对他的“期望”。“有了老二，老大就长大了”，生妹妹之前在跟别人聊天说起这句话的时候，我是带着多大的期待中的欣慰啊！

可是，当时的我却丝毫没有想到，这话说得有多么违心。那一晚，当我终于看到他表现出“长大”的迹象时，却没有高兴起来，而是猛然发现，潜意识里，我其实是多么不想他长大。

我曾经很担心儿子会对这种变化难以适应，还准备好了必要时给他做做心理辅导。可是万万没有想到，他很快适应了，而不适应的那个人竟然是我自己。我更没想到的是，自己原来如此心口不一。

我想起小区里认识的一个奶奶提起她儿子时说的话。她说，自己都有儿子的人了，还要把头枕在我腿上看电视，半夜饿了，还跟我说想吃饺子，独生子女真没办法！当时看她说得那么愤愤然，我也替她为那个妈宝男发愁。可是，现在想想，她哪里是抱怨哪里是生气啊，恐怕享受还来不及呢！

而我，虽然表面上旗帜鲜明立场坚定地反对把儿子养成那样的妈宝，可其实内心深处又何尝不是想把他永远当成个宝啊！然而，不管怎样，我也阻挡不了他长大的步伐。

就像现在，当我看着怀里熟睡的小姑娘说，你什么时候才能长大啊？！而老公却说，不要长大，就这样多好！看来，如此纠结的不只是我一人啊！

曾经我以为自己可以很洒脱地面对这场“分离”，静静地看着他的背影消失在街角，不会追。而现在却发现自己远没有想象中坚强和潇洒。

然而，再怎么不想，为了他，还是要让他长大！不能追！

你长大了想干啥

晚上陪儿子躺床上聊天，他突然问了我一句话：“妈，你小时候想过自己长大了想干啥吗？”

我心里咯噔一下，因为这几天，我正在感慨着这个问题。这家伙，难道会读心术？！

我叹了口气，实话实说道：“没想过，所以我觉得好失败啊！”

他毫不理会我的哀怨，接着说：“那你觉得我的那些梦想哪个最有可能？”

闻此，我不禁笑了起来。不过，又立刻打住。毕竟，这是一个很正经的话题，我得严肃认真点。

我说：“你是指天文学家、英语老师和喜剧演员这三个吗？”

他“嗯”了一声，一动不动地看着我，满脸热切地等待着我的评价。

其实，我之所以会回顾自己小时候，就是因为看见他最近又冒出了一个新想法，喜剧演员。而且说干就干，已经开始为了明年的六一演出准备了一个幽默哑剧，热火朝天练起来了。

说起长大后想做什么这个问题，天文学家是他提到过的第一个。自上幼儿园开始他就对外太空产生了浓厚的兴趣，这方面的科普书也买了好多来看。那段时间，他对这个想法是非常坚定的，你如果跟他提议长大后不如做个别的什么，他会非常生气，声色俱厉地说，“我要当天文学家的！”就好像你说这种话是在侮辱他一样。

慢慢长大了，做英语老师成了他又一个梦想。这个想法的由来很简单，他就是想“像爸爸那样”。虽然让同为英语老师的我打翻了醋缸，但他要是真能成为同行，我也是很高兴的。

在这个梦想之后，假期里，不知为啥他又冒出了“喜剧演员”的想法。

那这三个，到底哪个最有可能呢？

既然是想认真地跟他谈这个问题，我就说点实在话吧。

我说：“要说最有可能的，我觉得还是英语老师吧！”

他说：“为啥？”

我说：“这个……很实在啊！要说天文学家……”

“算了算了，天文学家去掉吧！”没等我说完，他就把这个选项自动删除了，然后接着说，“其实我觉得做喜剧演员挺适合我的！”

听他这么说，我一下子不知道该怎么回应了，难道做喜剧演员不“实在”吗？那一刻，我好像也突然间明白自己小时候到底为啥从来没有真心喊过“我长大了想要当……”了，因为那些“实在”的工作比如老师、工人、司机之类给人一种乏味感，而科学家、演员这样的工作又太遥远了，总怕说出来被人笑话。

所以，**每次看到他那么当回事儿地宣布想当这想当那，我都挺羡慕的，不管当不当得成，起码敢想啊！**

我这个实在人，最终毫无意外地做了最实在的工作！而他的梦想清单，肯定还会继续加长。现在跟他严肃认真，也为时过早了！

于是，我停止了无聊的分析。其实他想要的根本不是什么实在话，而是不管他有什么想法我只要无条件地支持他。

事实上，我也确实是在行动上无条件地支持着他。

自从他宣布要当喜剧演员，我和妹妹总要时不时地被抓去当观众。妹妹一听有表演，赶紧去拿她的小板凳，还边跑边说“看表演、看表演”，极大地鼓舞了演员的信心。而我不仅自己要当一个好观众，观看时要一直面带看得津津有味的笑容，还要不停地一边跟坐不到5秒就站起来东搞西搞扰乱演出的妹妹解释观众守则，一边安抚发火的演员鼓励他继续演下去。

然而有一次，我实在搞不定妹妹了，他又气得想发飙，我冲他大喊：“演员表演的时候还管得着观众在干啥吗？一开始表演就必须得演完！”

谁知，他听了愣了一下，然后真的接着演下去了，全然不管我们这两个观众上蹿下跳。

虽然演技有些尴尬，先把演员的自我修养提升提升再说。

不知道他还会想当什么，也不知道他最终能当什么。在他喜剧演员的想法被下一个想法取代之前，就让尴尬和欢笑先一起飞一会儿吧！

爸爸占了“高富帅”的“高”。
那我呢？
你“白富美”一个都没占，但是占了“矮穷挫”的“矮”。
必须给我说句好的!!!
好吧，你占了“靓女”的“女”……
嘭

周末逛街
人太多了，咱俩走一起吧！
我无所谓！！
你这样人家会误以为咱俩是情侣的……
笑啥？
可别人会笑我的……
怎么找了个这么丑的！！

我这件T恤不想穿了，给你吧！
你干吗不穿了？
我觉得我穿上有点儿显胖，你应该能穿。
嘿，嘿……
有啥好笑的，给你件衣服也不用激动成这样。
哈哈哈哈……
你终于承认自己胖了……

你觉得是有妹妹的哥哥更幸福还是有哥哥的妹妹更幸福？
当然是有哥哥的妹妹啦！
为啥？
因为哥哥挨批评的时候，她都能使劲儿在旁边看笑话……
哈哈哈……看别人笑话有那么好玩吗？
是啊！
那妹妹挨批评时你也可以看笑话啊！
唉！她哪有哥哥挨批评多啊……

你觉得做爸爸好还是做妈妈好？
要是能找到你这样的好老婆，我觉得做爸爸好！
神马状况？
三十秒之后……
居然没反转
你为啥觉得我是好老婆啊？
因为你都不打爸爸……
我打得过吗？

悲催！
去，把隔壁小弟弟打哭去……
是！老大……
万一是小妹妹怎么办？
那么……我就教他装可爱吧！

××小学
阿姨文他今天捣乱了!!!
呵呵……
文被告状了!你去教训教训他!
那个老告你状的小女孩是不是喜欢你啊?!
最近怎么胖了那么多……
好好锻炼!肚子那么肥,那些女的都该不喜欢你啦!!!

妈，你看我长得多帅啊！我们班女生都喜欢我！
女生喜欢你是因为你性格好！
我性格又好，长得又帅，所以女生都喜欢我！
受不了，这么自恋，得打击一下……
听说你们班XX更受女生欢迎哦！
我和他一样受女生欢迎，不过，我的粉丝比他多……
Love u
Love u
真伤脑筋啊……

Chapter 3

让孩子爱上阅读和写作

在本该睁大眼睛好好感知世界的年纪，如果小小的脑袋被别人的话占满，而没有给自己的思考留出空间，就会慢慢丧失思考的习惯甚至能力。

找到阅读的乐趣

周末去书店买了本《超人》，加加爱不释手，翻来覆去看了好几遍。等他看完放下了，我拿起来翻了翻，边翻边假装无意中评论道："哟，这本书真不错，还带拼音呢！"

其实我就是因为有拼音才给他买的，只是借机强调一下而已。可谁知他听了这话，一下子扑了过来，边抢书边说："哪里有拼音啊？给我看看！"

真受不了！看了这么半天，居然就没发现里面带拼音。可想而知，他准是只顾着看漫画，把里面的拼音和文字自动忽略掉了。他这个阶段，到底该看画还是该读字？这个问题又一次跳出来为难我了。

上幼儿园的时候，别的小朋友有些已经会认很多字，可以像模像样地读书了。而加加看到带字的书就直接放弃，整天抱着绘本乐个不停。上了小学以后，开始学拼音学认字了，老师也推荐买了很多带拼音的读物作为课外阅读资料，而且提倡保证孩子在家的阅读时间。加加在阅读时间方面一直保持得很好，阅读内容从小宝宝的绘本变成了《哆啦A梦》《蜘蛛侠》等系列漫画，也就是从简单的画变成了复杂的画，而对那些拼音读物却始终提不起兴趣。尤其是《哆啦A梦》，简直成了他的精神食粮，一有时间就坐在那里看，整个系列有四五十本，散落在家里各个他随手可及的角落。看他一天到晚地看漫画，我也会不淡定，也曾要求他去读一读那些拼音读物，对学习更有用。可是他每次看不到两页就坚持不下去了，依然陶醉在他的漫画世界里。

其实，我自己也爱看漫画，朱德庸和高木直子的漫画以及安倍夜郎的《深夜食堂》系列都是我很喜欢的。漫画里虽然也配有少量文字，但那些都不重要。一个人的姿势、表情就带出了整个故事，一朵怒放的鲜花就烘托了所有的心情。虽然文字不多，但看漫画的时候我们脑子里其实都是字。而且漫画大都轻松幽默，让人很放松。加加是不是也像我一样呢？捧起《哆啦A梦》就不肯放下，还不时地爆发出阵阵笑声，显然很享受呢！而当我要求他去看拼音读物的时候，总忍不住站在“利他”的角度定一个“学习”的前提，这样是不是让阅读的目的变得不纯粹了呢？

所以，这可能并不是“该看画”还是“该看字”的问题。**阅读只要是随心而生，那就是快乐的，不能用“该”或“不该”加以限制。**

记得我小时候，爷爷送了我一套《世界童话大全》，一共五册，我从小学一直看到高中，隔一段时间就会去翻一遍，从没觉得厌倦，每次都能沉醉其中，体验到那种纯粹的阅读带来的快感，而对老师推荐的名家名作一点儿提不起兴趣，就算读也是怀着应付作业的心情。

对加加来说，看《哆啦A梦》的时候想象着自己也能有任意门，看《超人》《蜘蛛侠》的时候幻想着自己也能成为超级英雄，这种快乐应该比多学几个生字更有价值吧！

因此，我想我不应该再区别对待漫画书和拼音读物。享受阅读，找到阅读的乐趣，这比什么都重要！

过程比结果重要

期末考英语口语，其中一道题目是介绍一部自己喜欢的电影，并谈一谈为什么喜欢。题目提前很长时间就告诉了学生，并且还提示他们评论一部电影可以从故事、演员、特效、音乐等多方面来进行。可是，最终抽到这个题目的学生，百分之九十在介绍完电影的梗概之后，都只说了这么一句话：From this movie，I learn……

当然，很多电影是很有教育意义的，但是如果说“看了《哈利·波特》，我学到了友谊的重要性”或者“看了《指环王》，我学到了毅力的重要性”，我听了总觉得有些别扭。我们难道是为了学到什么大道理才看这两部电影的吗？或者反过来说，我们的所有活动一定要有一个看得见摸得着的“学到了什么”的结果吗？

我想起前不久和几个朋友之间的讨论。一个朋友说，他孩子的幼儿园实行的是混龄制，大的小的都在一起玩。我说这挺好啊。朋友接着又说，如果他的孩子是年龄小的，那当然好啊。可他的孩子是年龄大的，天天跟那些小的混在一起，能学到啥啊。此话一出，马上得到了其他朋友的赞同。我说那也能“学到”很多啊，比如照顾弟弟妹妹。可马上又有人说，跟那些小的混一起影响智力发展！

无意将讨论升级为争论，我马上闭上了嘴，没再往下接。我想，最后一句“影响智力发展”的意思是，同龄的小朋友在其他幼儿园可能都已经学会了拼音、算术，认了很多字，可自己的孩子天天跟弟弟妹妹一起玩，什么都没学，真是浪费时间。

跟弟弟妹妹一起玩，难道真的什么都学不到吗？我不这么认为。只是这种学习的结果存在不确定因素，不像学拼音学认字一样能够快速明了地显现出来，价值得不到有形的体现，于是就被过早地定论为“没有用”。

于是，在这种思想的驱使下，孩子的所有活动，比如看书或者上兴趣班，都会以有没有用或者是否能从中学到什么有用的东西来衡量其价值。可常常我们对“有用”和“没用”的界定又是那么主观和狭隘，这种影响投射到孩子身上，恐怕就会产生前面提到的思想汇报式的影评。这算不算我们急功近利式教育的一种后果呢？

而实际上，**并不是所有的活动都需要得到一个清晰的学习结果，重要的是过程的感受。**我相信我的那些学生在看电影的时候，肯定会有各种感受，可是到了考试，他们就惯性地认为老师想知道的无非是他们“学到了什么”，于是就“投其所好”。而我给了高分的几个学生是这样说的：看了《蜘蛛侠》，我好想自己也有超能力；看了《指环王》，我很想去新西兰看看。虽然这些评论也很简单，但却是真情实感，一点都不空洞。

我随手拿起了加加最近从书架上扒出来的一本他两三岁时看过的绘本，名字叫作《给爸爸的吻》。熊宝宝去睡觉前，给了熊妈妈一个吻。熊爸爸也来索吻，使出了浑身解数，可熊宝宝还是不同意。最后，当熊爸爸给熊宝宝盖好小毛毯，正要失望地离开时，熊宝宝喊住了爸爸，不光亲了爸爸，还给了他一个大大的拥抱。看完了这个故事，我实在想不出怎样以“我学到了……”开头来做读书报告。

我又想起加加小时候买过的一本故事书里有一篇这样的故事：兔妈妈叫

小兔子去超市买绿色食品。结果小兔子买回的西红柿、胡萝卜甚至还有鸡蛋，都是绿颜色的（鸡蛋是因为被骗人的狐狸涂上了颜色）。于是兔妈妈就跟小兔子解释了什么是绿色食品。这个故事让我们学到了什么，那真是再明了不过。

可是对比之下，我还是更喜欢前一本书。七岁半的加加又把它拿出来看，这种没有“学习结果”的故事，我觉得挺好。因为这就是他真实的生活经历，阅读时的共鸣会让他的内心更加充实，情感更加丰富，这种无形的收获在我看来也很重要！

做自己生活的导演

加加放学回来高兴地说："老师今天让我上台读作文了！"

我揉着他的头一边夸一边默默感叹：你小子终于往学习好的那拨靠拢了一回！

而其实，我最大的感叹不止于此，而是又惊又喜地发现，我竟然可以指导别人写作文，真是变成人才了！

话说回来，他的作文其实就是一段话，题目是《春天来了》。他把第一次写的拿给我看，说老师要求修改一遍。于是我就如此这般地就写作思路提醒了一下，没想到入了老师的法眼。不过，他说，尽管当众朗读了作文，但老师说他写得跟别人不一样。说这话的时候，我明显看到他眼中的疑惑，"不一样"到底是怎样呢？

曾经，我也因为这样的评价而十分纠结。

忆往昔，写作文对我来说从来都是一件痛不欲生的事。周末把自己关在屋里，打开昏黄的小电灯，拿出作文本，每挤出一句话就数一遍字数，耗上整个下午直到把周一就要交的作业完成，痛苦程度远超便秘。这情景仿佛就在眼前，想想都觉得恶心。那时我最膜拜的同学就是那些每次作文都会被老师当作范文来读，各种四字成语、古诗词和名人名言信手拈来的人。

到了高中，作文不光只是件苦差事，而是事关生死的事情，语文 150 分的试卷作文占了 60 分。而我每次大考小考，作文几乎以 60% 的概率跑题，虽不至于得零分，分数也是低得可怜。高考完了去找语文老师帮忙估分，当我把我的作文讲给他听时，伴随着凝重的表情，他只说了句，很不一样，不好说。老妈失望地说，那就按 20 分来估吧。可是，结果那次我拿了 58 分。这可是本人最成功的一次逆袭。每次说起这段，不知为何都会有种很解气的感觉！

而其实，在我那悲壮的写作史上也曾经出现过几个亮点。记得最清楚的是上高二的时候，老师布置了一篇老掉牙土得掉渣的作文《十年后的今天》。我信马由缰地胡编乱造，简直是一气呵成。写完以后可以交差了，都懒得再看第二眼。可谁知，就是这篇作文，被全年级所有的语文老师拿到各自的班里传颂，一时间，我出了名。那阵子，每次一进校门，都能感到自己内心彩旗飘飘锣鼓喧天的爆棚感。

我写得好简单，随口幻想着自己十年后成了导演，还邀请了我的两位好友做女主角，拍了一部叫作《两只老鼠》的电影（天知道我怎么会想了个这样的电影名）。一位擅长画画的好友还根据这篇作文画了一幅漫画送给我，画上，我们一群好友一起登上了“付导号”列车，意气风发奔向明天。可是，很快，这风光又被下一轮的跑题狠狠碾压，一去不复返。

啰嗦了这么多，痛苦也好，欢乐也好，好像都是建立在别人制定的标准框框下，我从未感觉到自己是自己作文的主导，那些文字只是为了跟我脱离关系而匆匆跑了出来。写什么都是为了别人，写得好不好也是别人说了算，所以不管得多少分，过程都是一样的痛苦。

可是现在不一样了，在不伤害别人的基础上，在道德允许的范围内，我可以很任性，想写什么就写什么，想怎么写就怎么写，发个小牢骚，记录一下心路历程，装装文艺女青年，再偶尔作一下，不用在意评分，也不用去理会跟别人一样或不一样，写作反倒成了一件快乐的事情。

我不知道加加会不会跟我一样经历如此磨难，又或许这一次的指导成功也只是小概率事件，可是我很愿意将我的经历和他分享。从高二算起的那个十年后的今天早就过去，我没有成为导演，可是我的“付导号”列车一直在稳稳前行。**生活和写作一样，只有当你真正成为导演，才能够体味到其中的甘甜。**

不管加加会不会喜欢上写作，我只想告诉他，有一件事他一定要做到，就是成为自己生活的导演！

日记，想说爱你不容易

吃完晚饭，收拾停当，看了看表才七点半。加加正窝在沙发里聚精会神地看漫画，我揪了揪他的衣领，温柔而又严厉地提醒他说：“喂，你看你今天都没啥作业，时间还那么早，要不就去写一篇……”

可话还没说完，就被他的鬼哭狼嚎打断了。“又是写日记，不写，不写……”他叫喊着。

这种情景已上演了很多次，以往我都是尽量耐心地恩威并施，他才会根据自己当时的心情心不甘情不愿地去写上几行字。

而这一次，听着他的惨叫，我忍不住大笑起来，说：“算了，不写就不写吧！”

他有些错愕地看了我一眼，确认我不是在讲反话以后，又高兴地一头扎进了漫画里。

之所以大笑，是因为那一刻突然想起了自己的日记经历。

从小学到高中，日记几乎是我们雷打不动的硬性作业，有时候老师甚至还要求写完了以后要注明字数。于是，为了凑满字数，我不得不啰里啰唆，还要想办法编。可就算是这样，偶尔还会为那怎么凑也凑不齐的十个字急到尿裤子。还记得有一次，实在想不出编什么，又急着想赶完作业，于是就在课间休息时偷听别人讲话，听到什么就写什么，各种句子，长的短的，杂乱无章。结果老师照样批了个“阅”。

上了大学以后，记了满满一本英文日记。说有自觉性那真是抬举了自己，主要是害怕作为英语专业的学生本来就缺乏好的英文学习环境，如果再不主动和那些字母单词亲密接触，很快就会掉队的。所以尽管没了老师的监督，在这种恐慌心理的压迫下，自己却赋予了日记崇高的使命。

加加的老师并没有要求他们必须每天写日记，只是建议，而且不单独用日记本，写在作业登记本上就好，老师在检查作业的时候顺便就可以看到。而且就算是写成流水账，也能得到老师的奖励。所以，我总觉得他比我幸福多了，在这种宽松的环境中练习更有益。

去年开家长会时，老师当场给我们展示了他们班一个小朋友坚持一天不落的日记，并建议家长们也督促自己的孩子多写点儿，为将来升入高年级写作文打好基础，我对此深以为然。于是，为了让他觉得写日记其实也没那么痛苦，我还特意去给他买了本书叫《我今天写什么日记》，里面介绍了写日记可以用到的各种方法和主题。可是，他看都没看就直接将之打入冷宫。倒是我，还时不时拿起来翻一翻，因为，我又开始写日记了。

美剧《吸血鬼日记》里面，斯蒂芬藏满了一整个房间的日记本，成就了一个吸血鬼的人生传奇。而且每次看到斯蒂芬和埃琳娜打开日记本提笔写下“Dear diary（亲爱的日记）”时的真情流露，觉得日记瞬间成了一个人的分身，不管身处何种险境，你都可以放心地将自己交给它，多少烦恼纠结甚至命运都溶进了那一声干脆利落而又饱含深情的“Dear diary”里。如果用这个故事来劝说加加写日记，能行得通吗？你肯定觉得我走火入魔了，为了个日记再把小小年纪的儿子带入追剧的歧途，我这个妈肯定会连同日记一起被人打入十八层地狱。

可问题是，他还是不喜欢写日记。所谓日记，就是要交给老师看的额外作业，写的话或许会得到一根棒棒糖的奖励，不写也没关系，这个认识在他脑子里已经定型。而且，我深深理解，一旦某些东西跟老师的监督产生了联系，你总会不自觉地产生逆反心理。还有，由于我的操作不当，恐怕日记已经成了可能会扼杀他的自由时间的危险品和累赘。唉，其实当年的我又何尝不是这样想的呢？所以加加同学被逼出来的日记通常都是带点儿敷衍的语气，比如，“今天我……真开心啊”“今天我……真累啊”。甚至还有“今天，我不想写日记”之类的，老师还给了评语说，这也算日记。老师真的很友善！

于是，对于“写日记能够练习写作”这种说法，我开始打问号了。日记本身确实是个好东西。在《我今天写什么日记》那本书里，一开始就以一种鼓动的口气说，如果能从现在开始坚持写，那么十年以后，就有了一本自传，这是多么幸福的一件事。这跟我现在坚持写日记的想法简直不谋而合，不用鼓动，就是想为以后留点儿看得清的回忆。

可是，且不说加加怎么会跟我这个“老人”的想法一样，**单说我们赋予日记的多重希望和任务，就已经让这事儿变得不纯粹了。**如果每天硬要挖空心思搜肠刮肚地写日记，你考虑过日记的感受吗？

历史总是惊人的相似，加加和日记的战争已经开始。而我，也不能再充当升级战事的炮筒和火药，只要冷静地站在一边，任他打也好和也好。或许只有等到硝烟散尽拨云见日的那一天，他才能真正懂得什么是日记。到时候，估计他也会像我一样深深感叹：日记，想说爱你真的不容易啊！

用“自己的话”写作

上周的一天，儿子的语文作业是写作文。吃完饭，我催他赶紧开工，他说没事儿，课堂上已经写得差不多了，还剩两句话就写完了。我让他把作文拿给我看。题目是“美丽的秋天”，接下来我看到了不少美好的描绘，比如柿子树上挂起了小灯笼，比如小朋友们在田野上欢快地放风筝，比如人们在田里收割稻子，还有花园里的菊花绽放等等，一幅清新优美的秋日图画跃然纸上。

儿子轻松地看着我，好像得意地说，怎么样，看我写得还不错吧！

我想了又想，忍了又忍，终于还是没忍住，一边“哈哈”大笑一边故意用很夸张的语气说：“我的天哪！你见过柿子树吗？你见过割稻子吗？”

他突然愣了一下，但随即又很不服气地说：“老师说的！”

我当然知道是老师说的，看第一眼就知道是老师说的，因为我小时候写作文老师也是这样说的。可是，我又不能在他面前说老师的不是。于是我跟他说：“老师是这样说了，她只是给大家一些提示，可以从这几方面去写秋天，可能别的小朋友见过柿子树见过收割稻子，那他就可以这样写。你又没见过，怎么写得出来呢？你要写自己知道的东西！”

儿子马上皱起了眉头对我怒目相向，鼻孔开始噌噌冒烟，因为照我这么一说，作文岂不是要推倒重来，那对他来说简直无法容忍。这时，我马上拿出手机，打开老师当天发来的作业短信给他看，上面是这样写的：根据习作要求修改并重抄作文（态度是认真修改，不厌其烦）。儿子看完，气焰一下被打压下去一半，脾气顿时收敛了很多。所以说，老师的话一定要用在刀刃上。

任务明确了，态度的问题也解决了，接下来就是要讨论到底怎么写。我提醒他想一想自己对于秋天的感受，比如说天气变凉了，早上出门上学的时候都要多带件外套，回到家也不用开空调了。这么说可能有人觉得简直是废话，可是我们是在广州，经过了几个月的酷暑，突然吹来了代表秋天的凉风，“终于不用开空调了”简直就是发自心底的一声快意的呐喊。所以，我希望他写出的就是他自己亲身感受得到的广州的秋天，而不是广义上用来区分四季的那个“秋天”。

我跟他说我的思路就是这样的，写就要尽量去写自己知道的有亲身感受的事情，然后让他自己再去找找其他的点。他想了想说，秋天不下雨了。我一听，觉得不错，生活在广州的人都知道刚刚过去的雨季有多烦。受到了鼓舞之后，他兴奋起来，思路也越来越开阔，又想到了其他几个点，然后马上坐下来奋笔疾书，一气呵成。

最后，写完的作文大概是这样的：秋天天气凉了，放学坐在爸爸的电动车上，吹着凉爽的秋风，看着路边的野花，心情很舒畅；秋天不下雨了，再也不用就算穿着雨衣也会被淋湿，也不用担心鞋子湿透；秋天常常和爸爸去学校操场上放风筝，还回忆了有一次差点儿把风筝放到对面楼顶上；秋天是柚子成熟的季节，柚子好吃又下火；最高兴的是秋天可以换上秋装校服，他觉得自己穿秋装校服最帅！

看完了之后，我虽然觉得在细节描写和措辞上还有提升的空间，但能写成这样已经可以了，不想再占用他过多的时间，于是说 OK 了，并好好赞赏了一番。他很高兴，很有成就感的样子，之前重写作文带来的不爽早就烟消云散。而我，也好像完成了一项重大任务一般舒了口气，放松下来。

他把作文本装好，一边掏其他的作业一边问我："妈，你觉得老师这次会给我打三颗星吗？"

听到这个问题，我一下愣住了。

没错，**写作不是写作者个人的事，而是从头到尾都要考虑读者的兴趣和需求，这样的写作才是有意义的。**而儿子作文的最重要读者加评判者是他的老师，并不是我，这么写老师到底怎么看，我心里还真没底。上次他们的作文是写一个自己最熟悉的人，儿子的作文得了最高分三颗星，据说还被老师复印下来贴到了教室后墙上，我很明白他对于这种荣誉的渴望。不过，上次在没给他做任何额外指导的情况下，他能写得那么出彩不正是因为那全是自己的亲身经历和感受吗？所以，这次也是遵循同样的原则，应该没有问题吧！

想到这里，我跟他说："有可能三颗星吧！至少两颗星！"

他听了，表示很满意，觉得自己花那么多时间重写总算是没白费，然后高高兴兴做其他作业去了。而我，还真的为自己夸下的海口忐忑起来。

接下来的几天，他早就把作文的事忘了，可我却每天操心着他的作文成绩，偷偷翻他的书包看作文有没有发下来，好像在等我自己的成绩一样。

昨天晚上，终于看到了发下来的作文本。我假装无意拿出来翻了翻，看到两颗星，终于松了一口气。你知道吗，我真怕老师把他的作文狂扁一顿，那样我就不好交代了哦！

不过，我的忐忑中始终夹杂着小小的自信，觉得他这次不可能不过关，因为，我再怎么看，都觉得这么真实的作文哪里不好呢？

小时候，我的作文不算太差，偶尔还能成为范文被老师读，但是写作文却是最痛苦的体验。我们学习写作文的方法无非就是多阅读，多看范文，多背范文，准备个小本子摘抄优美的句子，谁写的最通顺，用词最优美，引用名人名言或者诗词名句最多，谁就算写得最好。直到多年以后，某天和一个朋友聊天，他说“你想想每天说的话里有多少是别人说过的，有多少是自己的话”，虽然他并不是针对我说的，但是那一刻我好像突然被人捶醒了，终于明白了当年写作文痛苦的根本原因，因为我写来写去都是别人说过的话，没有自己的感想，没有自己的体验，就算能够拼凑得华丽丽，整个过程也毫无快感可言。

我想起上周给我的学生布置的一个演讲，话题是怎样成为大学学霸。共有三组做了演讲，前两组大同小异，无非是上网查了一些资料，做了一些总结，比如要管理好时间，多阅读等。而第三组却完全不同，他们先放了几张我们学校教室的图片，配上了各个教学楼自习室开放的时间表，然后是一张学校网站选课系统的截图，告诉大家有哪些有意思的好课可选，接着又放上一张图书馆的图片，告诉大家我们学校图书馆的藏书，最后还提到学校经常会有很好的讲座可以去听。瞬间，前两组就黯然失色，因为他们可能也表达了自己的看法，但大部分还是在重复别人说过的话。而第三组看似土得掉渣，却真正包含了个人的思考。两者思路的起点是截然不同的。我毫不掩饰地对第三组表示了赞赏。

所以，**我不希望儿子也像我一样，像很多人一样，在本该睁大眼睛好好去打量去认识去感知这个世界的年纪，小小的脑袋早早地被别人的话占满，而没有给自己的思考留出多一点儿的空间，于是也就慢慢丧失了思考的习惯甚至能力。**写作是一种培养思维习惯的过程，绝不是多背几篇范文就可以习得的。

可是，这里还有一个问题，并不是每次老师留的作文题目都是你见过、经历过、体验过的事，那怎么办呢？

昨天晚上，儿子一回家就开始跟自己较起劲来，说老师留了个作业，观察植物，写一篇日记，我们家不养花不养草，怎么写？的确，我们家平时很少关注这方面的东西，我本身也是个植物盲，对很多花草树木都叫不上名字。难道上网查资料吗？我犹豫不决。倒是爸爸出了个好主意，说就写小区里的大王椰吧，站在我家阳台上就能看见。儿子也觉得可行，问我怎么写。我也不知道怎么写，就提醒他观察观察树有多高，树干什么形状等，有点儿黔驴技穷的感觉。于是他就自己去写了。好在只是个日记，要求不高。写完之后拿给我看，一共写了四句话，其中有一句是“树叶好像一片片很大很大的羽毛”，我顿时觉得很惊艳。

所以，虽然这个过程不会一帆风顺，只要愿意给他机会，鼓励他表达个人想法，不偷懒，即使一时的结果不是最好的，但我始终相信这会让他受益一生。

读书会，就从漫画开始吧

儿子放学回来，像往常一样跳上沙发抱起一本漫画书开始等饭吃。听着他时不时发出的“嘿嘿哈哈”声，连做饭这件事也变得愉快起来，我很享受看他享受读书的情景。

趁着煮东西的空当，悄悄走到他身后，竟大吃一惊。还以为他在看自己那些百看不厌的《哆啦 A 梦》或者《丁丁历险记》之类，没想到他手里拿的竟是我的书。高木直子的《30 分老妈》我还没看完，就随手扔在了沙发上，混在了一堆他的精神食粮里面，谁知竟会被他的法眼相中。

以为他只是好奇，随便翻翻，可吃完饭写完作业他接着又看了起来。去睡觉之前，还郑重地提醒我说：“我折了我看到的那一页，你不要给我弄乱了啊！”

我顿时生出一种主权被剥夺之感，这不是我的书吗？可是，又立刻兴奋起来，问他：“你喜欢这本漫画书啊？”

他点了点头。

等不及听他的评论，我马上从书架上又“唰唰唰”抽出几本高木直子的书，说：“你看，我还有好几本呢，你想看吗？”

这时，他的双眼放射出充满期待的光芒，就像每次看到快递小哥将一大包裹他的书送到家门口那样。

那一刻，我突然有种强烈的感觉，好像一个新的时代将要被开启了。

说起儿子的阅读，我稍微有些不好意思，因为到现在为止，他主要还是看漫画，显得不是太严肃。不过我不会横加干涉，因为这有个最大的好处，就是能够保护眼睛。

好了，言归正传。小的时候，儿子的书当然都是我和爸爸来选的。看到好的绘本，或者朋友的推荐，会马上买过来，跟他一起看，一起讲。慢慢长大了，他开始有了自己的喜好，每次上网买书都会参与其中，决定要哪个不要哪个，当然，也会听听我们的意见。每次看到快递过来的书，他都迫不及待地把包装破坏掉，拿起书就废寝忘食起来。

我有时会很感动，现在的孩子生活在物质如此丰富的时代，什么没见过，连我自己都觉得好像很难被某个东西戳中兴奋点，他还会为一本喜欢的书激动成这样，真好！

我家的大书架差不多占了一面墙，每个人的书有各自分配好的区域，基本不会越界摆放。儿子分到的格子很快被摆满，因为他的书不是一本一本地买，而是一套一套地买，于是又买了一个简易的四层书架放到他自己的房间，最近发现也不够用了。他的藏书量早就超过了我。

不过，虽然会一直热情不减地为他买书，还会提供意见和指导，但那都是些小屁孩的书，绝对不是我的书，而我的书他也肯定看不懂，所以他看他的我看我的，内心一直有这样的认识。直到他毫不客气地看起我的书，还理直气壮地想据为己有，我赫然发现，在阅读这件事上，我们开始变得平等起来。

今天早上，他坐在地上穿鞋准备出门上学，我突发奇想对他说："我们两个开个读书会吧！"

他皱着眉头抬起头看了看我，估计有点儿被烦到了，"读书会"听起来像是额外的作业！

我连忙解释说：“**读书会就是你把你喜欢的书介绍给我，我把我喜欢的书推荐给你。**你觉得怎么样？”

听了这话，他舒展眉头点了点头说“好啊”，表示略有兴趣，而我已经无法克制地欣喜若狂。

说是突发奇想，其实也不算，因为此时刚好看到扔在沙发上的最近正在阅读的另一本书，《生命最后的读书会》。这本书讲的是一个儿子在得知母亲得了癌症之后，不知道该如何面对以及如何和母亲自然地交流。偶然的机会，发现两人正在阅读同样的书，于是在陪母亲化疗的时候一起探讨了这本书。这成了两人读书会的开始。在陪伴母亲的最后一段时光里，两人的阅读书单越来越长，探讨的话题也越来越广。

曾经在读龙应台的《亲爱的安德烈》的时候，我对她和自己儿子之间的交流内容产生过望尘莫及的羡慕感，民主、政治、艺术、文化，这岂是我等一介师奶所能掌控的话题。而现在，却突然觉得没有那么遥不可及了。**如果我们从现在就开始读书会，而不是等到生命最后，是不是会收获一段不一样的旅程呢？**

在《生命最后的读书会》中，作者提到他有时也对母亲推荐的书不那么感兴趣，这是难免的。然而，触动我的是，不管是谁向谁推荐，两人都是本着分享的心态，感觉是平等地对话。而我，也终于找到了这种感觉，特别新鲜，特别不一样。

虽然儿子只是喜欢上了我也喜欢的漫画书，但却给我带来了对未来更美好的想象。希望这想象可以成为事实，那么，就让我们的读书会由此开始吧！

孩子的阅读习惯哪里来

儿子的班级每个期末都会进行各种先进人物的评选活动，除了我们耳熟能详的“三好学生”之外，还有“体育之星”“艺术达人”“书法之星”“文明之星”“进步之星”“学习标兵”等。但这些奖项，统统都跟他无缘。

然而，从上小学开始，儿子几乎每个期末都会领回来一张“课外阅读之星”的小奖状。他们语文老师留作业的时候经常多加一条：保证每天课外阅读三十分钟。如果平均算下来，儿子的阅读时间远远超过了这个量。不管他怎么调皮捣蛋，又经常被老师投诉，爱看书确实是个值得一提的大优点。这个好习惯也确实来之不易，因为仔细回想起来，为了这个习惯的养成，我们家的每个人都曾经被他“虐”到抓狂。

首先被“虐”的自然是我。

从儿子很小开始，睡前故事就成了雷打不动的仪式。每天跟他躺在床上，让他在温暖祥和的故事声中安然入睡，想来该是多么温馨的画面。

可是，真实的情况从来没有这么美，而通常是这个样子的：把他收拾干净陪他躺上床，如同要上战场。讲了不到三句就会被他的各种“为什么”打断，等你把尚能正常使用的脑细胞搜刮一遍，应付完他的问题以后，终于松了口气，很有一种任务完成的解脱感。可是就在这个时候，他会适时地提醒你说，讲啊，怎么不讲了？这才发现，哦，原来才刚开了个头啊！

于是，接着讲，然后把上述程序重复执行N遍。终于讲完了一个，还没喘口气，他马上死缠烂打，再讲一个，再讲一个！每次听到这句话，我都有狠狠扁他一顿的冲动。可是他有什么错，只不过是想多听一个故事嘛。作为妈妈，连这点都做不到，我还混什么混。于是，每次我都在气愤和内疚的双重折磨下讲完一个又一个，有多少次都最后累得直接跟他一起睡着了。我也曾试过讲之前跟他约定，只讲三个，或者只讲四个，可是从来无法有效执行。

这种情况一直持续到小学一年级。后期，由于我个人身心承受力有限，这个任务由我和爸爸轮班上岗来执行。现在，偶尔回想起那段长长的分分钟被"虐成狗"的讲故事岁月，还是会忍不住出冷汗。

可是，如果重来一次，我依然选择被"虐"，因为这让儿子养成了一个很好的习惯。从一年级下学期开始，我的讲故事生涯正式宣告结束，但他依然保持着睡前阅读的习惯。现在，他每天晚上去洗澡之前，都会很自然地先找一本想看的书放床上等着，洗完了澡，舒舒服服地捧起书，时而笑得前仰后合，无限惬意。每次，他都在我们的三催五催中才不情愿地放下书。可是，一想起我小时候被我妈骂得最多的那句话"去，看点儿书去"，不禁惭愧万分！

如果只算睡前看书的时间，当然不够每天30分钟。事实上，儿子待在家里的大部分时间都用在了阅读上，包括放学回来、周末，以及大小假期。**之所以可以做到这一点，有一个重要的原因是，我们家从来不看电视。**

不看电视对我来说不是什么大事，可是姥姥姥爷却因此被折磨得不轻。儿子上幼儿园之前，我爸妈住在一起帮忙带娃，但我们之间有个约定，就是只要儿子在家，家里的电视就尽量不开。为此，我爸那保持了大半辈子雷打不动地看《新闻联播》的习惯彻底被打破了，那熟悉的前奏旋律再也没有在我家响起过，他只能每天看着表眼看快到七点半了，借口说要看看天气预报才打开电视解解馋。白天有时我带儿子出去玩，他就偷偷在家看几眼连续剧，遥控器随时握在手里，保证听见我们回来的开门声时立刻清理现场。而爱追神剧的老妈白天彻底没时间，到了晚上，也只能等儿子上床睡了以后悄悄打开电视机，拼命瞅上两眼。在几乎静音的状态下，只看字幕和画面，而且还时不时地承受着儿子突然从卧室跑出来上洗手间的惊吓。尽管如此，他们也非常支持和配合，从来没有半句抱怨，也从来没有强势地干扰我的教育理念。所以，儿子从小就没有看电视的概念，顶多就是用电脑给他放一些动画片，这个要比电视好控制多了。

从儿子上幼儿园开始，姥姥姥爷终于摆脱了"虐待"，可以回老家尽情看电视了，家里只剩下了我们三个人，电视机也彻底沦为摆设。

之前杜绝他看电视，只是为了更好地保护他的眼睛。虽然做法显得有些极端，但是并没有因此产生任何困扰，因为他并没有因为生活中少了看电视这一项而好像少了很多乐趣，反而找到了更多好玩的事去做。以前家里人手多，总有人陪他玩各种游戏。现在长大了，也不需要有人时刻陪着他，而没有看电视这一习惯带来的最大好处开始体现，那就是，他打发无聊的最好方法就是去看书。

每天放学回到家第一件事就是跳上沙发看书，经常饭做好了我们先吃，他把正在看的故事看完才洗手吃饭。周末的早上起床的第一件事也是坐沙发上看书，看得差不多了才去刷牙洗脸吃早饭。长假里不出游的日子，我陪他在家，需要我陪他玩的时候我会陪他玩，其余的时间要他自己管理，他除了摆弄几下玩具，就是找书看。

不仅如此，良好的阅读环境除了消除必要的干扰之外，还要有正面的影响，这个担当除了我，更重要的是老公，因为男孩子总是会把爸爸当成偶像。

老公下班回来最喜欢的放松方式，就是歪在沙发上看漫画书，边看边笑得花枝乱颤。儿子见此，也会马上拿一本看起来，两人还边看边交流，时而各自哈哈大笑，时而笑得抱作一团。于是，饭前、饭后、周末闲适的早晨，出现在我家最多的一个画面就是从沙发后面看过去，一大一小两个脑袋并排在看书。

如果说老公只靠看漫画书的爱好影响了儿子，那也未免小看他了。事实上，他是个“做学问的人”，家里除了公用书架之外，他还有自己专门的书架，摆的全是跟他专业相关的英文书。儿子很小的时候就曾无限崇拜地说：“爸爸好聪明啊，都能看懂这么多英文书！”而且，我们家收快递最多的人，那肯定要数老公，而且几乎也都是书，连亚马逊快递的小哥都认得他。

所以，在这种耳濡目染中，阅读根本不需要刻意去强调，自然而然成了生活中必不可少的一部分，没有任何负担感。

然而，为了尊重儿子的阅读习惯，老公也成了被“虐”的一员。

老公是个有洁癖的文科男，尤其是对书的摆放要求苛刻。他自己的书从来都是像图书馆一样有条有理，摆得整整齐齐，想找哪一本想都不用想闭着眼睛都能从书架上抽出来。儿子却刚好跟他相反。我们家的地上、沙发上、床头上，横七竖八躺满了儿子的书，他的风格是乱中有序而且讲究随时随地触手可及。老公经常被一不小心就踩到而硌着脚的书或者一不小心就一屁股坐上的书搞得无名火起，可是却又不得不忍，总是大动干戈会显得自己很小气。等到实在忍无可忍的时候，他就假模假式地呵斥儿子动手好好收拾一番，而后终于可以好好享受一下素净的空间。然而享受不到半天又开始了“恶性循环”。

虽然我也时常因为那么大个沙发却被儿子的书搞得没个地方坐而恼

怒，但是又不能总是干涉他给自己营造的阅读环境，所以也只能装作没看见。久而久之，连我自己也被儿子影响，开始把自己的书扔得到处都是了，不管坐哪儿躺哪儿，总能伸手触到一本书，感觉相当不错。为此，老公经常遭受我们俩的责问：“你又把我的那本书收拾到哪儿去了？不准乱动我的书！”那可是实实在在被夺了心头之爱的愤怒。

人说，无心插柳柳成荫。我也着实没有想到像他这么好动的孩子居然能够养成这么个好习惯。所以，儿子因为在学校太调皮而被他某个老师怀疑有多动症的时候，我唯有“呵呵”以对，因为别人没有看到过他看书时的那份专注。我想，可能真的是因为他在外面太调皮了，精力总能充分地释放，所以回到家才能静下来吧。简直有一种因祸得福的感觉！

虽说大多数时候是无心，但有些小的细节也是有心为之。比如说我们从来不打击不评价他的阅读品位，地摊上报亭里，只要他看到想买的书，不管我们心里觉得那书多垃圾也会给他买下来。等他拿回家看完之后，和家里的那些书一比，孰好孰坏，他自然能够辨别得出来。好的书他会重复阅读，其他的过眼就忘了，不用担心有什么不良影响。

儿子每次领到那个“课外阅读之星”的奖状回来都特别开心，他觉得自己得到这个奖励，实在是不出所料，名副其实！没错，这确实是他应得的最大奖励！

孩子学英语，焦虑的为什么是你

前些日子，有位朋友在后台留言问我：加加妈妈，你作为大学英语老师，能不能写篇文章分享一下孩子的英语从小是怎么教的？

我一看这问题，瞬间头大了。憋了半天，还是实话实说回复了她：其实，我没有从小教过我儿子英语，他的英语以学校学习为主，只是现在到了高年级才额外给他布置了一些其他的阅读，所以，确实没什么经验可分享。

之后，没再收到她的回复。我想，她可能会因为没有得到任何期待中的干货而失望吧！

事后，我有些“耿耿于怀”，倒不是因为好像失去了别人的信赖，而是因为我自己突然间也想不明白，为什么在大家都那么重视孩子的英语学习以至于恨不得在娘胎里就开始英语胎教的时候，我有这么好的条件也不好好利用，难道就因为我是英语老师吗？

于是，这些天一直在思考这个问题。结论是，“我是英语老师”确实是原因之一。因为我是英语老师，我老公也是英语老师，所以孩子在英语学习方面遇到困难的时候我们可以随时出手相助，并且可以保证辅导质量，这确实让人减轻不少焦虑。

但是，除此之外，还有其他的原因，且听我细细道来。

很多家长都觉得，在学语言这件事上，越早接触越好。曾经带着这样的想法，我在儿子大概两岁的时候，也开始尝试利用自身优势在日常生活中给他多一些的英语输入，比如读读英文故事，或者日常对话蹦几句英语。可是，在没有语境的情况下，我越是想表现得自然一些就越觉得尴尬。

终于有一天，这尝试以儿子的一句“妈妈，你跟我说普通话”而彻底告终。后来，我将这件事写成了一篇文章——《*Parenting or Teaching*》，反思了自己到底要做他的老师还是妈妈。在无法很好地平衡两种角色的时候，我当然毫不犹豫地选择后者。于是，在他上小学正式学英语之前，我再没教过他。

你要问我难道就不担心他英语学不过人家吗？还真不担心。我和我老公都是从初一开始才接触到 A、B、C。所以说，学不学得过人家只是一个伪命题，如果只是希望他学到像我们一样可以当个英语老师的水平，好像也没什么好着急的。

每次看到我儿子做英语听力练习，那么长的对话都能听懂，我总是很感慨。想当年，我上大一时才开始真正接触英语听力，那时真的是连个七位数的电话号码都听不出来。

所以，我总觉得，**现在的孩子（尤其城市里的）就算只是按部就班好好完成学校的学习，英语也不会差到哪里去。而好好完成的意思是，至少单词拼写以及语法等基础知识一定要扎实。**

说到这里可能有家长会有疑问了，光强调单词、语法什么的不还是“哑巴英语”吗？见了外国人还是张不开口，那英语学了有什么用？

对于英语口语，我是这样理解的：想提升口语，远远超出了语言学习的范畴。

我曾经跟两个我们学校英语辩论队的学生聊过天，这两个学生都不是英语专业，而且从小没有上过任何所谓的英语兴趣班，口语好到代表学校参加外研社大学生英语辩论赛的程度，不仅说明他们的英语学得好，更重要的是脑中“有料”。

“说”是一种输出，想要有输出必先有输入。而这种输入绝不是简单地学会几句日常会话用语，出国的时候会买东西、会住酒店、会跟老外聊天气。如果只是这种水平的口语，现学现用都来得及。而如果是想和老外聊聊文学、经济、哲学等严肃话题，那就另当别论了。

语言真正承担起交流功能在于说话的双方真正“有的聊”。举个例子，某大学外语学院举办国际研讨会，来了几个老外教授。那么多的英语老师口语个顶个的强，可是真正能跟老外教授对上话的只有寥寥数人，因为他们的研究兴趣和研究方向一致，很有的聊。而其他的人，口语再好，也派不上用场，因为“料”不够，而这种场合，总不能拿聊天气和家长里短来凑。

所以，学好语言没有错，但就交流的功能而言，内容才是灵魂。因此，对孩子来讲，准备好灵魂比准备好语言更重要，不要顾此失彼，更不能本末倒置。因为这个灵魂对英语学习来讲，不光关乎口语水平，也会同样影响写作水平。

可能也有些家长不像我一样没有任何目标，而是思路很清晰，就是为了考试成绩。如果是这样的话，就更简单了，不管是什么考试，幼升小、小升初、中考、高考、托福、雅思、GRE，简单粗暴两个字：刷题。

总而言之，我写这篇文章的目的就是想让大家想一想，如果你不像我一样是个英语老师，那么在孩子学英语这件事上，自己都在为啥着急，以及到底用不用着急。

而我，绝无站着说话不腰疼之意。

投入地爱一本书，孩子感受得到

我们家的餐桌谈话除了日常闲聊，很大部分都是在听儿子讲笑话。除了发生在他学校里的真实笑话以外，最多的就是从《爆笑校园》《呆头农场》这些漫画书里看来的笑话。有些笑话也着实很搞笑，连我都无法继续装出一本正经“鄙视”这些漫画书的样子，忍不住和他一起开怀大笑。可是，笑完了，又继续回到自己的纠结圈里挣扎：虽然不能强行禁止，可总看这些漫画书有什么用啊！

当然，他也不是只看这些书，他喜欢的书多了去了。给他买书的时候，除了按照他的意愿把他想看的书买回来，通常也会顺便买回一些其他口碑比较好的书，暂时放在书架上，即便他当时没看，但是想着可能他将来哪天来了兴趣，就自动去读了。

可是，有时候等的时间太长了，长到我感觉他根本都已经忘了书架上还有这么一本书，而且我还老觉得这么好的书放着不去读真是浪费啊。这么一想，我也会坐不住，时不时要去想其他办法。

于是，有一次，他正坐在沙发上看书，我假装随意从书架上抽出来一本被他一直冷落的好书，也坐在旁边看了起来。那本书叫《手斧男孩》，讲的是关于一个男孩冒险和勇气的故事，评价很高。

他往我这边瞅了一眼，一看我是在看他的书，一把抢了过去。我假装要抢回来，他就更加要霸占着不给我。我说，那你赶紧看完了给我看，那本书很好看的。他就这么上当了，马上抱着那本书看了起来，而且连续好几天看完一本就去书架上拿另一本，一口气把整个系列五本全看完了。

我忍不住在心里窃喜起来，没想到自己的小伎俩这么容易就奏效了。而且，看样子那的确是套好书，不然他也不会看得废寝忘食。

我很是得意和满足，然后跟他聊起了读后感。

我问他这套书是不是很好看啊，他说确实还不错。

我又问他，那你给这套书打几分啊？他说，6 分吧，最多 6.5 分。

听到这里我有点蒙，好看的话怎么才给 6 分呢，这可是各大排行榜还有专家们都极力推荐的好书啊。

我不甘心，又问，这个才给 6 分，那《爆笑校园》你给几分啊？

8 分，他毫不犹豫地说。

我有点儿喘不过气，事情完全没有按照我的设想发展，感觉这是白熏陶了。于是问他，为什么？

他一本正经而又很诚恳地解释说，《手斧男孩》的故事是挺好看的，可是，我总觉得那离我的生活太远了，不太真实。而《爆笑校园》里的故事很接近现实。

听他说出这种评论，我当场哑口无言。我从来没想到他可以这么准确地表达出自己的体会，而是想当然地以为他怎么可能知道什么是好什么是不好啊。我还忽略了一件事，好和不好，本来就是主观看法，不是客观事实。而我，是想要把这当成一个客观事实强加给他。很明显，失败了！但是却又因为他能给出这种个人评论而感到欣喜。

这件事以后，他在我眼里“深刻”了许多，我也常常很好奇他在看不同的书的时候内心在经历着什么。

但是，我还是没有完全放弃“荐书”，毕竟他喜不喜欢是他的事，而推荐好书也是我的义务。这一次，我不想耍手段，而是想真正去看几本我希望他看的书，然后开个读书讨论会，跟他去讲我的感受，这才更专业。

于是，我从书架上找到了一本《地海巫师》，属于魔幻题材。我个人之前是很喜欢这种题材的，《魔戒》三部曲看得也是爱不释手。然而，这本书读了不到十页，我就发现自己又给自己挖了个坑，真的是读不下去了。有可能是自己的兴趣已经变了，完全找不到阅读的快感。但我想再坚持坚持。

儿子见我又在读他的书，时不时地问我，这本书好看吗？

我无法“昧着良心”夸大其词，只能含混地说，还行吧。

就在这时，我在南希·阿特韦尔（Nancie Atwell）的书 *In the Middle*: *New Understandings About Writing*, *Reading and Learning* 里看到了这样一个概念，不管是老师还是家长，在给孩子做示范的时候，都分为两种，一种叫 implicit demonstration，一种叫 explicit demonstration。用中文解释就是隐性的和显性的示范。比如，当一个老师告诉学生阅读是多么重要，大家一定要多阅读，不管他说得有多么激情澎湃，但是如果他本人并不是一个热爱阅读的人，那么在这种显性的教育之下肯定会流露出隐藏的信息，学生们也会很容易感受到这个老师其实根本就不喜欢读书。

这其实很好理解，但是在实际操作中我们常常自欺欺人。

于是，我果断停下了《地海巫师》的阅读，看不下去还要硬着头皮看，只为装装样子期待着让儿子能够在我的感染下多读几本所谓的好书，我这是在骗谁呢？

真正的感染不是用这种方式，而是拿我真正感兴趣的东西和他分享，他能切实感受到我的投入和热情，自然而然就上钩了。

所以，我也不再为此事绞尽脑汁，不仅费心费力，还得不偿失，占用了自己真正投入阅读享受阅读的时间。

当我不再去管他读什么书，而是全身心投入自己的阅读当中的时候，他反而很关注我在读什么。每天晚上看我躺在床上看书，总是喜欢看看封面，问我在看什么书。有一次，甚至还从书架上抽出了我的一本村上春树的《袭击面包店》看了半天，虽然最后他说什么也看不懂，只是觉得书名很好玩。

还是就这样顺其自然吧，挺好！

真正的学习，不一定快乐

儿子的英语老师为了促进小朋友们学习英语的动力，号召家长们建个微信群，要求孩子们经常甚至每天上传读书音频，书可以是课本，也可以是其他英语读物。儿子坚持得很不情愿，一周三次已是极限。

前些日子，有个小朋友的妈妈在群里分享了一个为电影配音的APP，还上传了自己女儿为一段动画片配音的录音。这引起了其他家长极大的兴趣，大家纷纷效仿，也都各自上传自己家孩子的配音。

英语老师一看大家这么热情高涨，于是决定组织个比赛，就利用这个APP，让小朋友们都上传一段配音，然后选了几个家长做评委，评出一二三等奖。这得到了家长们的热烈响应。我因为英语老师的身份，也成了一名评委。可是却突然觉得，这么一件跟学习无关的事情，为什么大家会这么热情高涨?

这里，我需要解释一下，我所说的跟学习无关，不是指比赛，而是指那个APP。可这么一来，你可能更有异议了，那个APP不就是为了专门的英语学习吗？而且还是趣味学习，怎么能说跟学习无关呢？那么，我来说说我的感受吧。

有一天晚上，感觉有些疲累，于是决定看一个电影放松放松。老公进来书房看我头戴耳机看电影，“冷嘲热讽”地说，不是要坚持每天学习韩语吗，怎么看起了电影？我狠狠地瞪他一眼，理直气壮地说，我看的就是韩语电影好不好？谁知，他“哈哈哈”一顿狂笑，还边笑边说，看电影，学英语，看电影，学韩语，吼吼吼吼……

可是，面对他的讽刺，我不仅没有恼羞成怒，反而一下子放松下来，感觉终于有人帮我戳破了这层窗户纸，我再也不用端着装着了。学什么学，我就是想看个电影。

一开始决定学韩语的时候，我买了好几本教材，态度十分认真。我根据教材的内容自学，练发音，记单词，每天学习新内容之前还要复习前面的内容。我坚持了一个多月，学完了所有的发音，记住了不少单词，还有一些日常会话。可是，这种方法需要的时间投入和自律，渐渐让我吃不消了。

于是，我开始转向了趣味学习，除了看电影，看韩剧，还有网上的一些很有意思的 MOOC 韩语课程。总之，我通过这种更加开心和放松的方式保证着和韩语这门语言的不间断接触，幻想着不需要很用力就能在娱乐中提升自己的韩语水平。

然而，潜意识里，我清楚地知道这就是在浪费时间，这样下去我根本不可能有什么提升。只不过，我需要为自己的懒惰找一个冠冕堂皇的借口，不仅要冠冕堂皇，还要不容易被人识破，最好还要完美到能够将我自己迷惑。

可是，就在被老公揭穿的那一瞬间，我回过神来，哪怕是连你自己都已经深信不疑，借口都只是借口而已。其实大家彼此心知肚明，真正的学习，怎么可能是件又不费力又快乐的事情。

做英语老师这么多年，被学生问得最多的问题就是怎么提高英语水平。我至今清楚地记得，有一次下课，几个刚入大学的新生围着我又问到这个问题，一脸热切地等着我的答案。

我很耐心地跟他们讲怎么增加词汇量怎么巩固语法知识怎么练听力怎么找个陪练练口语。可是说着说着，就发现他们脸上的热情渐渐消失无踪。末了，他们仍然很有礼貌地跟我说谢谢，可是还没走出教室，我就听见其中有人嘀咕了一句，还不是这些，说了等于没说！

我听得十分清楚，一下子坠入深深的无助之中。他们想要的是捷径和快乐学习，而我传达的只有压力和痛苦。

于是，后来，再有学生问我这个问题，除了轻描淡写说一说努力的重要性，我给他们推荐美剧，推荐英文歌，推荐任何跟英语有关的好玩的东西，哄得他们总是很高兴。

他们觉得学习是可以很快乐的，或者说他们需要的只是那样的学习。于是，《太阳的后裔》热播期间，网上有一则新闻说某大学的英语课上，学生做了一个题为 how to hit on a girl 的演讲，幽默的文字配上美美的剧照，可谓一堂寓教于乐的课，也肯定会给学生留下深刻的印象。可是，对于真正的英语学习，并没有什么作用啊。

《娱乐至死》一书的作者尼尔·波茨曼在二十年前写这本书的时候就已经预言教学是一种娱乐活动，而他描写的还是在电视刚出现的时候，对电视对人们学习和生活产生的重大影响做出的分析。而如今，我们早已进入网络时代，网络的影响有多大，有目共睹，我们每个人也都沉浮其中。

网络让我们的学习资源更加丰富，形势更加多样，获取资源更加便捷。就像那种教小朋友学英语的 APP，花样层出不穷。不可否认，这些软件制作精良，也是本着帮孩子学习英语的良好初衷，孩子们也对那些新奇不枯燥的设计很感兴趣，家长们也乐于让孩子从中受益。这看起来是利用科技达到双赢的事情。

可是，学习本身应该是一件系统的事情，而不是由多个互不关联的点

随便连接而成。要有效地融入这个系统，必定是一步一步稳扎稳打，投入足够的时间和精力。我想，著名的10 000小时定律应用在英语学习上，绝对不是看10 000小时的英文电影。

所以，不管是对让孩子利用APP给电影配音，还是作为老师在课上给学生放英文视频，我只是将此当成娱乐活动，贴上学习的标签就像穿上了皇帝的新装，自欺欺人。真正的学习必须像真正的学习那样。

在哪儿过年啊？
回老家，两年没回去了。
朋友
票买了吗？
太难买了，好不容易才抢到。
我上大学时有一年寒假回家没买到坐票，站了一夜，回到家脚都肿了……
天哪！
你应该多练习骂街！！！

妈,你带硬币了吗?
没有!
你正常说话!
没有!
你正常说话!
没有啊!
你正常说话!
没有就是没有,说得还不正常吗?
好了,这才正常……
肝疼

牛记
欢迎
我跟我们班×××商量好了,以后我们俩要合伙开个饭店。
牛记
欢迎光
还要让牛腩(另一个同学的绰号)给我们当代言人。
哈、哈、哈……
要先攒够钱才能开饭店的……
我和×××说好了,等你们都死了,我们就可以继承财产,然后就有钱了……
哪有这样惦记别人的钱的……再说了,我们……也没有……财产……

切!!!
Ooo。
妈,告诉你,其实我是外星人……
开普勒星球是个什么鬼……
我的外星人爸爸妈妈住在开普勒星球。
开普勒星球
因为发生了时空扭曲,不知为啥我就被送到你肚子里了……
我长大了要当宇航员去找我的外星人妈妈。
找到了要把她带回来吗?
地球的空气不好……
呸
我以后会告诉小弟弟他也是这样的。

放学回来……
妹妹呢？
睡觉了……
给妹妹捣乱去喽……
周末的早上……
去看看妹妹……
她还在睡，你躺旁边不要发出声音……
五秒之后……
妈，妹妹睁开眼了。
我找个T恤。
十秒之后……
我不想穿这条裤子了，再找一条。
又过十秒……
我找双袜子。

爷爷奶奶来过年啦！
不用了，爸已经来了！
用不用我来接回去？
那又不是你的爸爸，你干吗叫"爸"？
等你跟×××结婚了，你也要管她的爸爸叫爸爸！！
我才不叫！
为啥？你不想跟×××结婚了？
哼，我才不像你一样乱认亲戚……

哇，太好吃了……爸爸应该去参加厨神大赛……肯定能评上米其林大厨的……
受不了，不就炖个排骨吗？
你又不会做。
谁说我不会做。
那你做一次看啊。
你上次吃的不是我做的吗？
哦，怪不得没这次的好吃。
嘭

别人都是看孩子哪方面比较弱就去上个兴趣班补一下，你觉得他该补补啥？
哈哈哈……
那你自己说吧，你觉得自己哪块儿比较差？
???
你是觉得自己认字方面比较差，还是画画差，还是唱歌跳舞差？
我觉得我皮肤这块儿比较差。
唉！最近抵抗力下降，皮肤差！
嘭……

Chapter 4

兴趣班，谁的兴趣谁的班

对于自己不擅长的事，还是不要在孩子面前假装专家了。父母至多只能制造环境而已，比如，你喜欢欣赏弹钢琴，小朋友看着看着，自然也会爱上音乐的。那就是最好的教育。

父母制造学习环境

一天上学的路上，加加突然对我说："妈妈，我想学日语。"

刚想问他怎么会冒出这么个想法，突然反应过来，他一定是《哆啦A梦》看多了。于是我笑他说："你肯定是受《哆啦A梦》的影响吧！是不是特别想听懂哆啦A梦说日语啊？"

他一边矢口否认，一边不好意思地呵呵笑。可不管是什么原因，我怀疑他只是一时的头脑发热，所以到底答不答应他，有些拿不定主意，于是问他说："非要学吗？就为了能听懂哆啦A梦说话？"

见我没有痛痛快快地答应他，他有些不服气，振振有词地说："你都学韩语了，干吗不让我学日语？"

听了这话，我忍不住哈哈大笑起来，原来这家伙是在向我学习啊！我还不是因为韩剧才开始学韩语的！

于是，把他送到学校后，我马上去购书中心买了一套日语教材，并把视频课件装到了iPad里面，跟我的韩语课件放在了一起。

晚上写完作业，加加迫不及待地要我给他放日语视频，这么高的学习热情我还是头一次见到。在别的小朋友都忙着补习英语的时候，他居然就这样开始了日语的学习。虽然也谈不上什么坚持，只是哪天写完了作业还有心情的话就学一下，简单的问候语倒是很快学会了。看到他跟着视频里的老师大声朗读的时候，我忍不住在心里狠狠得意了一把：这应该归功于我的榜样力量吧！

这又让我想起了另一件事，可能无意中也影响到了加加。我想让他去学画画，可怎么劝说他都不同意，说是没兴趣。我尊重他的意见，就没有强迫他。其实我自己也很想学画画，于是上网买了几本入门的插画和Q绘教程，开始模仿着画。而且工欲善其事，必先利其器，虽然我连初级还都算不上，但各种画笔涂色笔什么的也全都备齐全了。没事儿的时候，我就会画上一两张，加加放学回来后拿给他显摆显摆。而我也只是把这当作一个业余爱好，顺便打发打发时间，对自己并没有过高要求。没想到一向不愿意画画的加加也开始画了。他看到我手边摆了各种画笔涂涂画画，很是羡慕的样子也找了张白纸在我旁边坐了下来，还很客气地说："妈妈，我能不能借你的画笔用一下？"于是，我们就这样开始一起作画。虽然两个人水平都不怎么样，但我很享受他每次跟我借画笔然后用完了又完好无损地归还给我的那种感觉，好像同桌啊！

现在，加加仍然不愿去上画画班，但在家里，人家攒着劲儿跟我比呢。如果看到我画了什么还不错的画，他马上也会去画一幅，而且充满期待地拿给我说："看我画的有没有你画的好看？"我当然是甘拜下风啦！

这两件事都算是无意之举，并没有特别策划，只是感觉很对而已。然而有一天在看日本作家新井一二三的《午后四时的啤酒》时，在书中看到了类似的描述，如同找到了理论支持一般，心里特别踏实。新井一二三在书中写道，她的先生很喜欢也很擅长弹钢琴，于是在儿子很小的时候就开始充当家庭教师的角色教儿子弹钢琴，但不久却发现儿子由于压力过大竟然出现了行为异常。于是在心理医生的指导下，他们停止了兼任孩子老师的这种做法，也转变了思路。

新井一二三还写道：幼儿园园长后来跟我说，**“父母至多只能制造环境。你先生自己欣赏弹钢琴，小朋友看着看着，自然也会爱上音乐的。那是最好的教育。”**

是的，这种不带任何压力而且又可以从父母身上获取动力的学习，应该是最有益的吧！于是，这篇文章我用了和新井一二三一样的标题——父母制造学习环境，因为我真是再同意不过了！

光说不练，忽悠不了孩子

暑假的第一天，加加开始学游泳。同一个训练班的小朋友都跟他一样零基础，大家从同一个起点出发，但由于个体差异，学习进度很快出现了差别。于是，有人无法淡定了。

有个男孩子，瘦瘦小小的，教练传授的基本动作一直做不到位，总是被教练要求趴在泳池边练蹬腿。眼看着其他的孩子都已经可以拿着浮板游很远了，他的妈妈着急得不得了。于是，儿子趴在那里练，妈妈就蹲在旁边不停地讲解，脚要怎么翻啊，腿要怎么蹬啊，不厌其烦，一遍又一遍。

终于，教练允许那孩子下水了，可是在岸上练得好好的动作，一到实战又有些乱套了。于是妈妈继续充当着场外指导，儿子沿着泳池边练习，妈妈就在岸上一步步跟着，边走边提醒哪个动作又不行了，哪个动作没掌握好没做到位。

一直到第九天，也就是这期训练班结束的前一天，这个孩子都是学得最慢的一个。别的孩子已经完全学会了，他还不会换气。

教练跟孩子们说："明天毕业考试啊，谁不会游就不准毕业！"

大家都知道这是开玩笑，我们只交了十天的钱，时间到了想不毕业都不行呢。可这位妈妈的焦虑和紧张几乎到了爆发的边缘。

那天，其他孩子大多时间都在自由嬉戏，而她继续当着场外指导以及监工。只要看见儿子靠在岸边喘一口气，她就大声地呵斥："快练啊，还想偷懒！明天就你不能毕业怎么办？"那乖顺的孩子只好又一头扎进水里挣扎几下，同时"揣摩"着妈妈不间断隔水传送的动作技巧讲解。

到了最后一天，这孩子动作虽然还不那么标准、好看，但总算会游了。妈妈仍然在岸上跟着，头一回露出了笑容。

很快到了下课时间，因为是最后一次，小朋友们都不舍得走，继续在水里玩耍。玩了一会儿，我对加加喊道："快上来吧，别搞得太累了，不然下午就不带你来了啊！"

正巧那位妈妈站在我旁边，她一脸惊讶地问我："你们每天下午也来练啊？"

我笑了笑说："没有。下午是我和他爸爸来游泳锻炼锻炼，他就跟着过来玩一下。"

她怔了一下，说："唉！我和他爸爸都不会游泳！"

听了这话，我一下子无语了。

不会游泳的人怎么能体会一开始学习手脚并用时的那种慌乱？不会游泳的人怎么能体会一开始憋气入水时的那种害怕？不会游泳的人又怎么能了解水中的动作对体力的消耗有多大？原来这场外指导纯属纸上谈兵啊！

这让我联想起加加的陶艺课。每次下课的时候，小朋友们都兴冲冲地出来叫自己的爸爸妈妈进教室去欣赏他们的作品。这个时候，总能听到诸如"这个头应该再揉得圆一点""这个爪子怎么粗细不均匀啊"之类的评论。我没玩过陶土，不知道揉得粗细均匀是不是应该很简单。但我每次和面包饺子的时候，擀皮儿之前要把面团搓成长条，就从来没搓均匀过。

鄙视完别人，我突然想起自己不也曾做过这种事吗？加加一开始学那种扭扭滑板的时候，要我双手扶着他。可学了半天也没学会，我胳膊被他抓得又酸又疼，于是就忍不住了，边滑边说这样不对要那样，要保持好平衡，脚要站好位置，身体要直立等。加加在我的指导下（其实是唠叨）越来越烦躁，而我也越来越不耐烦，越不耐烦就话越多，两个人差点儿就吵起来了。可是，要我自己学能学多快呢？其实我连试一下的勇气都没有，生怕摔了。

所以，**对于自己不擅长的事，还是不要在孩子面前假装专家了。**光说不练，可忽悠不了现在的孩子哟。

家长也有“同辈压力”

儿子每天如果作业完成得早，都会跟他老爸一起看几集肥皂剧，美剧也有，国产剧也有。

前些日子看完了《炊事班的故事》，最近开始看起了《武林外传》。

想当年《武林外传》风靡之际，我却对它没兴趣，没怎么看过。如今跟着这两人时不时混上一集，居然发现这个剧不仅仅是夸张搞笑，竟然还经常结合当下的现实情况炖鸡汤。

比如昨天晚上看的那一集。

邢捕头兴冲冲地跑到同福客栈，冲着一众食客宣布说：镇上邱员外家的二少爷下棋赢了围棋国手，为了庆祝，特摆宴席，请大家去吃鱼翅火锅。

食客们闻听此言，纷纷撂下筷子跑去吃大餐，佟掌柜眼看着客人们跑单，怒火中烧，欲哭无泪。

大家以为她是嫉妒人家的鱼翅火锅，然而，她真正心里不平衡的地方是，别人家的孩子那么优秀，可是自己家的那个小姑子莫小贝除了捏泥人搞得自己浑身上下脏兮兮之外，却没一点儿拿得出手的本事。

在得知秀才会下围棋的时候，她拿出早就买好的围棋，命令秀才当老师，去教莫小贝下棋。

邢捕头又一次兴冲冲地跑到客栈宣布说：西街郝掌柜家的三公子在县里

举办的少年琴赛上获得了第二名，为了庆祝，郝掌柜请大家吃野味。

一众食客又争先恐后地跑去吃野味。佟掌柜再次陷入焦虑，别人家的孩子都会弹琴，自己家的也不能落后啊。于是又命令会吹笛子的白展堂开始培训莫小贝。

邢捕头再一次跑来宣布：东街宋寡妇的千金在翰林院举办的书法大赛上获得了第一名，为了庆贺，宋寡妇也要设宴请大家吃小葱拌豆腐。

一众食客再次一哄而去。佟掌柜嘲笑宋寡妇请客请得寒碜，说如果自己请客肯定比这强，却被邢捕头一语道破天机：你有什么可请的！你家莫小贝有那本事吗？人生的起跑线上能看到她的身影吗？

再次受到刺激的佟掌柜一万个不服气，又命令郭芙蓉去教小贝书法。

三管齐发之下，小贝不堪重负，大叫着说自己学不会也不想学，佟掌柜耐心地做起了思想工作：不想学也得学，人生的起跑线，你已经落后了，再不抓紧，你这辈子就完了！

众人对此看不下去，劝佟掌柜问问当事人小贝的意见，看她自己到底想学什么。小贝扯了半天说不是想学串糖葫芦就是想学做糖葫芦，气得佟掌柜最后逼她必须在琴棋书画里面选一样来学，无奈之下，小贝选了学画画。

佟掌柜备受鼓舞，马上花钱请了最好的先生上门教画。先生无意间在小贝的房间里发现了小贝捏的泥人，形态各异，惟妙惟肖，惊为天人，于是画也不教了，带着小贝跑去挖土和泥捏泥人玩了一个下午。

面对佟掌柜的质疑，先生问了她一个问题："为什么要让小贝学画画？"

佟掌柜说："为了不要让她输在人生的起跑线上！"

先生又问："那起跑线在这儿，目的地在哪儿呢？"

佟掌柜说："我怎么知道，走一步看一步呗！"

先生说：“既然都没有目的地，那设置起跑线还有啥意义？”

佟掌柜哑口无言。

接着先生继续说：要搞清楚为啥让孩子学，为了她的兴趣自然好，可以陶冶情操，可为了跟别人比，还不如不学！

最终，佟掌柜幡然醒悟，小贝得以自由地从事她那看上去不太高雅的爱好——捏泥人。

这二十几分钟的一集肥皂剧，除了穿插必不可少的搞笑桥段，简直是在用白描的方式揭示了当下一个教育问题，一点儿不拐弯抹角一点儿不含蓄，包括那句已经被说滥了的“人生的起跑线”问题。

我边看边想起了很久之前就开始纠结的一个问题：父母让孩子学这学那，肯定都是抱着为孩子好的初衷，真心毋庸置疑，然而问题是，你说你这么做是为孩子好，我说我不这么做也是为孩子好，那么到底怎样才是真正为孩子好，这有没有一个真理？

这个问题太复杂，我越想越乱，后来跟一个年长的同事聊天时说起这个问题，她说她觉得真理之一应该是有没有尊重孩子的意愿。

这也正是此剧传达出的一个信息。**父母给孩子报兴趣班的时候，到底是为了孩子的兴趣发展，还是自己莫名其妙被捆绑在了“同辈压力”里无法自拔。**

“同辈压力”的英文叫作 peer pressure，指的是同辈人互相比较而产生的心理压力。通常，对于这个词的讨论多用在青少年身上，因为他们总是很在意身边同龄人的看法，会想方设法融入进去，进而由于压力甚至改变自己的行为方式。

而这种现象绝不只是局限在青少年身上，我们这些做父母的也常常被此绑架而不自知。

在美国青少年问题专家梅格·米克所写的书《男孩就该有男孩样》中，作者写了这样一段话：在男孩的人生中，有一种压力比同龄人的行为重要得多，那就是我们这些家长自身所承受的同龄人的压力。看到朋友的儿子参加了大学篮球队，有多少父亲会忍不住鼓励自己的儿子多打篮球呢？看到朋友的儿子比自己的儿子更加忙碌，有多少母亲会让儿子报名学习更多的跆拳道或者钢琴课程呢？

然而说家长们“不自知”也不准确，因为在书中作者还这样说：以我的经验来看，**每个合格的家长都能够凭着直觉知道，什么对孩子有益，什么无益。问题在于我们忽略了自己的直觉，急匆匆地加入望子成龙的父母大军，督促孩子要出人头地，脱颖而出。**

作者寥寥几句，直戳要害，让人无法不反思不重新审视作为父母的自己。

我也由此想起了自己给儿子报兴趣班的经历。

儿子上兴趣班始于三岁上幼儿园，之前对此事完全没有在意的我突然发现身边的家长在学校门口接孩子放学时聊的全是上兴趣班的问题，围棋、钢琴、英语、语言艺术，五花八门，搞得我也是如坠迷雾，纠结不已。因为我那时并不清楚儿子对什么感兴趣，不知道该做何选择，可是什么都不学吧，自己又有些过不去。

有一天，跟儿子一个同学的妈妈聊天，她说她好不容易去少年宫抢到了一个钢琴班的名额，我随口问了一句：“你儿子对弹钢琴感兴趣吗？”

她说：“兴趣？兴趣不都是家长坚持下来的吗？”

那一刻，我有些吃惊，但同时心里也明确了一件事：我虽然不知道要做什么，但是我知道了不做什么，这种“坚持”我肯定是做不到的！

那时刚好小区里一个艺术培训中心开业，我带儿子去试课，试完了之后他主动说要报名来上课，我听了并没有太多欣喜，反而有些五味杂陈的感觉，心想他那么小，知不知道自己在说什么？而且我很担心自己到底是在尊重他的意见，还是更多的因为周围的压力。一边想着这对他也没坏处，一边在纠结这是不是在为自己的私心找托词。

一转眼儿子已经在这里上了六年，除了偶尔上画画，主要上的是陶艺，也是就莫小贝喜欢的捏泥人。我不会欣赏，还常常发生把类似他捏的犀牛说成是兔子的悲剧。不过，他依然乐此不疲。

六年过去，他成了这里最“老”的学生，因为这里一般是招3～8岁的小朋友，像他这么大的没几个。于是，前些日子我跟他商量说，要不上完剩下的课就停了吧，成天跟一群小宝宝混在一起！

谁知他一脸疑惑地问我：“兴趣班不是要看孩子自己的兴趣吗？”

我说：“是的，没错！”

他说：“那家长干吗说这说那？你叫我上我就上，你不叫我上我就不上，我还能有兴趣吗？”

于是，我又去续交了一年的学费。钱不少，但我心里挺放松，好像因为确定了这不是因为我个人的压力，突然有一种道德高尚的感觉。

然而，道德高尚的同时，我也常常忍不住旁敲侧击，比如假装不经意地说某某某报了什么班学得挺好挺有意思的，你要不要也试试之类。

他一本正经地回应：“报那么多班干吗？选一两个自己最喜欢的不就行了！”

我问他：“你最喜欢什么？”

他说：“陶艺和羽毛球。”

没错，除了坚持了六年的陶艺，羽毛球也从一年级学到现在了。虽然一个星期只学一次，还常常因为订不到场地而停课或者临时改成上篮球，他还是每个学期都坚持要报。这学期还鼓起勇气报名参加了学校的羽毛球赛，尽管第一场就打输了。

这让我想起暑假里学陶艺的地方要开一个“大师集训班”，有老师向我推荐，问我要不要给儿子报名，毕竟是要交钱的。但马上另一个在这里教的比较久的熟悉儿子情况的老师很委婉地说：“这个可能他不太适合，这个需要水平高一点的小朋友……”

所以，他“脱颖而出”的日子可能是遥遥无期。

然而，我总不能像佟掌柜一样，盼着他出息了也好有机会大摆宴席。

每次听到谁谁家的孩子如何如何优秀，我也不是完全无动于衷，也强烈地感受到这种同辈压力。有时，跟朋友聊天，我们还会自黑说：“我们就是那种人，现在说别人给孩子报了那么多班根本没必要，以后看人家孩子那么优秀自己还后悔！”

但是不管怎样，我都必须时刻提醒着自己，这种压力只能止于我这里，不可转嫁。不为别的，只为让我们两个都活得舒心一点。

最后，我发现剧中还很巧妙很用心地揭露了一个父母们常常自欺欺人的小伎俩，就是佟掌柜给出琴棋书画让莫小贝选的那段。现实中我们也常常会这么做，比如给出几个选择让孩子选，哪怕这几个都不是他的兴趣，最终孩子选定了之后，我们就会说，看，这是他自己选的，又不是我们逼他的!

可是这种情况下，孩子也只是被蒙蔽一时而已。而我们，在处处是陷阱的父母路上，千万不可大意而蒙蔽了自己。

你能坚持不上辅导班吗

楼上邻居家的老二和我家妹妹一样大，经常在小区里一起玩耍。他们家一般都是奶奶带娃，偶尔碰见一次妈妈，因为不太熟，我们也没有聊过什么。

但有一次，她主动问起我儿子，除了问几岁了上几年级了之外，还问我：“你们在外面上了什么辅导班吗？”

我说：“没有。”

然后她十分赞同地说：“就是就是，我也觉得，小学阶段还是要轻轻松松的，把孩子搞那么累干吗？！”

她家老大和我儿子同学校，上三年级。

上周六早上，爸爸一大早去加班监考了，我拖着两个娃下楼吃早饭，顺便赶在烈日当空之前让孩子们放放风。正巧在小区里碰见了也在趁早遛娃的那位妈妈。

她一看见我们，就一脸疑惑交织着惊讶说：“他今天不用上课吗？”边说边看向我儿子。

我有些蒙，说：“不用啊，不是星期六吗？”

她说：“他星期六都不用去外面上课的吗？”

这下我听明白了，说：“不用！”

她一下子激动起来："他不是五年级马上六年级了吗？不是该小升初了吗？"嗓门越来越大。

我有些尴尬，呵呵笑了笑说："没给他报什么班。"

她没再往下问，而是看着我儿子说："你好幸福啊！"

我有些糊涂了，上次，不是她亲口说不要把孩子搞得那么累的吗？怎么几天不见，话锋就翻转了一百八十度啊！

直到前两天，一个好友慨叹："唉，扛不住了，给我女儿报了某辅导班。"

那一刻，我一下子明白，邻居家那位妈妈之所以前后态度转变那么大，估计也是处在扛不住的边缘，内心正在无限挣扎。

事实上，"扛不住"也是我经常听到的一个表达，而我也经常因为在给孩子报辅导班这件事上能够"扛得住"而被人说"淡定，内心强大"。然而，在我自己看来，我其实没有在"扛"什么。

"扛不住"其实是个很笼统的说法，细分起来，大家所谓"扛不住"的东西大概有这些：一个是孩子分数下滑，一个是孩子比别人或者比某人成绩差，一个是别人都去上了，还有一个就是大家必须秘而不宣的事——很多辅导班就是好中学的学前班。

或许还有别的，但不管是哪一种，它们产生的效果是一样的，就是家长的压力和进而产生的焦虑。为了缓解压力和焦虑，辅导班成了救命稻草甚至是唯一的选择。

而我之所以没做这种选择，原因如下：

每个人对孩子成绩的接受能力和心理承受能力不同，有人觉得 90 分已经拉响警报了，而我觉得 85 分也还不错啦。

每个人对群体压力的反应也不同，有人觉得别人都上而自己孩子不上那不越来越落后了吗，而我觉得走自己的路让别人说去吧。

每个人对幸福人生的理解也不同，有人觉得辅导班可以提高考上好初中的概率，进而提高考上好高中的概率，进而提高考上好大学的概率，进而提高找到好工作的概率，于是未来的幸福就有更多保障了，而我对这一逻辑始终心存疑虑，我觉得更像是通过辅导班这种“外包”的方式转嫁压力，所以我怀疑它的作用能有多大。

然而，看起来我说得那么轻松洒脱，其实在教育孩子这件事上，谁没有压力呀。我儿子虽然没去上辅导班，但在家也并不是只完成老师布置的作业就完事了，而是还要跟我们学，其实这也是我们给自己找的一个大麻烦。

儿子每天的家庭作业很少，常常不到半小时就写完了，然后他会按照我或者爸爸的要求读英文读物，读经典文学，或者额外多做几道数学练习题。如果你觉得只要把书扔给他就 OK 了，那就错了。他爸爸（主要因为我现在被老二缠着，常常没有时间）经常要给他做各种辅导，读书怎么读，读书笔记怎么写，读的这些书有什么用……最终落到一个终极问题上——人生。

如果你觉得是因为我们水平高，有能力这么辅导孩子，那就又错了。为了辅导他，我们不知多看了多少书，多学了多少知识，多讨论了多少次。谁不想活得轻松点，把时间都用来逛街、睡觉、看手机呢！我家爸爸的名言就是：我好想不劳而获啊！

我们从一开始就和大多数人走上了不同的路，所以不用去扛大多数人扛不住的东西，而我们想要坚持的也并不是让孩子轻轻松松那么简单，而是基于自己的认知和理解更为接近教育本质的一种实践。

但是，不能否认，每一种选择，有收获，也会有代价。

家长恐慌，别让孩子背黑锅

今年我有好几个朋友的孩子都升入小学一年级，新学期开始不到一个月，就听到了他们的各种吐槽，比如书包重得不得了，各科作业每天要家长签字，某科目作业还常常要家长协助上网完成，等等。比起幼儿园，小学对家长的参与有了更繁杂的要求。我也是从这个阶段走过来的，听到这些还真有点儿幸灾乐祸啊。可是，还有那么几件事，听完了之后的心情就不是一两个词能简单形容的了。

一朋友说，开学第一周的周末，她孩子的语文作业是在家练习写拼音ɑ、o、e，家长从旁监督指导一下能写对就行了。没想到本来很轻松的一件事却出现了让人意想不到的状况。

有一个家长将她孩子写好的拼音字母拍了下来上传到了群里，很谦虚地请求老师指导，问老师写得怎么样。老师一开始很有耐心，也很认真地指出第几行第几个写得不太好，再练习一下。该家长谢过老师之后，过了一阵子，再次上传了一张照片，说她又让孩子练习了一会儿，看看这次写得怎么样。老师又客气而又负责地进行了指正。又过了一会儿，第三张照片传了上来。

看到这里，估计你都懒得再听我讲了，不就个ɑ、o、e吗，至于嘛，无聊！可是故事还没完呢！就在这个家长一遍遍上传练习结果的同时，群里的其他家长一看这架势，坐不住了，人家对孩子学习那么用心，我在这儿干吗呢？于是，一时间，纷纷上传自己家的作业图片，排队等候老师检阅。老师也不能厚此薄彼，依然很耐心地答复，不过我估计也是带着想摔手机的心情吧。我的朋友没有随大溜，只是静静旁观，但也不可避免地被不停嗡嗡响的群消息提示音骚扰得烦躁不安。

另一个朋友的孩子上的是另一所小学，昨天听他气呼呼地抱怨说，他们班家长说，为了更好地辅导孩子作业，要求老师给家长全面培训讲授拼音，时间已经确定，培训时长三个半小时，全体家长参加。我听了想忍都忍不住了，哈哈大笑起来。他咬牙切齿地说，都吃饱了撑的，打死我都不去参加！我心想，估计他以后这般跟人较劲的机会多了去了。

除此之外，他还说，在家长们的组织策划下，他们班已经统一买了十几本教辅资料了。根据教育部的减负要求，学校一般是不发什么教辅资料的，一般一个科目只配一个练习册，其他的都是自行购买。那么你可能会说，既然是自愿的，不买不就行了，干吗一定跟别人统一呢？可是哪有你想的那么简单。家委会会在群里发通知说，我们班打算统一购买 ××× 资料，有哪位家长不想要的说一下，我好计算数量。话音刚落，一大波的赞同信息就会争先恐后地蹦出来，“我们要，多谢”“我们也要，多谢”……你就是说个“不要，谢谢”，也很有可能被淹没了。况且这种情况下，你肯定会三思，说“不要”简直就好像在反人类。

我也有过类似的经历，通常为了不必要的麻烦，就都要了，反正也花不了几个钱，做不做的再说吧。可是，当我跟朋友这样说的时候，他说，有家长要求老师课堂上讲解这些练习呢。我哑然，没错，这个可能性确实是合理存在的，就看老师能不能顶住压力了。

我儿子现在上三年级了，类似的事情，尽管程度上有所不同，我大多也都经历过。孩子进入了这个集体，家长也会有更多的交集，难免互相影响，但自己孩子的教育我还是坚持自己的做法。可是当受到无法避开的干扰时，也会很不高兴。

记得第一次让我觉得“受不了”是在一年级期末的家长会上。老师说暑假不留过多作业，写三篇读书笔记就行了。马上有家长质疑，三篇也太少了吧，至少要留十篇才行，暑假那么长！另有几个家长随声附和，表示强烈赞同。其他家长你看看我我看看你，大多没吭声。老师一时间有些慌乱，不想当场驳人家面子，可现场让大家讨论到底写几篇比较合适也显得智商太低。最后老师说，那这样吧，写五篇，不设上限，家长可根据自身情况做调整。我当时心里就十分不爽：你家孩子爱写几篇写几篇，你凭什么管我家孩子？虽然显得很泼妇没修养，但这却是我内心最朴素最直接的想法。

所以，孩子上小学，吐槽老师吐槽学校吐槽教育制度，都没什么新意。你突然间发现，除了学校老师和教育制度，你孩子的学习在你看见或看不见的地方，有可能正在被别的家长干预。而且，**我们这一代家长，是在竞争越来越激烈的社会大环境中成长起来的一代人，怕掉队，怕被淘汰，总会不自觉地把这种恐慌转嫁到孩子身上。**不仅如此，这一代家长比起上一辈，受教育程度高了很多（特别是在大城市），脑中武装了各种知识和理念，自以为可以控制很多事情，因此在一片批判声中对学校和教育制度的信任度下降的同时，很容易就会认为自己的理念更胜一筹，自己的方法是没有错的，坚持要发扬光大。我就不止一次被其他家长善意地建议：你最好给你儿子报个 ×× 班，这个是一定要学的，很有好处的。我也不是没有动摇过，彷徨过。

因此，想在这种纷扰中努力保持清醒，这不能不说又是一个新的挑战。

路漫漫其修远兮。而如何保持清醒，有一条小秘诀：做一个 truth seeker（探寻真理的人），而不是一个 truth holder（真相持有者）。可是说着容易做起来难，我也在上下而求索。写出来，以此和大家共勉。

“特长”重要还是“高兴”重要

一天晚上，儿子正写着作业，忽然把我叫了过去。

妈，你看对面，他说。

看什么？

那个小女孩又开始练琴了！

顺着他手指的方向，我才看见儿子卧房窗户正对着的一户人家的客厅里，一个小女孩正在弹钢琴，她的妈妈在旁边随着琴声舞动。

我恍然大悟：“原来每天晚上都能听到的那个旋律是从那里传出来的啊！”

儿子鄙视地说：“你难道一直不知道吗？我每天写作业的时候她都在那儿弹！”

“我怎么会知道，我没事偷看人家客厅干吗，你也别看了。”说着我把窗帘拉严了。

然而，刚才看到的画面依然在眼前晃动，我忍不住把窗帘掀开一个角再次观看。儿子也凑了过来。

我不无感慨地说：“你看，女儿弹琴，妈妈跳舞，多美好啊！”

“切！美好什么呀，那个小女孩好惨啊，天天被她妈妈逼着练琴！”

一句话，顿时给一幅温馨和谐的图画涂上了几多狰狞的色彩。

可我不服气："你怎么知道她是被逼的？难道人家就不能练得很开心吗？还有妈妈在旁边伴舞呢！"

儿子白了我一眼，撇着嘴说："怎么可能！"然后一脸不屑地坐回去写作业了，懒得跟我理论。

我不禁有些暗暗吃惊，我眼中的风景在他看来却有着截然不同的解读！不过，被他这么一说，我也开始对自己看到的表面现象产生了一丝怀疑。

不知有多久了，每天那个时间都会听到同一个曲子反复弹奏，以至于我都会自动跟着哼唱了。小女孩日复一日地练习同一首曲子，她会不会厌倦？

我不是她，不得而知，更不会对她到底有没有被妈妈逼着练琴妄加猜测，可儿子却说得一副感同身受的样子，而实际上他从来没有被逼练过琴。因为，他根本什么琴都没学。

在我的周围，什么乐器都没学的娃还真不多。儿子的同学和朋友，有练钢琴的，有练小提琴的，有练古筝的，有练爵士鼓的，反正不管什么，总有一样在手。

之前也问过他要不要也去学个什么，但他没一点意愿，也就作罢。而且，我自己也始终没想清楚这个问题：为什么一定要会弹琴？

你一定觉得我是对音乐一窍不通不感兴趣才会这么说。而事实上，我挺喜欢音乐，小学一直是班里的音乐委员，就是全班一起唱歌都是我来起头，合唱由我来指挥。

小学一年级的时候，父母给我买了一架电子琴，我连谱都不识，却能够把会唱的歌都弹出来。那时候住在一个大的家属院里，邻居们都对我啧啧称赞。爸妈好像觉得我有些天分，于是决定给我请个老师。

我还依稀记得跟着我妈上门拜见老师的情景，还给老师拎了一大兜平时我都吃不到的橘子。老师是熟人，很热情，当场让我表演了一下，然后教了几个简单的指法练习曲子，让我回去好好练，下次检查。

回去以后，我开始练指法，很简单的曲子，几遍就会了。可是，当我再像以前那样想随意弹奏的时候，却不知该怎么弹了，因为我不停地纠结指法问题，不停地犹豫着：这么弹指法对吗？要是不对我弹了还有什么用？然后，我就不敢弹了。

小小的我还想不清楚太深刻的问题，但是开始正式学琴的喜悦很快就消失不见了，以至于我根本不想再去老师家里，有时在路上远远看见老师就赶紧躲着走。后来有一次，老师路过我们家属院的大门口，刚好看见在院子里玩耍的我，就直接揪着我到我家里来指导了一次，也不让我自由弹歌曲了，还是指法。那次以后，我就没再学了。爸妈什么都没说，而我总会想起那兜被我浪费的橘子。

如果当年我坚持了，说不定现在也会有个一技之长。可是，如果当年我坚持了，为了这个一技之长，不知道会失去些别的什么。所以，人生没有假设，我也从没后悔惋惜过。

如今，我依然喜欢音乐，喜欢弹琴唱歌。你没看错，我确实喜欢弹琴，虽然不会弹。我家买了个傻瓜电钢琴，里面存储了上百首歌，弹奏的时候钢琴上的屏幕会根据乐曲的节奏出现按键的提示符，你只要跟着节拍按下指定的琴键就可以了。当我第一次弹奏的时候，一下子有种熟悉的感觉，儿时乱弹电子琴的记忆瞬间复苏了，心里一下子充满了阳光，管它什么指法不指法，手指飞扬起来，兴奋异常。

这架电钢琴已经成了我和儿子的玩具，没事的时候，轮流弹上几曲，谁也不用逼谁，谁也不用嫌谁弹得不对、不好听，只要弹得高兴。

所以，容我目光狭隘地说一句，不会弹琴丝毫没有影响我们享受弹琴享受音乐的乐趣。因此，我也就没有急迫地让儿子去练琴，好有个特长。

然而有一次，儿子问了我一个意想不到的问题。

上学期学校运动会，他参加了羽毛球比赛，可第一场就碰上了劲敌，去年的冠军。他一直咬牙不放弃，最后还是以一分之差落败。

那天回到家，他相当沮丧，问我："妈，你说我有没有特长？"

我一下子语塞，不知该如何回答。

这时，爸爸反问他："那你觉得大雄有没有特长？"

他听了笑着说："大雄的特长就是睡觉！"

爸爸又说："那妈妈有没有特长？"

他想了想说："妈妈画画很好！"

我听了差点没噎着。他竟然把画画当成我的特长，我那业余十八级都算不上的水平在他眼里成了特长，一时间我真的不知道"特长"二字该如何理解了。

我告诉他，我不觉得画画是我的特长，我只是喜欢画，虽然画得很烂，可我很享受那种乐趣，这就够了。就像弹琴，我不会弹，可也弹得很高兴啊。

他渐渐释然了。

所以，他依然是那个不会弹琴、唱歌跑调、打球打输的普普通通的像大雄一样的孩子，但这并不妨碍他享受到弹琴的乐趣、唱歌的乐趣、打球的乐趣。

说回到最初提起的那个小女孩，我没有问儿子，为什么他觉得她一定是被逼练琴的，**我只是觉得，有特长的，没特长的，练琴的，不练琴的，最重要的是那份来自心底的快乐！**

扑
扑
他俩刚才谁放的屁？
肯定是哥哥放的，妹妹放屁都是嘟嘟嘟像打机关枪一样的！
那我呢？
你什么？
我的屁呢？
你的屁怎么啦？
你都描述妹妹的屁像机关枪，都不描述我的屁像什么……

妈，今天清明节，咱买个蛋糕吧？
行啊！
要买个棺材形状的。
没卖的！
那墓碑形状的也行。
没卖的！
那就只能买个方形的，我们自己切成长条的棺材样了……
感觉再也不能好好吃蛋糕了……
Tiramisu

今天我们班的xxx给xxx写情书了，写的是：我是真的很爱你，没有你我就活不下去了……
OMG，才三年级啊……
我为什么要写？
你要感谢妈妈生下你！
不过嘛，都已经三年级了！想当年俺……嘻嘻！！话说回来，好多年没收到过情书了……
你们两个，去给我写情书去！
那你更要感谢妈妈，你那么调皮，要感谢她勉强跟你结婚……

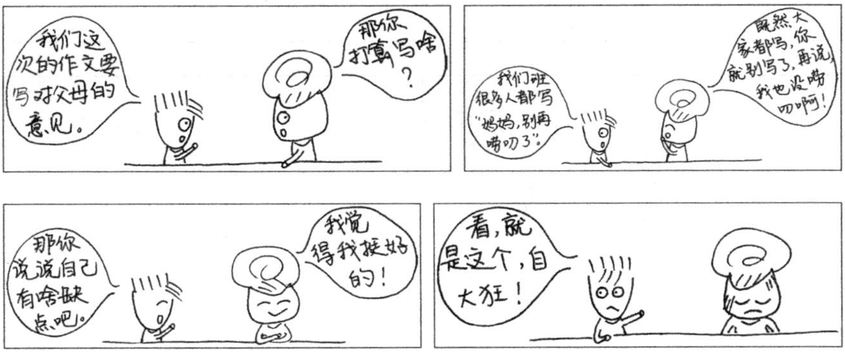

我们这次的作文要写对父母的意见。
那你打算写啥？
我们班很多人都写"妈妈，别再唠叨了"。
既然大家都写，你就别写了，再说，我也没唠叨啊！
那你说说自己有啥缺点吧。
我觉得我挺好的！
看，就是这个，自大狂！

妈，我想去逛逛对面那个小店。
还要走那么远过马路，不想去。
要不我们直接从这过去吧，车也不多。
不行，必须走到前面斑马线！
对耶！走斑马线被撞死的话能赔钱赔的多一点……
你怎么这种表情啊，我在书上看的，难道不对吗……

老师表扬你了！
妈，老师说什么了？
耶！！！
妈，奖励你5块钱
唉！！！！
爸，老师说什么了？
为什么一条都没表扬，全是批评啊……
爸，别难过了，给你10块钱

出来聊聊？
好啊，好啊！
带瓶好酒过去……
有没有不透明的袋子，这么拿太显眼了。
我去找找。
为什么不能让人看见？
因为……因为大学老师不准喝酒……
那你假装自己是小学老师不就行了……
小学老师在此
干杯……

厨房重地
蒜薹炒肉丝！
妈，今天做的什么菜？
厨房重地
你尝尝，很好吃的！要是你请你同学来我们家吃饭，我就做蒜薹炒肉丝，肯定会大受欢迎的！
那我就只请王X和聂XX来吃饭。
为啥只请他们俩？
因为他们俩个脾气又好又有礼貌，就算觉得不好吃也不会说什么的！！！
嘭

Chapter 5

不是我们教育了孩子，而是孩子教育了我们

大人们要克服一个最大的毛病，那就是，做惯了大人。请在面对孩子时，放下自己的姿态，进入他们的世界，互相平视对方。

论爸爸在带娃方面的作用

下午睡完午觉，我想带加加一起去逛书店，可他不乐意，宁愿跟他爸爸宅在家里。

考虑到他爸爸工作了一上午，看起来有些累，我跟加加说：“爸爸累了，让他一个人在家歇歇。不然，吵到他不爽，你们两个又该‘叮咣’起来了！”（“叮咣”就是说两个人吵吵打打。）

可谁知加加看了一眼躺在沙发上闭目养神的爸爸，坚定地对我说：“我就要跟他宅在家，跟他‘叮咣’也很开心的！”

他爸爸虽没睁眼，但嘴角翘了好几下。既已至此，我还能说什么呢。一直以为自己是父子俩的调节器，不可缺少，可这一刻才明白，原来人家两人根本不需要什么调节，即便“叮咣”也是很开心的，我在这瞎操什么心呢。于是，自己出门去逛书店了。

闲散的下午时光，一个人在偌大的书店里走走停停翻翻看看，本来是一件十分轻松惬意的事情，可是我的精神总无法集中，胸口也像塞进一团纱。加加的话又让我想起了前段时间看过的一本书，日本作家角田光代的《我被爸爸绑架了》。

书中的小女孩小春的爸爸和妈妈关系不好，爸爸离家了很长时间，然后在暑假的第一天，把小春绑架了。爸爸带着小春开始逃亡。两人在垃圾堆里捡帐篷搭起来露宿公园，在郊外放烟火，在深夜无人的海上漂游，借宿在山顶的寺庙听老奶奶讲鬼故事，其间还有过小春在公共场所喊救命，结果爸爸被抓到警察局的插曲。可是，随着爸爸和妈妈谈妥条件，逃亡之路趋向终点的时候，小春却期待着这段旅程不要结束。是的，旅程，对小春来说，这就是和爸爸的一次旅程。

在看这本书之前，已看过各种评论，所以我是怀着相当高的期待的。可让我始料不及的是，以往在看别的书时轻易就会被调动起来的七情六欲如同消失了一般，在我心里留下一块巨大的真空。我很想抓住书里的每一段描写、每一个细节慢慢体味，可整个人好像变成了一个空心的竹筒，一行行文字从这头进，很快又从那头出。因为，我从小春的经历中找不到任何共鸣，我和我的爸爸没有那么多故事。虽然在书的最后，小春也理解了这样不能常常见面，“没钱、没耐心、靠不住”的爸爸，可我在看完这本书之后的几天里，时时会有胸口透不过气的感觉，纠结于自己似乎有着严重缺憾的人生。

不过，还好，我的缺憾在目睹着加加的幸福中得到了弥补。**他的爸爸用很多的时间陪伴他，家里家外，看书游玩，从不装忙，从不偷懒。等他长大了，说起自己和爸爸的故事，肯定不费劲就能讲一箩筐。**

这几天，总会在朋友圈看到那篇被转发过很多次的文章《爸爸，你再不陪我，我就长大了》。我问他爸爸，你这么陪着加加，到底是你觉得他需要，还是其实是自己需要啊。他没有正面回答，只是说，这就是他想要的正常的生活状态。其实，我知道，他小时候也很缺这个，现在也是在弥补中吧！

逛了半天，虽然有些心不在焉，但还是收获了一堆战利品。就在我要走去收银台的时候，不经意间瞥见书架上挤着一本薄薄的牛皮纸色封面的书，名字是《爸爸，他从没杀过谁》。我好奇地拿了下来，是一本法国作家的书。腰封上有一段摘自书中的话：我爸死时报纸上说，一位善人离我们而去。我知道我爸是善人。我查了字典。那意思是：“与他人为善的人。”或许，我还不是那个他人。

而简介里却说，作者用幽默的语言，生动地勾勒出父亲的搞笑逸事。既深沉又幽默，这不仅是对父亲，也是对人生最好的理解吧。于是，我果断将它买下。

出了书店打电话，电话那头的爸爸大喊着：“你回家在楼下买个比萨饼吧，我们俩正在操场上玩儿呢！”

电话里不时传来加加奔跑呼喊撒欢的声音。连“叮咣”都开心的父子俩，此刻该是享受着怎样的幸福啊！我一不小心，竟有些泪湿眼角！

父母的态度比身份更重要

昨晚吃过晚饭出去玩，回到家已经 9 点多。加加洗完澡上床以后，让我帮他复习英语，因为今天有口语考试。其实，所谓的口语考试，就是念一念 spring，summer，autumn，winter 等几个单词，我们 10 分钟就搞定了。今天一大早，加加信心满满地去上学了，我相信他一定会再次得到他想要的 A+。

其实不止这次，这一年，每次英语单元测试读单词，他都得了 A+。

看到这里，你会不会有“理所当然”的感觉呢？毕竟，我和他爸爸都是英语老师。如果有的话，我会真的很不爽。

之前有一天，加加放学回来跟我说，他们班 ×× 的妈妈去学校观看他们彩排节目，作为资深话痨一枚，加加跟阿姨搭讪聊了起来，而且不知谦虚的他还着重显摆了一下自己，说自己每次英语考试都是 A+。于是阿姨问他，爸爸妈妈是做什么工作的。他说，都是英语老师。阿姨说，哦，那怪不得你每次都得 A+ 呢！

加加眉飞色舞地将这个故事讲给我听，一脸骄傲。我不知道他是因为自己得了 A+ 而骄傲，还是因为爸爸妈妈都是英语老师而骄傲，听完以后，我问了他一句话：“你觉得你得 A+ 是因为爸爸妈妈都是英语老师吗？”他一下子愣了。跟他的智力水平相比，这个问题确实有点复杂。于是，我将问答题改成选择题，换了个问法："你觉得你得 A+ 是因为自己很认真努力还是因为爸爸妈妈是英语老师啊？"这次他完全听懂了，挺起胸脯说："我当然很认真努力啊。"

说话喜欢很夸张的加加这次真的没有说大话，他虽然淘气调皮，经常惹出各种麻烦，可是一旦做起正事儿，确实是个认真努力的孩子，因为他有一个最鄙视"不认真的人"的老爸。加加曾因为不认真狠狠地挨过训，他也看到过爸爸因为别人做事不认真而大发雷霆，而更多的时候，他看到的是爸爸认真地在书房工作到很晚。"认真"二字好像已经成了他脑中的烙印，以至于有一次我和他在外吃快餐的时候，他看到卤鸡腿上残存着几根鸡毛，非常不满地说："哼，拔个鸡毛都拔不干净，太不认真了！"

于是，在听到他同学的妈妈抱怨说每天都要陪着写作业或者要这辅导那辅导烦得不得了的时候，我觉得自己运气真好啊，因为我早就不管他作业的事了，他知道自己该做什么就做什么，不会就问，他写作业我就出门练练瑜伽，回来给他签个字，也没什么麻烦的呀。具体到学英语方面，几乎每次都是他主动找我帮他复习，不会的单词，让我一遍一遍地读给他听，他一遍一遍地练习，直到他自己说，可以了，我全都会了。

所以，如果硬要找出一个 A+ 背后的真相，那么真相应该是他自己，而不是我和爸爸；如果一定要扯到我和爸爸身上，那么真相应该是我们的做事态度影响着他，而不是因为我们都是英语老师！当然，我们都是英语老师这个因素也不可以完全无视，至少在我们的帮助下，他的发音会更准确一些，但这绝对不是决定性因素。可是，别人看到的却往往只有这一点。这大概是因为我们的社会就是这样运行的吧。

前段时间，毕业十几年后忽闻当年的校花如今已是某公司总裁，不由得感叹："果然是美貌与智慧并重啊！"对面的某同学对着我"呵呵"了两声，虽没有明说，但话里话外暗示道，哪有这么简单的事儿！我明白他的意思，一个女人，光靠自己的努力，能够走到这一步？可是，我还是愿意相信她是凭着自己的努力才有今天的成功的。可是，很快就从另外的同学那里得知，校花嫁了个身材很胖的京城权贵。我还是愿意相信，他们一定是因为相爱才会在一起的。可是，这种话我没有再说出来，不然只会再次遭人鄙视说："你看问题也太肤浅了吧！"而其实，不是我看问题不够深入，而是，我根本不愿意"深入"地看问题。

我愿意相信所有的事都是我看到的样子，所有的结果都有一个最简单最直接的解释。他们在一起了，是因为爱情的吸引力，而不是因为房子、车子、票子或者其他东西；他被评上教授了，是因为他工作认真勤奋，而不是因为花钱买通了评审或编辑；他被保送上大学了，是因为他品行优良、成绩优异，而不是因为有个位高权重的老爸；甚至她漂亮，是因为她基因好，而不是因为现代整形技术高。可是，这好像只是我的一厢情愿。如此简单的世界大概在外星球吧。就像前不久热映的印度电影《我的个神啊》里面，外星人 PK 说在他们的星球上，人们是靠思维来交流，人和人一握手，对方的思维就毫无保留地呈现在眼前，一切真相都不需要再去猜测或者揣摩。可是在地球上，常常一不是一，二不是二，人们对挖掘所谓的"真相"乐此不疲，更练就了一双双"火眼金睛"。

所以，我严肃地告诉加加，你的英语得了 A+，真的是因为你自己学习很认真努力，这是最值得骄傲的事请！而且，我处心积虑，为了避免"被真相"，虽和爸爸从事同样的工作，但还是选择了在专业领域上和他分道扬镳。这不是因为我清高，而是因为我总觉得，**如果我的真相是别人，那会多么没有安全感啊！**

那些相信圣诞老人的孩子后来怎么样了

上周迎来了我的一个小粉丝——好友姐姐的女儿。小姑娘据说很喜欢看我写的那本《家有小小男子汉》，趁暑假来广州玩，想要见见书里的小主人公。见了面，大人和孩子自动分组玩耍起来，虽然小姑娘比儿子大了两岁，但同为小学生的两个人有很多共同话题，相谈甚欢。

正聊得热闹，突然，儿子怒气冲冲地问我："妈，你说，那个灰地铁是不是你自己画的？"一秒都不用多想，我立刻就明白了是怎么回事，因为我一直为自己撒过的这个谎而感到惴惴不安，难道事情就此败露了吗？

这件事源自我以前在书里写到的关于他上幼儿园大班的时候过圣诞节的故事。那年圣诞节，他们幼儿园搞活动，要求自制服装。为了给他赶做道具服装，结果忙乱之中忘记提前准备好圣诞礼物。直到晚上快要睡觉的时候，看到他认认真真地把自己的愿望写在一张小纸片上塞进袜子里，然后满心欢喜地把袜子挂在床头，期盼着第二天一睁眼就会看到奇迹发生，我一下慌了手脚。于是，万般无奈之下，我只好按照他的愿望自己动手画了一个他想要的那种灰色地铁模型玩具，偷偷塞进袜子里，第二天告诉他圣诞老人没有那种玩具，就画了一幅画送给他。他虽略有失望，但没有任何怀疑。事情过去了那么久，没想到小姑娘一不小心把这事儿说破了。

看着儿子气呼呼的样子，我一时间心乱如麻，是继续骗下去，还是干脆告诉他真相？都已经八岁了，应该能接受了吧？我在心里快速地盘算着，而就在下定决心的最后一刹那，如同受到某种力量的驱使一样突然改变了主意，努力以“我当是什么大事儿”的口气故作轻松地告诉他说：“是，我是画了。可是那是为了给圣诞老人看，不然他怎么知道你想要什么样的？你收到的那张画是圣诞老人照着我的画的！”说完了以后，如同等待着审判结果一样心里七上八下。如此蹩脚的谎言连我自己都觉得尴尬，心想，这次肯定完蛋了。可是没想到，他居然又轻易地相信了。他不再怀疑质问，而是转而兴致勃勃地跟小姐姐讲起了今年的圣诞计划。前些日子，他看上了一款很贵的玩具，爸爸跟他说，如果他从现在开始保持不乱花钱买别的玩具，圣诞老人一定会在圣诞节的时候把那个玩具作为奖励送给他。他对此深信不疑，于是每次想买一些无关紧要的小玩意儿时，都会仔细衡量一下，生怕影响了圣诞老人对他的看法以致收不到想要的礼物。到目前为止，他对自己的表现还是比较满意的，在跟小姐姐讲述的时候，根本无法掩饰那种即将收到圣诞老人大礼物的激动和喜悦。

那一刻，我忽然明白了，这根本就不是我骗还是不骗的问题。在他的内心深处，他始终是愿意相信圣诞老人的存在的。**尽管这已经不是他第一次听到别的小朋友说出根本没有圣诞老人的真相，可是他始终坚持着自己的信仰。这种信仰有时会受到外界的干扰甚至动摇，而他希望从我这里得到的只是更多的鼓励、支持和确认。**那么，我有什么理由硬要来搞破坏呢？想起我曾经还为这个问题纠结，甚至上百度去查到底几岁的时候告诉他圣诞老人的真相，真是愚蠢至极。他一直相信圣诞老人的存在，就像他相信哆啦A梦会永远陪在大雄身边一样。

前段时间，电影《哆啦A梦：伴我同行》热映。我想他这么喜欢哆啦A梦，漫画书几乎都买全了，肯定会迫不及待想要去看。可是，当我跟他提出去电影院的时候，他却断然拒绝，死活都不肯去，就因为我当时无意中透露了一点儿剧情，说电影好像在讲哆啦A梦要走了，要回去它的未来世界了，没想到这对他产生了很大刺激。他非常气愤，大声地反驳说："哆啦A梦才没走，他还会回来的！我早就看过书了！"我不知道漫画书里到底怎么讲的，后来我再次试着说服他一起去看电影，可他依然摆出一副"免谈"的表情，根本不予理睬。而我，也再不敢提"哆啦A梦要离开"之类的话。在他的心里，哆啦A梦不会离开大雄，也不会离开他。他们会永远在一起，用各种神奇的道具实现美好的愿望。

电影上映期间，网上出现了很多影评。有一篇看似很深入很理性的文章，洋洋洒洒地分析了大雄是怎样一个㞞包，连追到自己喜欢的女孩子都要靠哆啦A梦，还得到了很多赞。尽管这可能是因为看事物的角度不同，可我还是觉得这些人很值得同情，而且几乎可以肯定地说，他们小时候一定没有相信过圣诞老人，一定没有做过五颜六色的梦，所以才会乱写出这种偏了主题十万八千里的影评。

不管是圣诞老人还是哆啦A梦，他们都代表着美好的东西，代表着梦想、希望、纯真、关怀和善良。有了这样的信仰，孩子们的内心会更加丰富多彩，想象力也会插上更强大的翅膀。所以，孩子们相信他们的存在，那么他们就是存在的，根本无须纠正。你难道真的可以证明他们不存在吗？

儿子不止一次跟我绘声绘色地讲过他曾亲眼看见过圣诞老人的"奇遇"。他说，那天晚上，他看到圣诞老人背着个大包来到我家，走到他的床头，放下礼物，然后“倏”的一下，就从窗户那里消失不见了。每次讲完以后，他都会问我同一句话：“妈妈，你有没有看见过圣诞老人啊？”我很是纠结，每次都用同一个答案来回答他。我说：“我没看见过，可能晚上睡得太沉了，你真是好幸运啊！”他听了，总是很高兴。

而以后，他如果再问我这个问题，我还是会用同样的话来回答他，但不再是敷衍，而是真心觉得，他相信有圣诞老人，这是多么幸运的一件事啊！

像空气一样的理想伙伴

新学期开始了，一大早，儿子穿戴整齐背着书包出了门，为了对独自在家没人陪的我表示安慰，走之前还狠狠地抱了我一下。门“哐当”一声响，我的世界仿佛一下子安静了下来，静得让我有点儿无所适从，不知道接下来该干什么了。这，就是所谓的“孤独”吧。

前两天，处于开学焦虑中的儿子一遍又一遍地说，真不想去上学啊。我顺势跟他开玩笑说：“要不，我给你请一个星期假吧。下周你别去上学了，再多陪我一周，不然就剩我一个人在家了！”他一时间搞不清楚我是当真还是开玩笑，犹犹豫豫地说：“不行吧！老师说只有紧急情况才能请假的！”我说：“我觉得在家陪我这件事挺紧急的嘛！”他皱了皱鼻子，不屑地说：“这有什么紧急的，你不就是觉得有点儿孤独吗？”那一刻，只觉得“duang”的一声，发现自己又给自己挖了个大坑，“扑通”一下掉了进去。

“孤独”是个不适合说出来的词，本来没觉得有什么，可越说就越觉得孤独。想到买菜的路上没人跟我打打闹闹讲笑话了，逛超市时没人跟在我屁股后边叽叽歪歪要买垃圾食品了，看书的时候没人坐在旁边捣乱了，炒菜的时候没人嚷嚷着叫我去找他迫切想要玩却又一下子找不到的玩具了，睡午觉的时候没人进来揪我的头发催我起床了，这不是我自从放假开始就朝思暮想的自由生活吗？可真的又来到的时候，还是需要重新适应一下。

就像五年前儿子刚上幼儿园的时候，我幻听了好多天，一个人坐在家里，总觉得听到他在不同的房间里喊“妈妈，妈妈”！

如果不刻意想那么多，这无非就是一种生活方式的变化，重新调整一下就好了。可没想到儿子居然心直口快地捅破这层窗户纸，告诉我“我要孤独了”。而且，人家在话里很明确地表示：多大点儿事儿啊，怎么可以因为这个把我绑架？**所以说，孩子个个都是哲学家，随时都可能用这种举重若轻的方式把你点化。**

龙应台在《目送》中说：我慢慢地、慢慢地了解到，所谓父母子女一场，只不过意味着，你和他的缘分就是今生今世不断地在目送他的背影渐行渐远。你站立在小路的这一端，看着他逐渐消失在小路转弯的地方，而且，他用背影默默地告诉你，不必追。**在这一场注定的分离中，父母其实要比孩子做出更多的努力。**前段时间，老爸打电话告诉我他的剃须刀坏了，老家没地方修，也买不到一样的。我听了，一阵心酸。十年前，我工作领到第一个月的工资以后，买了个剃须刀送给他，他一直用到不能用。现在坏掉的这个是我妹妹参加了工作后用第一个月的工资给他买的礼物。于是，我马上买了个新的同一个牌子的剃须刀快递了过去。我很清楚，这何止是一把剃须刀，当我和妹妹无法陪伴在他左右，手里握着的剃须刀就是努力抵消孤独和想念的工具。

所以，我知道我必定也会孤独，也毫不怀疑这孤独在未来的某一天会来得更加猛烈，但这是为人父母的专属待遇，不适合与孩子分享。况且，就像儿子说的，这多大点儿事儿啊！我会接受它、适应它、克服它，因为它成就的是儿子的自由和独立。我非常愿意去做他的“像空气一样的理想伙伴”，作家张悦然说，这种关系“就像空气一样，无色无形，因为已经完全习惯并足够地融洽，所以根本感觉不到它的存在。同时，它又是不可或缺、至关重要的，正如我们每天赖以生存的空气”。不仅要做他的空气，我更要努力成为质量优良的空气，让他包裹其中可以没有压力地自由呼吸，不必烦恼过多的烟尘迷乱他的视线，更不必因为令人窒息的雾霾而拼命想要逃离。

其实，这篇旨在煽情的文章我本打算在无人打扰深度入戏的状态下快速写完，结果却从一大早开始拖拖拉拉写到了现在。其间，陪儿子摆了会儿轨道，开了会儿火车，逛了趟超市，做了顿饭，还切伤了两个手指直接影响了打字速度，终于忙完了刚坐下来要写，他又拉了把椅子坐在我旁边逼我听他吼了一段《双截棍》。咦？不是开头说他上学去了吗？嘿嘿，今天摆了个乌龙，一直以为他星期天返校报到完了不就天经地义星期一开始上学了吗？结果没仔细看通知，人家愣是星期二才正式上课。儿子跑到学校没看到一个人影，不到 8 点就又回来了，于是我们接着各种混啊！可是，他显然还不明白该怎样做我的“空气”，氧气浓度忽高忽低，直把我折腾到有气无力。

然而，今天为什么我有种占了便宜的感觉呢？而且，假期里他都是从 9 点才开始折腾，今天，我还赚了一小时哩！

到底什么是重要的事

最近读了本有趣的书，台湾作家骆以军的《小儿子》。他有两个性格迥异的儿子，而书名“小儿子”并不是单指第二个儿子，英文翻译为 My Little Boys。整本书其实就是父子趣事的记录，没有理论没有说教没有指导，作家仅仅是站在一个普通父亲的角度通过一个个小故事小场景，再现了父子之间的相处，处处充满着幽默和温情。而让人捧腹的同时，也能够时时窥见这位作家爸爸对于教育孩子的看法，真是可以作为给爸爸们学习的好读物。

不过我今天并不是要来谈“做个好爸爸”之类的话题，而是被书里的其中一篇文章深深触动，题目是《重要的事》。

二儿子是爸爸口中的“废柴”，虽然每次学校有大考的那天都会“灿烂自得”地出门，好像胜利在握，但总会考砸一两科。某次，儿子拿回了考砸的试卷，爸爸虽然在心里说“妈的，那种题目老子也不会”，但是还必须扮演一下恨铁不成钢的严父喊一通“啊！什么！考的这是什么烂分数？……”但是，喊完之后，又会不安起来，开始反思什么才是“重要的事”。看到这些描述，我也是感同身受。我也会像他一样因为担心儿子“满不在乎、吊儿郎当”而“严厉”，但是过后又怕过度的严厉让我们迷失了方向，越来越会误解到底什么是“重要的事”。

当然，“重要的”这样的形容词本来就带有很强的主观性，你认为重要的别人并不一定赞同，而在别人看来重要的事对你可能不值得一提。具体到孩子的教育方面，你认为什么是“重要的事”呢？最近发生在我身上的一件事促使我再次思考这个问题。

上个星期天儿子写作业时发现不小心把他同桌的练习册给装了回来，这种事情时有发生，经常有妈妈在群里问，他家孩子的什么书什么本不见了，有没有哪个小朋友错拿。于是，我怕人家写作业时发现练习册不见了着急，就给那个小女孩外婆发了条私信说了一下（这个孩子父母都很忙，一直是由外婆负责，群里群外都是外婆）。

我以为事情就这样结束了，拿错了就只好星期一带回去再补作业了，我儿子也发生过被别人错拿作业本的事，还“目光短浅”地因为暂时不用写作业而高兴。外婆很长时间没有回复，我也没有在意。等我再次拿起手机看信息的时候，看到了外婆的一条消息，问我可不可以几点之前把练习册送到他们家，并告知了家庭住址。我一看时间已经来不及，先不说我去到他们家来回差不多要一小时，而我当时正要带儿子出门上兴趣班。于是我解释了一下情况，并再次表示了不好意思。

外婆马上回了信息，要了我的电话，说让孩子妈妈一会儿找我去拿。我就把电话号码发了过去。很快小女孩妈妈的电话打了过来，告诉我说她正在加班，要下午六点半以后才能找我，问我那个时间在哪里。我说六点半我已经回到家了，然后很不安地多说了一句“不行就星期一让我儿子带回去吧，作业其实很……”我“少”字还没说出口，就被她打断了说“告诉我你家住哪儿”。我只好如实相告，而同时拼命地在想还有没有其他让我“弥补过失”的方法。

于是，挂了电话，我把老公从床上揪起来，叫他冒着大雨把人家的练习册给送过去，并嘱咐儿子以后收拾书包一定要仔细。

这是一件小事，不管过程再怎么曲折也是一件很小的事，你甚至可以在看故事的时候发挥想象力再增加任何可能的背景进行解读，然后说过一次就不会再提第二次，因为这始终是一件小事。而且这件事也只是说明我们在某个事情上的看法不一样，仅此而已。

我没有权利去评价别人，因为在教育孩子时，我也没有完全搞清楚哪些是“重要的事”，但要说什么是“不重要的事”，却经常会有本能反应，比如上述所讲的“少做一次作业”这种事。可是，如你所见，这对别人来说恰恰是重要的事。又或者原因不仅仅在于“少做一次作业”，而是想极力帮孩子避免因为没做作业而可能受到老师的责难，这才是更重要的事。对此，我也充分理解。

虽然对何为“重要的事”也没有统一的标准去评判，但是我个人还是赞同这位作家爸爸的说法，他说在批评完孩子的考试成绩，看到“当他这么小的年纪，被这么无聊不重要的事迷迷糊糊弄得一副忧郁、委顿的模样”，又会不安起来。于是，我眼前就情不自禁地浮现出一个场景：全家人在为小女孩的作业急得团团转，于是她也在担心着，焦虑着。而且我之所以赞同，也是源自对这个作家爸爸的信任。在我看来，他能写出这本书，起码说明他是一个常常陪伴孩子的人，而“陪伴”应该是大家公认的“重要的事”吧！

所以，在最后，我把作家在文中想对考砸的儿子说的话摘录下来，以此将这个话题延续下去。

我喜欢，非常满意，甚至感谢上苍现在的这个你

这是什么屁挫折啊

有一天生命会重重挥拳击在你的心脏

譬如最好的朋友背叛你

譬如无意义的诽谤

譬如失去心爱的人

有一天你会失去这两只心爱的狗（哦，对了，阿波）

或你万一掉入一种白痴的处境和整个体制的道德对立

或你有一天得站在我的葬礼上如我那时站在我父亲的葬礼上

很怪

最后你一定会原谅

会再次去同情你不理解的你眼中不幸之人

你也许要到非常晚非常晚

才会领会到你是一个何其珍贵的人

因为你有一颗辉煌的心

你不忍看见他人的难堪

你不在乎自己是丑角但绝不掉入胁迫感情的催眠

想想

弄不清楚什么是对偶或其他的修辞

或台湾常见的火山活动下面哪一项是错的

这并不是很重要的事吧

什么是真正的“孩奴”

一日，儿子在羽毛球训练班上课，我和其他两个家长坐在场地边的长凳上等候。那两个家长看起来互相认识，有一搭没一搭地闲聊着。直到其中一个问另一个有没有生二胎的打算时，聊天的气氛瞬间火爆起来。

被问者是个爸爸，听到这个问题，一下子激动不已，开始了连珠炮一样的即兴演讲：生？怎么生？养一个孩子要花多少钱啊？一个月光上兴趣班不要几千块啊？钢琴、画画、下棋、游泳，还有其他的一些体育运动，哪个不得学？女孩子还要学跳舞。你光说可以不学，哪有说得那么容易？别人都在学，她不学能行？等她长大了，一看别人这也会那也会，自己啥也不会，她肯定会怨恨你的。还有，以后出国不用钱啊？我跟你说，他们这一代小孩以后是肯定要出国的，这是个大的趋势，你知道吗？我们系十八个老师有十五个孩子都在国外读书。这前后的投资没个百八十万元的，你说行吗？我是坚决不会生二胎的，现在得好好挣钱，买下一套房子，等以后小孩要出国的时候，房子一卖，钱不就有了，你说对不对？

这个爸爸说话语速极快，另一个家长完全插不上嘴，只是不时地一边点头一边附和着“是啊是啊”。我坐在一旁“偷听”完这段演讲，已经紧张得浑身僵直，差点儿喘不过气了。照他这么一分析，怎么突然有种“一日生娃，终生为奴”的感觉？这日子还能好好过吗？我不由得抬头看了看正在场上和教练对打的儿子，心里默默问道：你，真的是我生下来讨债的吗？

父母都希望给孩子最好的，这是人之常情。奶粉要喝进口的，尿片要用最高级的，早教班要上名牌的，幼儿园要上双语国际的，小学要上重点的，兴趣班要全方位的……这里的开销有多大不言自明，这也是“孩奴”这个词的由来。

可是，我觉得，“孩奴”不“孩奴”不在于养孩子要花多少钱，而在于那种“别人家的孩子都是这样的，我们也不能亏待了孩子”的心态。如果把以上说的那些都当作自己为人父母必须要做到的事情，不然就会产生亏欠的感觉，那么你确实成了奴隶，从有娃的那一天起，就开始了永无休止的还债生涯！

自从我决定了生二胎，身边就不时有同事朋友调侃说：“你第一个是儿子，要是再生一个儿子，还要再奋斗一套房子出来啊！”对这么有逻辑的分析，我只能自黑一下说：“若果真如此，那只能怪自己命不好啊！”可是，我脑子里却有一个大大的问号：我到底欠谁房子了？

我生下一个孩子，是为了给他生命，并见证他用生命去创造自己美好的生活和我想象不到的奇迹。我愿意尽我所能让他生活得健康安全舒适，但是却不会被他的成长所控制，无限制地苛求自己，并打着爱的旗号变成一个心甘情愿的奴隶。

我想起来有一天放学的时候，学校门口停了一辆很酷的宝马车，儿子毫不掩饰一脸艳羡的表情大呼小叫：“哇，宝马哦！”

然后转头问我：“妈，你也去买一辆宝马吧！”

我说：“宝马很贵的，我买不起。”

他说：“要多少钱？”

我说：“要一百万元！”

谁知他愤愤地喊了一声："这都买不起，你怎么这么没钱！"

他可能对一百万元是多少钱根本没什么概念，不过这不重要，重要的是他对我的评价，之前我们从来没有讨论过这个话题。

于是，那天，我跟他唠叨了很多。我跟他说每个人选择了不同的职业，也选择了不同的生活方式，收入自然不同，消费水平也会不同。有人只能买一块钱一个的棒棒糖，有人可以买十块钱一个的棒棒糖，那如果是一百块钱一个的棒棒糖，就不是所有人都能买得起了。我和爸爸选择了我们喜欢的工作和喜欢的生活方式，虽然没有挣很多钱，但是我们努力工作，还可以给你买得起十块钱一个的棒棒糖。但是，你必须明白，不管我们挣多少钱，那都是我们的钱，不是你的钱，跟你没有关系！

儿子的表情渐渐缓和下来，开始为刚才说过的话觉得有一点不好意思。这时，刚好路过一家便利店，他拉我进去买零食。他要吃薯片，我挑了一包稍微贵一点的递给他说："看，我还可以给你买得起这么贵的薯片。这是我的钱，记住哦！"

虽然我不那么有钱，但也没必要让他产生无谓的匮乏感。他需要明白的是：我有我自己的生活，我仍然会尽我所能满足他的要求，但绝不以他的虚荣心为导向，没有人亏欠他任何东西！

所以，我不会因为怕孩子将来怨恨而给他报各种兴趣班，我也不会为了他出国而拼光血汗，更不会因为"别人都这样"而觉得自己不这样就是失职。我能够给他的最宝贵的东西就是生活的信念和能力。

我的父母给了我生命，我要全身心地去快乐生活，而不是变成一个奴隶。我也希望我的孩子将来在对待他的孩子的时候，同样如此！

“为你好”没那么好

前天儿子的英语作业是，画一个自己梦想中的房子，然后用不少于五句话来介绍。这也是紧扣课本的，从开学到现在他们一直在借助描述房间里的物品来学习“there be”句型。之前已经留过两次类似的作业，一次是介绍自己的卧室，一次是介绍自家客厅，所以，看到这个作业的时候，我想当然地以为，他肯定二十分钟就能搞定了。

然而，事情有些出乎我的预料。

三十分钟过去了，他拿着本子来找我，我以为是写完了要家长签字，可谁知才刚刚画好图。画好了以后，问题来了，要用到很多自己不会的单词，于是才来向我求助。

我一看就爆炸了，急躁之下忍不住唠叨起来：“你画那么复杂，打算写到什么时候，那么多不会的单词，你怎么写！你都没搞清楚老师的意图，老师留作业的目的就是让你们巩固一下学过的单词，之前不是都做过吗？你稍微修改一下，简简单单很快就写完了，用得着搞得这么复杂吗？早早写完该干吗干吗去，至于把时间都浪费在这儿吗？……”

他拧着脖子大喊：“反正这就是我梦想中的房子。”

我一看这架势，显然已经没有回头路，顿时软了下来，只求顺着他的意思把他想要的单词告诉他以后，他能快点儿把作业写完。

于是，我只好找出一张纸，边听他的讲解，边按要求把他不会的单词一一列出。他的房子有七层楼，我足足列了十几个单词，中英文对照。

然后，他高兴地走进了书房，打起了草稿。是的，因为都是生词，为了避免错误过多，他要先打草稿。

打完了草稿，我帮他修改了几处错误，他才誊写到了作业本上。最后完成的时候，时钟已经快指到了十一点。为了这个梦想中的房子，他足足花了将近两个半小时。我不得不一直陪着他，早就困得抬不起头。

这个花了这么长时间筑起的房子在我看来着实不靠谱，比如一楼是足球场，二楼是篮球场，六楼七楼还堆满了金子、钻石、红宝石和钱。我只是忍着没有嘲笑他是个守财奴而已。而且，他只顾着自由发挥，课文中刚学过的那些需要复习巩固的东西，几乎一个没用。

可他写完了以后，却毫无倦意，如同完成了鸿篇巨制一样，兴奋地东扯西扯跟我聊个没完。被我呵斥了一顿，才乖乖洗澡睡觉。

看着嘀嗒嘀嗒不停转动的时钟，我的内心一直在纠结一件事：今天睡得太晚了！

可同时，我又不由得想起他以前常常“教育”我的一句话：这根本不是什么重要的事！

当我第一次听到从这么个小人儿嘴里说出这样有深度的话时，我除了觉得很好笑，更有些无地自容。这么一件小事，自己不分轻重天天揪着说个没完，确实不够大方。而且，我好像根本没有想过要去考虑他对这件事怎么看，想当然地觉得，我认为重要的对他来说肯定也很重要。可是，人家并不买账。

从那以后，虽然我注意了很多，可是为人父母的“自负感”还是让我时不时失手，于是一而再，再而三地被他教育。

记得还有一次，放学接到他，愕然发现好好的一件挺合身的新T恤下摆被扯大了两圈，款式直接变成了女孩子的娃娃装，走起路来连飘带晃。我越看越觉得痛心，忍不住大呼小叫起来："你看看你，好好的T恤怎么搞成这个样子？哎哟，扯成这样，也不知道洗洗还能不能缩回去。你看看，都快成裙子了……"

"裙子就裙子，这都不是什么重要的事！"他毫不客气地回敬了我一句。

我顿时哑口无言。

对他而言，一件新衣服算什么，还有什么比痛痛快快地玩游戏更重要的呢？显然，在他眼里，我又把重点放错了地方。

就像这次写作业，我关注的是效率、巩固知识，以及早睡早起，而他在乎的是"梦想"，不计成本，排除万难，无论如何也要把自己的"梦想"表达清楚，而且还乐在其中。

我其实有些后悔跟他说到"老师的意图"之类的话，这也是我这个当老师的人的职业病。我自以为是在给他指出一条明路，试图用自己的看法来影响他，看似正确而且高效，却忽视了最重要的东西——他自己的意图。而且，我还犯了现代人最容易犯的一个错误——为了效率而牺牲创意。

幸好，他没理我这一套，始终没有被动摇。虽然做得不够完美，但对他来说那就是重要的事，我无权妄加评价。

我不禁想，父母和子女之间的矛盾是不是大都也是由此而起，各自看待问题的侧重点不一样，而且父母还常常打着"为你好"的旗号想当然地以为"我认为对你重要的事怎么可能不重要"？

小时候，我们可能很容易左右他们的想法，在他们的自我意识还不是那么强烈的时候，他们也分不清什么是"妈妈觉得很重要"，什么是"我觉得很重要”。于是，这就使我们的自负感越来越膨胀。

可是，早晚有那么一天，我们必然会碰钉子。他们越来越独立，越来越有自己的想法，于是，对我们来说重要的事和对他们来说重要的事常常不在一个频道上。

这其实是好事。只不过，作为父母的我们必须时时自省，不然这种矛盾将不再局限于一件衣服或一次作业那么简单。

说到底，对他来说什么是重要的事，当然要先听听他的想法才行！

别把期待放错了地方

之前，有读者可能在我的文章中了解到有关我儿子的一些事情，比如经常提到的调皮、罚站、留堂什么的，于是给我留言，邀我谈谈“孩子跟别人家娃做比较时家长的心理建设”问题，言外之意好像是觉得作为这种熊孩子的娘，我的心理素质的确过硬。哈哈，我很乐意把这当成对我的褒扬！

言归正传！对于这个问题，如果我只是解释说“每个孩子都是独特的存在，不要拿自己家娃跟别人比”，这口号喊得会让人觉得很没意思。

事实上，作为家长，我也天天都被可能出现的“比较”包围着。比如，朋友圈里，看到朋友家的孩子考试考100分了，竞赛得奖了，登台表演弹琴了，而自己家那个正一个人猫在洗手间里玩水枪然后浑身湿透出来等着你帮他打扫战场；接娃放学时，看到学校的电子大屏幕不断滚动播放着×××参加区游泳比赛得了第一名，×××参加电脑绘图比赛得了第一名等，而我一边羡慕一边还在担心的是今天熊孩子千万不要留堂，不然回家又赶上下班高峰；校园里的光荣榜上，贴着“三好学生”啦，“红花少年”啦，可拿着放大镜找上三遍都看不见自家熊孩子的名字；跟别的家长聊天时，那信息更是细致又海量，比如，×××都能阅读英文原版小说了，×××从小练花样游泳前几天又出国比赛了，等等。就算你想清心寡欲，窝在自己的小世界里不受打扰，也挡不住这些信息的无孔不入。

在这种强烈的对比之下，我之所以会给人心理素质好的印象，可能是因为我常常拿熊孩子开涮，自黑，看不出有什么焦虑。其实，说实话，我也会焦虑，也会恐慌，但是都只是一时的。因为，这些情绪出现一点点苗头，对于我自己的负面影响就铺天盖地，我自己就会感觉好似关节错位了一样马上受不了了，怎么会任其发展膨胀。

最近两周临近期末考试，儿子的作业一下子多了起来。原来作业基本都是不到一小时搞定，最近突然增加到两小时甚至两个半小时，而且还是我私底下帮他偷偷放水之后。他烦躁，我更加抓狂。我不由自主地指挥他这个要怎么写，或者要先写什么后写什么。然后，在他开始之后，就开始在内心深处出现了一个期待，期待着他可以九点半之前完成。可是当我在心里有了这样一个对别人的期待之后，却发现自己根本无法安心做事，打开书看不到两页就想看一下表，查看一下他的进度；打开电脑想写东西，可是心乱如麻，一个字也憋不出来；就算想上网看个电影，都会看着看着走神。那个期待重重地压在我的心头，最后，我只能看着时间一点一点地溜走，更加焦躁不堪。

可是，冷静下来细想一下，以前他也有过十点才写完作业的情况，但是我却没有这么烦躁，因为在我没有任何期待的情况下，他按照自己的节奏和方式写到什么时候算什么时候，我觉得无所谓。而我得以把心思放在自己身上，充分利用这段时间集中精力做我自己的事情，互不干扰，更没有焦躁。

所以，作为一个敏感的人，就这么点小事，都能扰得我坐立不安，如果我再有什么更大的期待，比如学习不能比 ××× 差，运动一定要比 ××× 强，先不说会给他带来什么负面影响，首先我自己会被折磨成什么模样都无法想象了。而我用这个例子，目的也是想引出这样一个话题，就是父母对孩子的期待。

听起来，“期待”是一个很美好的词。可是说得不好听一点，有时候父母对孩子的“期待”其实就是“幻想”。我“期待”他九点半做完作业，在那种情况下，不就等于我“幻想”他九点半做完作业吗？自己的“幻想”硬要强加在别人头上，让别人来帮忙实现，这本来就是不怎么合理的一件事情。况且，大多数的时候，孩子的真实发展可能和这些“幻想”之间毫无关系，只是很多父母看不到或者不愿意承认这一点罢了。

在我看来，父母和孩子本来应该有着各自独立的空间。然而当对孩子心存期待时，这两个空间会不知不觉发生重叠，期待越多，重叠越多，最后的结果只能是互相吞噬。孩子的个性、独立和自然发展被吞噬，父母作为成人的独立自我也被吞噬。

但是，为什么听起来这么严重，这种情况却还是很常见呢？因为很多父母其实根本没有或不在乎自我，也就不存在自己空间被吞噬的不适感。**在有了孩子的那一刻，他们常常在不知不觉中放弃了自我，自然而然地把自己和孩子捆绑。**他们甘愿把自己的空间清零，生活中只剩下孩子和孩子的未来这件事，并且认为那是自己所有的事情，为了孩子，理所当然，甚至在所不惜。然后，那个清零的个人空间很快就会重新用各种期待武装起来，去一点点攻占孩子的空间，并把这当作对自己做出的个人牺牲的回报。

而在这场较量中，孩子多数处于弱势，当他们还没有能力去保护自己的空间时就已经失去了它。等到他们长大成人之后，又会为了重新赢回自己的空间而付出许多艰辛和痛苦的努力。

所以，在各种“牛娃”的包围下，我没有因为自家熊孩子比不上人家而异常焦虑和苦恼，不是心理素质有多好，而是我始终没有放弃自我，放弃自己的空间，这应该才是根本原因吧。说得直白一点，我有那么多自己要做和想做的事情，我对自己还有那么多期待，哪有空把所有时间和精力都放在他身上啊。

可是，这并不代表我不关心和不重视他的成长和发展。**我觉得我所能做到的不是用各种对比之下而产生的“期待”或者说“幻想”去督促他、激励他，而是真正地活在当下，在他遇到难题的时候能设身处地有的放矢出手相助，并努力找到自己的位置，保持我和他这两个独立空间的良性运转。**出手相助和良性运转也不是随口说说而已，反过来还是需要自我空间的足够独立和强大，这样才能不被裹挟，才能站在一个合适的角度和高度来观察问题和解决问题。这不仅是对他的成长真正地参与，也是一种更好的自我成长。

所以，像我这种熊孩子的妈，需要的不是单纯地建设自己的心理素质，好让自己在娃不如人的时候可以看似很洒脱地沧海一声笑，而是真正拥有自己的精神家园，不要把期待放错了地方。只有这样，才能接受自己家的娃跟别人不一样，才能真正理解“每一个孩子都是一个独特的存在”这句话！

《窗边的小豆豆》不是拿来羡慕的

去亚马逊闲逛，一眼看到了《奇想国的小豆豆》这本新书，毫不犹豫地买了回来。这本书记录了很多成年小豆豆的经历，以及她纯天然脱线的有趣瞬间，让人禁不住想起童年的小豆豆，那个永远天真好奇的小女孩。于是，顺理成章地，我从书架上取下那本曾经带给我无限感慨和感动的《窗边的小豆豆》，再次走进巴学园，去重温小豆豆童年故事的温暖。

我再次看到了有趣的电车教室，再次闻到了海的味道、山的味道，再次听到了巴学园孩子们的欢声笑语，也再次感动于真正懂得孩子的小林校长对教育的满腔热情，以及对童心的细心呵护。

然而，时隔六年，在经历了儿子从幼儿园到小学的各种磕磕碰碰以后，自己这个妈妈也从生疏变得资深，如今再读这本书，除了一如既往地向往着巴学园和小林校长，我又有了之前不曾有过的感悟。

读这本书，很容易让人生出这样的感慨：为什么我（我的孩子）没能上巴学园，为什么我（我的孩子）没有遇上小林校长。没错，小豆豆能够去巴学园上学，能够遇上小林校长，真的是非常非常幸运。但要说最最幸运的是，我觉得应该是她有那样一位对孩子有耐心、宽容、理解和尊重的好妈妈。

书中虽然提到妈妈的地方并不多，但每每出现的时候，哪怕只是看上去毫不经意的一句话，都让我不由得佩服小豆豆妈妈的用心和智慧。

小豆豆第一次在巴学园和大家共进午餐，终于弄明白什么是海的味道和山的味道之后，不由得有些担心妈妈早晨匆匆忙忙准备的盒饭合不合要求。可是，在打开盒饭盖子的那一刻，差点“哇”地叫出声来，因为盒饭实在是太漂亮了，而且完美地包含了海的味道和山的味道。校长和其他同学都来参观小豆豆的盒饭，小豆豆非常开心，对校长说，“妈妈可会做菜了”。而且，妈妈做的盒饭味道好极了。

小豆豆是个话痨，每天放学回家后都要对着爸爸妈妈和她的牧羊犬洛基说个不停。妈妈一点儿不嫌烦，而是觉得“有这么多话说，也是很难得的”。于是，小豆豆就会一直说到妈妈说，“先歇一会儿再说吧，吃点儿点心怎么样？”

巴学园要迎来一辆新的电车，不过要在深夜才能运过来。小豆豆和同学们都很好奇那么大的电车是怎么运过来的，很想亲眼看一看。校长告诉他们，如果家里人同意，就可以在晚饭后带毛毯和睡衣回到学校来。小豆豆回家向妈妈请示，“妈妈认为，能让小豆豆见见这种事情的机会非常少，还是让她去看一看为好”。而且，妈妈甚至觉得自己也想看看呢，于是吃过晚饭，亲自把小豆豆送到了学校。

小豆豆玩耍的时候总会把衣服搞得破破烂烂。有一次，又搞破了一条裙子，虽然是旧的，但却是妈妈很喜欢的一件衣服。小豆豆觉得，如果实话实说告诉妈妈自己是在钻铁丝网的时候把衣服划破了，会很对不起妈妈，于是想了一个好办法。她对妈妈说：“刚才，我在路上走的时候，别的孩子都往我背上扔刀子，才成了这个样子。”她很担心妈妈会仔细询问，而让人庆幸的是，妈妈只说了句：“啊，是吗？这太吓人了。”妈妈当然知道小豆豆是在说谎，但也明白之所以小豆豆会找这样的借口，是因为她在意这件衣服，不想弄破。“真是个好孩子”，妈妈这样想。

小豆豆看到有个大哥哥在卖一种树皮，说只要咬一咬就能知道自己健不健康，咬过觉得苦说明生病了，不苦就说明很健康。小豆豆很想买一块，但价格并不便宜，自己没有那么多钱。于是小豆豆向小林校长借了钱，买了块树皮带回了家。回到家，小豆豆向妈妈说明了原委，妈妈也学小豆豆的样子咬了一下树皮，说不觉得苦，小豆豆很高兴，因为这说明妈妈很健康。妈妈还给了小豆豆钱让她还给小林校长。

在读到以上这些片段的时候，我想起很多事，想起儿子第一次春游回来跟我说，他们班的 ×× 妈妈给她准备的蒜蓉西蓝花和白米饭，装在保温盒里，可香了；还想起同是话痨的儿子叽里呱啦说个没完，我叫他“闭上嘴，上一边歇着去”。我还忍不住自问，如果明知道儿子说了谎，我会不会当场拆穿他；如果明知道儿子上了当，我会不会拆穿以后教育他？

而小豆豆妈妈的智慧还不止于此。我印象最深的要数那篇描述小豆豆妈妈在老师面前硬着头皮听老师历数小豆豆不良表现的文章了，我也有过类似经历，特别感同身受。数落完了以后，小豆豆就被原来的学校退学了，然后妈妈才找到了巴学园。但是，被退学这件事妈妈一直瞒着她，瞒到了小豆豆二十岁。

可以说，正是有这样一位妈妈，小豆豆才可能遇上教育理念在当时受人质疑的巴学园，才可能遇上小林校长。就像在书的后记中，一个进了少年管教所的女高中生所说，“如果我有一位像小豆豆的妈妈那样的母亲，或者遇到小林校长那样的老师，也许我就不会到这个地方来了……”

所以，我们在哀叹身边为什么没有巴学园没有小林校长的同时，一定不要忘了努力成为更好的妈妈，这才是孩子最大的幸运！

去开家长会还能创收

收到老师发来的家长会通知，我真想哭。爸爸因为人高马大坐不下小学教室里的椅子，所以这个光荣的任务肯定是由我来完成的。可是，就在几天前，加加刚刚因为损坏了学校公物被投诉，赶在这个时候去开家长会，这不是明摆着去“送死”吗？其实，就算没发生那件事，我对家长会也是心存畏惧的，谁知道他没被投诉的不那么具体的坏事儿还有多少。实在是无法掩饰内心的不安，我哭丧着脸半开玩笑地跟加加说：“我好害怕去开家长会啊，老师肯定会批评我的！”加加不好意思地笑。

终于捱到了开家长会的日子，我只好抱着赴汤蹈火英勇就义的心情准备赴死，连去之前的中午饭都吃得心不在焉。

加加看我如此的悲壮，拉着我的手安慰我说：“别害怕，没事的！”

切，站着说话不腰疼。我哀号：“怎么会没事？我肯定会被老师批评的！”说完，还配了两声“呜呜”的哭声，等着看他做何反应。

谁知，他腰杆一挺，理直气壮地说：“你肯定不会被批评的。我优点那么多，缺点只有一个，你怎么会挨批评呢？”

我不由得一怔，虽然还没弄明白他所说的优点和缺点各指什么，但是这话怎么听着这么有逻辑有道理呢，一下子感觉前方微微光明了起来。

带着加加的安慰，我惴惴不安地去开了家长会。谁知，事情竟然出现了大反转。加加不仅没被批评，还上了本学期“最大进步奖”的名单。我实在想不清楚他到底哪方面进步了，估计是因为像他这种本来垫底的人随便表现好一点儿就会很显眼吧。反正家长会一结束，我就躲开老师的视线，激动万分地狂奔回家跟他通报这个天大的喜讯。

加加显然也没想到结果会是这样，因为给我开门的时候，他很明显是一副等候发落的表情。于是，当我把这个消息告诉他，并跟他击掌庆贺的时候，他一下子有点儿反应不过来，蹲在沙发上“嘿嘿嘿”傻笑了好半天。

终于逃过了一劫，我长长地舒了一口气，躺在床上放松放松神经。

这时，加加轻轻地走了进来，坐在床头说：“妈妈，给你五块钱！”说着，把一张五元纸币塞到了我手里。

我不解：“干吗给我五块钱？你最近又没欠我钱？”

谁知他说：“这是我奖励你的。你都给我去开家长会了！”

闻此，我一下子有点儿发蒙，这个又是什么逻辑呢？

我问他是不是因为觉得自己表现不好可是我仍然去给他开了家长会，结果还被表扬了，所以奖励我五块钱。他不停地点头，然后一拍胸脯，豪情万丈地说：“你下次去开家长会，我就奖给你六块钱。以后每去一次，我就多加一块钱。下下次就是七块钱，再下下次是八块钱……”

没听他算完，我已经笑得浑身散架了！不管他是什么逻辑，在我看来，怎么看都像是“这么高兴的事儿只能靠撒钱来庆贺了”的土豪啊！

于是，我愉快地收下了那五块钱，并承诺以后肯定每次都去给他开家长会。那么赚钱的买卖我怎么会不干呢？

而对那两个遗留问题，一个是他的优点和缺点到底是什么，另一个是他到底哪里最大进步了，其实我也都不怎么感兴趣。不管我平常再怎么拿他开涮，那都是善意的玩笑，**我从来没有把他一分为二地剖析。在我眼里，他始终都是一个完整的存在，因为完整，所以生动，所以可爱。**而且，我们彼此心里都很清楚，不管他是什么样的人，都是上天给我的最好奖励！

不会教书的妈妈不是好厨娘

儿子升入了五年级，英语学习有了新的要求，开始练习写简单的段落。一天，检查他的作业的时候，发现他写了这么一段话：

Snow is my mother. She is an English teacher. Her hobby is cooking. She likes cooking. Every day，she cooks good food for me. She is a good mum.

虽然写得一般般，而且不乏语法错误，可当看到最后一句的时候，瞬间感觉好像赢了全世界，心花怒放。然而，感动的喜悦之中却又隐隐约约夹杂着点点幸福的无奈：他，又一次把我和 cooking 捆绑。

说又一次，是因为之前已经发生过很多件类似的事情。

比如，有小朋友在我家吃饭，我随便做了个排骨蒸饭或者意大利面，吃饭的时候他会得意地问人家，你是不是从来没吃过这么好吃的饭啊？搞得他不脸红我都觉得害臊。

比如，有一次一个很久没见的老同学来访，他拉着阿姨列举我会做的菜，最后列了 50 种，把熬中药都算上了。

比如，还有一次和同事一家聚餐，对第一次见面的小哥哥，他是这样打招呼的："我妈做饭可好吃了，你妈会做什么？"

比如，爷爷奶奶来过年，爷爷做了一桌子丰盛的饭菜，他边吃边说，做得好吃，快赶上我妈了，吓得我大气都不敢出。要知道爷爷可是开过饭店的，而且一直是全家的掌勺人。

比如，刚生完妹妹那阵儿我没精力下厨，姥姥炖了他最喜欢吃的鸡翅膀，他指导说，下次你要如此这般，就能跟我妈做的一样好吃了。

就连三年级刚开始正式写作文时要写妈妈，他写的题目都是《厨神妈妈》！

诚实地讲，他这套让我很受用，不是说要抓住一个人的心得先抓住他的胃吗？可我还是忍不住会想：我在他眼里是不是只会做饭啊？！

当然，除了做饭，他也会时不时地表扬我点儿别的，比如，妈妈把地拖得好干净啊，妈妈把马桶刷得好干净啊，妈妈把书桌整理得好干净啊……

在他眼里，我一定是个不错的家庭主妇（其实这只是我的想法，他估计连家庭主妇什么意思都不太懂），可是除了家庭主妇之外，我还有另一个更重要的身份，叫作职业女性。所以，他越是表扬我饭做得好吃地扫得干净，我越是担心自己作为家庭主妇的出色能力会掩盖我职业女性的光辉形象。

我愁眉苦脸地跟老公诉苦说："以后他想起我的时候，只记得我给他做过什么饭，那可怎么办？"

老公哈哈大笑说："我想起我奶奶的时候，想的也都是她给我做过的好吃的……我奶奶都不给我表弟做，光给我做，嘿嘿嘿嘿……"

边说边露出一脸陶醉的幸福表情。

虽说我也知道奶奶在他心中的地位无人可及，可我不想就这么轻易放弃，我觉得有必要也让儿子了解一下，除了会在家做饭之外，我在外工作时是什么样。

于是有一次，当我再次领回了"本科课堂教学优秀奖"的奖状之后，没有马上收起来，而是特意拿到他眼前晃了晃，告诉他这是我因为工作认真努力而得的奖状。

他发出了“哇、哇”的赞叹声，还拿过去从头到尾读了一遍。我喜不自胜，心想：没想到吧，你老妈我可不是一般的厨娘！

我把奖状摆在了书桌上，好让他能经常看到，提升一下我在他心中的形象，也好对我做出更加全面的评价，不要整天都是做饭、刷马桶。

然而，某天我去整理书桌的时候，发现了他的一张画，上面密密麻麻画满了火车、飞机什么的。刚想当废纸扔掉，忽然觉得不对劲，把画反过来一看，果然是我的奖状。气得我差点儿两眼一黑拿头撞墙。

放学回来，我问他怎么能在我的奖状上画画，他一脸无辜地说：“我以为你不要了！”

我要不要是一回事，关键是，他要是能拿回个什么奖状的话我都激动地赶紧贴上墙，可为啥我的奖状在他眼里就是废纸一张？

我就这么干脆利落地被打败了，虽然有些小小失望，但其实也很理解他的想法。因为，我对他的期待和他对我的期待完全不一样。放学回到家，我问他的是：今天考得怎么样，今天作业做完了吗，今天没有被罚站吧？而他永远书包没放下就直奔厨房，并只问我一件事：妈，今天做的什么饭？我如果不能给出个让他满意的答案，感觉获得再多教学优秀奖都没有用。

所以，对他来说，孰重孰轻，我根本用不着再纠结，再掂量。

让人感到安慰的是，至少他现在知道了我是个英语老师，三年前，他可是连我的工作单位是什么都稀里糊涂。在他眼里，我就约等于炖红烧肉、炖鸡腿、烧排骨、煎鸡翅膀……

然而，做了这么些年的厨娘，并没有因为熟练了手艺而变得轻松。因为我熟练的同时，吃货的嘴也变得越来越精。

一天早上，给他做了三明治当早餐，他一口气吃完了。颇有成就感的我喜滋滋地问他：“怎么样？好吃吧？”

他说："火腿放得太多了！"

我虚心地点头说："哦，那下次少放点儿！"

还没等我考虑完火腿的事儿，他又接着说："没有放生菜。"

我愣了一下，但又马上回过神，赶紧安慰道："哦，这次忘记买生菜了，下次一定准备好！"

就在我转身要去给他拿书包的时候，只听他又来了一句："面包有点儿干！"

我耐着性子硬着头皮说："哦，那下次不烤那么久了！"

说完了这句话，我惶恐地站在他面前，等待着遭受进一步的打击，谁知他倒不吭声了。

不过，把我的三明治扁成这样，还不是美美地吃完了？那说明什么呢？

想到这里，我窃喜，于是抛出了一个颇具引导性的问题："说了那么多，还不是吃得一口不剩？你做个总结吧，总的来说，怎么样？"

他慢悠悠地说："总的来说，奶酪放得有点儿多，太腻了！"

我只觉耳边"哐当"一声，快聋了。

然而，人生在世当越挫越勇，更何况他都说了，cooking（做饭）是我的 hobby（爱好）。我要是连个 hobby 都维持不住，岂不是就只剩下教学优秀奖了？真是多亏了他，我的人生才得以如此完整！

美国专栏作家哈丽雅特·范·霍恩曾说过，"Cooking is like love. It should be entered into with abandon or not at all." 翻译过来意思就是："烹饪与爱一样，要么放纵投入，要么压根别碰。"

我已然没有回头路，也不要再去想什么职业女性的光辉形象。

这世上唯有爱与美食不可辜负，他已经给了我最高的奖赏。

我家有个野蛮家长

“妹，妹，我给你出道题哈！你说一加一等于二还是三？”哥哥满眼放光充满期待地看着妹妹，妹妹回了他一个傻笑。

哥哥继续很有（bu）耐（si）心（xin）地引导着：“比如说你有一个包包，我再给你一个包包，你现在有几个包包啊？看，一加一，是等于二还是等于三？”边说边用手指比画。妹妹对着他边傻笑边乱叫。

“哎呀，妹，妹，你好好听着，比如说你有一块肉肉，我再给你一块肉肉，你说你有几块肉肉啊？一加一，你说说，等于几啊？等于几啊……”但妹妹看见了一只狗，激动地大喊“汪汪、汪汪”。

带着俩娃出去溜达，哥哥一路上边走边不厌其烦地给妹妹讲解一加一，他说得口干舌燥，我听得喉咙冒烟，本来不想打击他的积极性，可忍无可忍。

“你觉得她能听懂你在说啥吗？”我白了他一眼。

“好吧，那换一个。妹，妹，我现在问你个问题，你听好哈！ Can you speak English？你要回答 yes 或者 no。你说，是 yes，还是 no？啊？ yes 还是 no 啊？”他又继续两眼放光。

我看了看跟他一起出来散心的妹妹，好替妹妹心塞，于是冲他喊道：“她才一岁半，你干吗老是要教她超出她这个年龄可以接受的东西？”

“我是在启发她的大脑！”他毫不迟疑地冲我喊了回来。

我差点儿崴了脚。本来以为他是闲着无聊，没想到人家有着这么伟大的目标。我在心里暗暗鄙视：哼，野蛮！这不是揠苗助长吗？什么启发大脑！

其实，要说起哥哥对待妹妹的野蛮行径，又何止这一件事？下面就听我来细细吐槽。

有一次，晚上一家人要出去吃饭，我和爸爸忙着收拾带娃出门的装备，让哥哥看一下妹妹。

只听哥哥贱兮兮地说："妹，你看，爸爸妈妈和哥哥要出门了，不带你去了啊！"

还有一次，妹妹正在往椅子上爬，而我在忙着别的事情，叫哥哥赶紧帮忙看着妹妹。

下一秒，就听到哥哥怒喊："妹，下来，不准玩这个！"边说边把人给拖了下来。

我跟他说："不是不能玩，你在旁边保护着让她爬嘛！"说完，我继续去忙。

一分钟不到，再听到一声怒喊："妹，不准拿这个，危险！"我伸头去看，他正把妹妹抓在手里要去画画的笔往外掰。

再有一次，去逛超市碰到了一个跟妹妹一样大的小女孩，站在一排货架前能叫出很多东西的名字，大家都夸她说话说得好。

出了超市，哥哥就恨铁不成钢地对妹妹说："你看看人家，也是一岁半，连'巧克力'都会说了！"

那台词，那语气，让我忍不住哈哈大笑。

每次遇到他"野蛮病"发作，我都觉得很无奈也很好笑。同时又有一种错觉，**感觉他不是哥哥，而是成了某个跟我有着不同育儿理念的家长。**

于是，遇到上面说到的那些事，我不得不认真地跟他澄清我的育儿理念。比如，**不可以用“爸爸妈妈不带你”之类的话去吓唬妹妹，带妹妹玩的时候，要用她的方式玩，不要老是约束她，做好保护工作就好，也不要总拿妹妹跟别的小朋友比较，等等。**

这些年在他身上潜心钻研的育儿技巧竟然要拿来跟他本人切磋，想想都觉得可笑。

可是，也很庆幸，多亏有他的经验在先，才能更精准地打击他的野蛮。

没想到，这次的育儿路上多了一个同行的人。对于这个新手家长，我一定会毫无保留。

只有怎样，才能成功

进入正题之前，先给大家出个填空题：只有＿＿＿＿＿＿，才能成功。大家会在横线上填什么呢？

说回正题。前些日子给我家妹妹买了一个网红玩具，可以讲故事、放催眠曲、唱儿歌的那种。之前在网上看到有人吐槽这款玩具，说里面的歌曲太俗，我心想，就是个玩具，估计新鲜几天就扔了，俗就俗吧，只要出去玩时自己也拿一个在手上不再去抢别人的就好！

买回来之后，妹妹挺喜欢，时不时摆弄摆弄。里面的歌确实有比较俗的，但总的来说还可以接受。倒是其中一个故事，每次听到最后，我都忍不住想笑。

故事讲的是小兔子想学唱歌，先是来到公鸡音乐坊，可是学不会公鸡“喔喔喔”。然后又来到山羊音乐坊，可是也学不会山羊“咩咩咩”。小兔子很沮丧。最后妈妈把她带到兔子音乐坊，她终于学会了唱歌。妈妈告诉小兔子，一定要选择适合自己的来学。故事到此为止，道理已经讲得很清楚了，寓意也够深刻，可是还没有完。末尾还有一句话，就是让我屡听屡笑的那句：只有这样，才能成功！

为什么会笑呢？因为这句话总会让我想起这些年我改过的那些学生作文。

作为大学英语老师，教学的重点之一就是辅导英语四六级考试，所以平时作业会让学生们写英语四六级作文。英语四六级作文有一类主题阐释型的议论文，比如，谈一谈勤奋（diligence）或者毅力（persistence）或者乐观（optimism）等的重要性。

然而，不管写哪个主题，学生们的作文中常常会出现一个标配版的句子：只有这样，才能成功。

每次看到这句话，就感觉看到一个义正词严的表情跃然纸上。可是同时，我脑子里总会出现一连串问号：成功是什么意思？为什么一定要把这些词和成功联系在一起？难道做到勤奋、有毅力或者乐观就只是为了要成功？如果不成功，这些品质就没有价值了吗？

为了捋清楚这些问题，还是先来说说成功是什么意思吧。撇开那个标准相对统一的外界定义不谈，我想，对于个人来讲，成功可以简单总结为自我理想或者愿望的实现。每个人都有着自己的理想，短期的，长期的，小的，大的，如能实现，不管别人怎么看，对于个人来讲当然是一种成功。

可是，如果实现不了呢？

日本作家石田衣良在《孤独小说家》一书中刻画了一个不知名小说家青田耕平。出道十年的青田耕平虽挂着小说家的头衔，但并不属于畅销作家，只是按部就班地每年有作品发表。尽管他也会因为作品从来没有加印过而焦躁，但仍然笔耕不辍，最后终于守得云开，获得文学大奖。这故事简直就是一个轰轰烈烈证明“只要坚持，就会取得成功”的最佳范例。

然而，如果看了小说，就会发现整个故事有多平淡多无聊，从头到尾只是在描写一个不知名作家的日常生活：带孩子，写作，见编辑，和朋友喝酒聊天，结识有好感的异性……哪有什么轰轰烈烈！

这就是真实的生活。每天写作就是他生活的一部分，硬要给他戴个“有毅力”的高帽只是为了突出最后的结果——成功多么来之不易，这可能只是读者的一厢情愿。为了励志，我们总是倾向于赋予这样的词语和这样的人很多苦难，臆想出很多轰轰烈烈。而对他本人来讲，坚持写作就是他选择的一种生活方式。能够做自己擅长的事并坚持，虽然过程中也会出现一些烦恼和痛苦，但总而言之是一件幸福而乐在其中的事，与苦难相去甚远。

所以，做事勤奋，持之以恒，心态乐观，这些不只是可以用来描述一个人的个性，说到底都可以看作一种生活方式。而于生活而言，最重要的是那一路上的风景，而非最终到达目的地。

因此，重要的应该是过程。虽然小说安排青田耕平最后获了奖，实现了理想，取得了成功，但如果是在现实生活中，他仍然有 99% 的可能性一生默默无闻，他的所谓“毅力”也会随之淹没。但是，他已经领略了一路上的风景，这是更有价值和意义的事情。只是在很多人看来，这种意义，在“成功”面前，没有意义。

于是，孩子们从小就会得到一个明确无误的结果导向。就像妹妹玩具中的那个故事，即便对着一堆话都说不清楚的婴幼儿，也要以一种循循善诱的语气和一种政治正确的态度告诉他们“成功”，却完全不考虑，这种表达有多空洞。

这种空洞如果不去填补，自然就会在他们长大以后出现在作文中。

而如何填补其实很简单，只需要告诉那只学唱歌的小兔子，选择适合自己的事会给自己带来更多的快乐和享受，而无关乎这么做会不会成功。

孩子才不管成人世界的游戏规则呢

悠扬的放学铃声响起来，学校大门打开，孩子们像小鸟一样成群结队叽叽喳喳地飞了出来，扑向各自的爸爸妈妈爷爷奶奶。每次看到这欢快的景象，即使是乌云密布的天气也瞬间觉得世界阳光普照。

这天，我照例等在学校门口接儿子放学，照例欣赏着享受着这快乐欢腾的景象，一个戴着眼镜的小男孩满头大汗地跑到了站在我旁边的男人跟前。

男孩显得异常兴奋，手里举着一个小塑料盒子，说："爸爸，你看！"

爸爸一边给他擦汗一边说："什么东西？哪来这么个破盒子？"

男孩高兴地说："是我抢到的！"

"哪里抢的？"爸爸问。

"我们班的 ××× 买了一盒糖，他吃完了糖我们就去抢盒子……"男孩还没说完就被打断了。

"哦，好啊，他买了糖吃，吃完了却叫你们去抢空盒子……"

"是啊，他把盒子扔很远，我们班很多人就一起跑去抢。最后终于被我抢到了！"男孩丝毫没有注意到爸爸刚才的语气变化，仍然兴致高昂地跟爸爸分享着自己愉快的游戏，炫耀着自己力压群雄的胜利。

"你们是不是有病啊！"爸爸厉声骂了一句，手上擦汗的动作也随之粗鲁了起来。

男孩一下子愣住了，抬头看看爸爸，又把目光移向了别处，一脸迷茫。

“他有钱买糖吃，干吗不给你们吃糖，自己把糖吃完了，然后拿个空盒子耍你们。你们这群笨蛋，被人耍还这么开心。玩什么不好，非要去抢别人舔过的脏盒子……”

爸爸义愤填膺地喋喋不休，男孩始终看着别处，表情越来越迷茫，目光越来越黯淡。

看着他的小脸儿渐渐由晴转阴，我站在一旁忍不住对他充满了同情。不只是同情他的好心情被瞬间摧毁，而更加同情他挨完了骂都始终搞不明白这通没来由的教训到底来自何处，到底为什么。

作为一个成年人，我当然明白那个爸爸怒从何来。一盒糖，一个吃完了糖剩下的空盒子，好像充满了成年人世界的隐喻。分不到糖吃，却还被别人吃糖剩下的空盒子耍得团团转，这不只是笨，而简直是一件有辱尊严和体面的大事。

可是，在孩子的世界里，却根本不存在什么隐喻不隐喻。一盒糖就是一盒糖，一个吃完了糖剩下的空盒子就是最好的玩具，而一群人一窝蜂地去争抢空盒子就是最开心的游戏。

同样的一件事，在大人和孩子的世界里有着不同的解读，这本来也是很自然的情况。但是，如果大人硬要把自己的解读强加到孩子的世界里，却会显得有些残酷。

而实不相瞒，这样的事情，我也曾经愚蠢地干过一次。

很久之前，有一天放学的路上路过便利店，儿子想进去买零食吃。我给了他五块钱，告诉他回到家一定要还我钱。他爽快地答应了，拿着钱进去花得干干净净。

回到家，我催促他说：“快点儿去你的钱罐儿里拿五块钱还给我。”

他说：“我好累啊，你自己去拿不就行了！”说完就自顾自跑到沙发上看起了漫画书。

我有点儿手足无措，心想，这人怎么会这么放心让人家到自己的钱罐儿里拿钱？我真要去别人钱罐儿里拿钱吗？我要真去拿了，万一哪天他的钱的数目出现了差池，那我不成犯罪嫌疑犯了吗？

一番缜密的思考之后，我跟他说：“你怎么能让我自己去拿呢？你不怕我多拿吗？”

“多拿什么？”他说，显然还没听懂是什么意思。

我只好进一步解释说：“你不怕我不是拿了五块钱，而是拿走了十块钱吗？”

听了这话，他皱着眉，一脸不解地问：“我就借了你五块钱，你为什么要拿走十块钱啊？”

那一刻，我忽然有点儿无地自容，一下子语塞了。没想到我的这种担心和防范在他看来竟会如此不合理！

幸好我及时刹车，没有再继续循循善诱地给他科普成人世界的游戏规则。

我默默地从他的钱罐里拿走五块钱，内心满是对自己的鄙夷，但也感到从未有过的安心和踏实。

我们的思维逻辑随着年岁增长阅历增多而不断进化，说得好听一点儿叫越来越成熟，而说得不好听叫越来越世俗。有人可能会抱怨，这种成熟和世俗也是被这世界强加的，是不可避免的。即便如此，我们也要尽可能地保持头脑清醒，只将之据为己有即可，不要恃强凌弱，总想带着这两把利剑入侵孩童的世界，那样只能变成可恶。

我们好像总会在不知不觉中迫不及待地想要把他们变得更“聪明”。可事实上，我们做不了他们的指路明灯，而他们，却经常可以成为我们心灵的净化剂。

其实，我们也是从那样的世界走来。即便现在变成了一个成熟的大人，适应了一个不同的世界，不时回头看一看那么纯净的曾经，或者跟着孩子再重新体验一次，也绝对不是一件不成熟的事。

做惯了大人……

菜市场有个夫妻摊位，每天卖菜时孩子就在附近玩耍，一个挺可爱的两三岁的小女孩。

有一天推着妹妹去买菜，发现他家摊位旁边放了一个笼子，笼子里有一只小兔子，正津津有味地啃着白菜。妹妹见了激动不已，一直要在旁边看不肯走，时不时还想伸手去摸摸。不一会儿，有两个买菜的中年妇女也加入了围观。

突然，兔子的主人，那个小女孩不知从哪儿冒了出来，一边飞快地跑过来一边大叫："不准看我的兔子，不准看我的兔子……"然后张开双臂挡在笼子前面，气势汹汹地看着我们。

这个年纪的孩子，物权意识开始萌芽。我正想和她商量商量可不可以让妹妹多看一会儿，还没来得及张口，对面那两个女人先发话了："你怎么这么凶啊，小小年纪这么凶，长大了没人喜欢你……"两人就这么你一言我一语把小女孩狠狠教训了一通。小女孩仰着脸看着两人，一声不吭，气势汹汹不见了，取而代之的是茫然无措，让人看了有些心疼。

心疼之余，我有些错愕，"长大了没人喜欢你"，这么刻薄的话如此轻易地脱口而出，我真是没想到。

而没过几天，又发生了一件我没想到的事。

那天跟在一对父女后面进了电梯，女孩八九岁的样子，进去就站在了紧靠按钮的位置。于是我进去之后只伸手按下了楼层，没有按关门键，当时并未想太多，可能潜意识里觉得那女孩会按的。可是站定了之后，电梯门一直没关上。虽然也就那么几秒，可是确实有点超出了预期。

那个爸爸不耐烦地说：“关门啊！”

女孩说：“我已经按了！”

按了门怎么没关，你傻吗？！爸爸的声音一下子抬高了八度，居高临下地斥责着。

就在他们的说话声中，电梯门缓缓关上了。其实那个关门键一直都不太灵敏。我看了一眼那女孩，刚好和她的目光迎面撞上。她看了我一眼就慌忙避开了我的眼神，低下头，紧紧挤在那个角落，好像拼命想把自己藏起来一样。而爸爸一直若无其事地摆弄着手机，完全没意识到他的那句“你傻吗”给女孩带来的尴尬，以及给我带来的触动。

这两件事，之所以说没想到，是因为在当时看来，或者说就事论事看来，怎么也不应该发展到这么“暴力”的程度。而之所以说暴力，那样的话不经大脑脱口而出，对孩子来说，在我看来就是一种“语言暴力”。

其实，事后回头去看，这样的事情一点儿也不少见，好像并不值得大惊小怪。因为，**在力量和权力都如此悬殊的两个群体之间，语言暴力的出现太常见了。**

我想起一次跟同事吃饭听她聊起的一件好玩的事。她说辅导女儿作业时，一道数学题怎么讲也讲不通，她气得对她女儿喊：“你真是比猪还蠢！”然后她女儿就气哭了，边哭边说：“你要是说我和猪一样蠢也就算了，为什么说我比猪还蠢！”

唉，孩子生活在属于大人的世界，真是不容易。

其实对大人来讲，想要避免成为这种语言施暴者也很简单，不用讲什么情绪控制，只需要在面对孩子时，放下自己的姿态，进入他们的世界，互相平视对方。

而首先，**大人们要克服一个最大的毛病，那就是，做惯了大人。**

咱们，共勉！

拼爹拼妈到底拼什么

每次儿子想“欺负”我的时候，最损的一招就是拿我跟老公比，说爸爸这也比我好那也比我好，连煎的豆腐都比我煎的好吃。

刚开始，我还会据理力争，誓要跟爸爸一争高下。可是后来发现，他就是遗传了他爸的强大基因——嘴贱，于是对他的这种伎俩早就不买账。

昨天，他又故技重施，我本想等他啰唆完了再“修理”他，可谁知到最后，他喘了一口气，无限感慨地总结道：“你看，奶奶怎么生了一个这么好的儿子啊！”我和老公双双呕倒。

不过那一刻，我又想起了另外一件事。

有一次儿子让我跟他做游戏，我心情大好，特别想逗弄逗弄他。于是，我故意不守规则，故意捣乱。果然两分钟不到他就忍不了了。

就在我开心地等着看他如何抓狂时，没想到他用十分鄙视的眼神瞥了我一眼，愤愤地说：“我不跟你玩了，真不知道姥姥姥爷是怎么培育你的！”害我顿时崩溃号啕。

直到我使出撒手锏说：“姥姥姥爷把我培育得这么好，所以我才有这么好的儿子啊！”他才又勉强同意我继续参加他的游戏。

这之后，我陪他玩时再也不敢造次，生怕一不小心又让我爸妈无辜背上污名！

话说回来，以我和老公这样的年纪，早用不着拼爹了。可是，小朋友的无心快语却提醒了我，**其实我们每个人一生都在拼爹拼妈，但我们拼的不是爹妈留下几栋房子多少钱，而是无形的财富——教养。**

有天晚上，我和儿子去大学礼堂看电影，找到了座位坐好之后等着电影开演。这时，儿子看到了他的几个同学也一起来看电影。

儿子跟其中一个平时玩得很不错，一看到他就大声招呼："嗨，××！"谁知那个孩子转身看到我们，如同唱戏一般大喊起来："×××（儿子的名字），去你妈！×××，去你妈……"

那一刻，我半张着嘴巴，惊讶得半天没回过神。

等我回过神来，那孩子已经走远。我转身看儿子，发现他也一脸尴尬，但是还拼命装作无所谓，毕竟那也是朋友。

我问儿子他在学校的时候说不说脏话，儿子说："说，经常！"

我一边跟儿子讲一起玩可以但自己要辨明是非黑白，一边忍不住叹息：这孩子在最需要拼爹拼妈的方面，已经完败了。

我们鼓励孩子要自强自立，不能依赖父母，告诉他你自己的路要自己走，你想要得到什么必须通过自己的努力。**可是在教养这方面，作为父母，我们自己必须做好充足的准备让他去跟人拼爹拼妈。而且，不是拼一时，而是拼一世。**

都说孩子是父母的一面镜子，其实还不是一面普通的镜子，而是放大镜。虽说人无完人，但我们可以通过这个放大镜随时审视自身，不断调整并提升自己，并保持持续的学习能力，只有这样，孩子才有爹有妈可拼，才有受用一生的财富。

想想看，等你老了，听你孙子说：看，奶奶养了这么好的一个儿子啊！这该是对人生最大的奖赏了吧！

儿子，老师又告你的状了

儿子，你知道吗，那天开完家长会，当老师拦住想要偷偷溜走的我半开玩笑半认真地跟我说，她打算下周好好修整你一顿的时候，我一开始有点儿吃惊，心里想，不是中午才刚修整过吗？就在当天中午，我去接你放学，一直等到学校快空了才把你等出来，我就知道没好事，果然你耷拉着脑袋说因为课间做眼保健操时睁开了眼睛，刚好被发现记下了名字，于是就被罚扫地了。我问你，真的就因为这个？你说是。于是，我放下心来，没再多说什么，因为这种事我只要你诚实地告诉我原因就行了。

老师趁我愣神儿的时候解释了你近期的罪状，不过我还是听得很清楚：一是上课乱动，二是课间操排队的时候不老实。对于这两条，你简直是屡教不改的典型。不过，我还是放下心来，就是好奇到底要怎么整你，是会再次罚扫地，还是会有什么新的招数？不过，这个我可没敢帮你问。不管是什么招数，我相信老师自有分寸。老师叫我跟你说一声，让你做好心理准备，其实也是提醒你注意点儿分寸。

听完老师的教诲，回家的一路上，我有些激动。其实整个家长会我都一直激动着，以至于总是走神而没有认真听老师们讲话。之所以会这样，是因为家长会开始前我坐在你的座位上看到了你的一篇小作文，题目是《我的爱好》，正文是这样写的：

我的爱好是了解宇宙，从五岁开始了解。

有一天，我在看关于宇宙的书。忽然，我想到了一个问题，宇宙外面是什么呢？我去问爸爸，爸爸也不知道。所以我至今都没解开这个谜。

了解宇宙对我来说很有意思。

儿子，说真的，看完之后，我除了觉得你的字确实需要好好练一下之外，心里竟然很感动，同时又很羡慕你，羡慕你在这么小的年纪就知道自己喜欢什么。就在前一天，你跟我讲起关于某种虫子的事，我表扬你知道的真不少，你还很生气地说："我不是生物学家，我以后要当天文学家的。"我在心里默默笑你，因为"要当天文学家"这一豪言壮语你说过*N*回了，我都只是把它当作说完就忘的童言童语，从来没有认真地想过你是不是很认真地对待这件事。而现在，我忽然发现你可能没我想的那么幼稚，那么四肢发达头脑简单。

我想起你上幼儿园的时候问过一个问题：水星上为什么没有水？身为文科生的老爸老妈大眼瞪小眼，连编都编不出像样的答案，只好叫你自己去找答案。于是，你很快有了第一本关于宇宙秘密的书。我知道你很喜欢那本书，经常捧着翻来翻去，像模像样，但心想估计你也只是对里面的图画感兴趣而已，就像你百看不厌的漫画书《哆啦A梦》和《加菲猫》。不过慢慢地，我发现你还真是长了不少知识。有一次我们出去散步，你提出要跟我玩问问题的游戏，两人轮流提问对方有关天文学方面的问题。可是我竟然连一个像样的问题都提不出来，于是你只好当场给我培训，讲了一路宇宙大爆炸的故事，让我颇为惊奇。

我还想起前段时间带你去看印度电影《我的个神啊》，那是一部并不适合小孩看的电影，我自己特别想看而又没地儿把你托管，所以才万不得已带你去看的。没想到我却为此被你折磨了两个月。电影的主人公是个叫 PK 的外星人，来到地球之后被地球人抢走了自己飞船的遥控器，于是到处求神帮助，电影以此来讽刺多宗教国家印度的那些伪善的神棍。当然，我肯定你是看不懂这些的，可是意想不到的是你竟然对外星人 PK 着了魔，动不动就问有关 PK 的问题，比如 PK 为什么总不眨眼睛，外星人都是那样吗？或者外星人的耳朵都像 PK 那么大吗？又或者 PK 为什么嘴里一直在嚼东西，外星人老是会饿吗？（其实，我都没注意到他有没有一直嚼东西）你走路也问，吃饭也问，睡觉前也问，平均每天两个关于外星人的问题，我的脑细胞都被榨干了好几遍，一听到“PK”就想吐血。终于，当你有一天正安静地吃饭突然又没来由地说“为什么 PK……”我直接打断你喊道：“从今天起，不准再问我关于 PK 的问题！”你看我好像真生气的样子，就没再问了。其实，老妈我只是跟你的兴趣不一样，希望你能理解，也真希望没有干扰你继续关注着外星人的问题。

联想了这么多，看着你写得歪歪扭扭的字体，感动之余却还有一种不真实感，因为我真的不记得我那么小的时候有过什么爱好，无法对此感同身受。我只能以一个很晚很晚才找到所谓爱好的成年人的经历去揣测你的感觉，那一定是非常美妙的事。**当一个人有着自己真正喜欢的事，他就会找到一种力量，并且充满活力。**所以，我的激动和感动，并不是来自“我要做天文学家”这句豪迈的口号，而是因为你会因此有着丰富的内心、多彩的想象、充实而又丰满的精神世界。这都是你的财富，在这些财富面前，那些所谓的纪律问题好像根本不值得一提。

可是，老妈我当然也不能坐视不管任你受罚。你记不记得开完家长会我提醒你的第一件事是什么？我告诉你我发现你的座位椅子面有点儿活动，坐不稳会摔跤的，叫你告诉老师换把椅子。其实我哪里是怕你摔跤，开学那么久要摔早摔了。而是当我坐上那个椅子时本能地想到，你要是坐这个椅子，肯定会屁股不老实把它弄出响动。一开始我怕诬赖你没敢问，可后来还是没忍住问你上课时有没有乱晃椅子，果然得到了肯定答案，虽然你还强调说没弄出声响。我还告诉你，老师要是批评你站队的时候不老实，你起码要在接下来的三天之内老实一下，不能耍赖皮把老师的话不当回事，因为你不是一个人，也是有组织的。而且，你仍然要继续遵守“每周罚站最多三回留堂一回”的家规，并且每次犯事必须说明原因。这已经是我所能给予的最宽容的条例。

讲完了这些，我才告诉你老师说你要倒霉了。看到你眉头微锁心情有点儿沉重，我心里高兴起来，因为这虽然不算什么大事儿，但也不是无所谓的。其实老师还说了，除了以上提到的毛病，你在其他方面都“没有一点儿问题”。这个不用老师说我也有把握，听你兴高采烈地讲起由你发明的“抓人”“木乃伊”等游戏非常受同学们欢迎的时候，听你卖着关子说老师没说你“very good”而是说“excellent”的时候，我能感受到你的开朗乐观自信不光给自己带来了好心情，也给周围的人带来了好心情，那些罚站罚扫地早就成了快乐校园生活的小小点缀了吧！

所以，该倒霉就倒霉吧。只要你一直对世界保持着好奇心，热情不减地去追求自己喜欢的东西，做自己喜欢的事，终有一天，你的这些“人生污点”都会变成“人生笑点”的。你的那个“污点”一点儿不比你少的老爸已经用行动证明了这个推理，还望你继续努力！

有些答案是错的，但它真正属于你自己

前天检查儿子的数学作业，练习本上有这么一道题。题目给了某地一年 12 个月的气温变化折线统计图，以及降雨量变化的折线统计图，问题是：如果你们一家准备到这个地区旅游，你会向爸爸妈妈建议定在几月份去呢？简单说一下你的理由。

下面歪歪扭扭写了一行字：我会 8 月份去，因为我的生日在 8 月份，我可以在那里过生日。

我直接一口气堵在了胸口，半天没缓过气来。

这口气里交织着诧异、气愤、失望、惊喜、欣慰……简直就是一锅大杂烩，而且还是一锅内讧的大杂烩，各个成分你不容我，我不容你，把人往四面八方撕扯着，不知该何去何从。

这么简单的题目，这么明显的常识，这么合理的逻辑，怎么到他那里就面目全非了呢？这数学还怎么学？

可是，这样一个答案，一个怎么看都觉得那么可爱的答案，一个真正属于他自己的答案，难道不是比学好数学更重要的东西吗？

我久久地盯着他的练习本，不知该如何跟他解释这道错题。

然而，当我脑海里出现了一个大红叉叉，尽管有些不情愿，还是迅速地拿定了主意。

他洗完澡出来，问我错了几道题要订正。我给他看这道题，说：你这个答案挺好挺有意思的，但是不对，你再看看题思考思考……

还没等我把话说完，他就抢着说：哦，对，我还要补充一个原因，因为8月份可以吹空调，我喜欢吹空调。说完，两眼放光地看着我。

我仿佛中了他一记化骨绵掌，浑身无力起来。但还是硬撑着告诉他：这样也不对，人家题目的意思是这样的……

解释了半天，他终于明白过来，清楚了问题出在哪里，三下五除二就改正了过来：我会建议10月份去，因为不冷不热，降雨又少。

看着这个无比正确的答案，想着明天练习册上大红的对勾，我舒了一口气。但他不知道，在帮他改错时，在对他进行教导时，明明我是对的，却有些胆怯，有些心虚。

我想起之前他语文考试中做错的一道题，让用“如果我是……，我要……”的句式造句。

他写的是：如果我是消防员，我要用水枪制造出那壮观的庐山瀑布。

我跟他说其实我觉得写得挺好的。可是毕竟分丢了，总感觉胳膊拧不过大腿。

我不希望他遭遇所谓的“一分之差”，可我更想让他明白：有些答案虽然错了，但却真正属于你自己。

只有这样，在面对更多没有正确答案的人生考题时，他才不会慌乱，才能更加坚定而顺利地找到自己的人生意义。

妈,我当英语组长了!!!
是吗?恭喜,表扬……
你们组都有谁呀?
有文××,肖××,许××,……
大家都选你当组长啊?!
不是,英语老师问我们组谁想当组长,就我一个人举手了……
总是想太多……
哈哈……当组长……

放学后……
谁在那儿偷看？过来！到这儿来！！！
你还敢在那儿看笑话！还没说你的事呢！先跟他在这儿站会儿！！！
回到家……
过来，老爸教你两招。
看见别人心情不好的时候，你就离远一点，比如看见老师心情不好，你就……
老师心情不好的时候，我都在罚站呢……

KFC
妈，你也给我做那种汉堡吃吧。
我不会做……
哼，我以后给自己的小宝宝做！
那正好，多做一个给我送过来……
你离那么远，怎么给你送啊？？？
哈哈！不远，我就住你家隔壁！！
不行
为什么？为什么不行？？？
那我的小宝宝就没机会坐
去看你了！

妈，来，我教你一个互相说好话的方法。
什么方法？
你先夸我一句。
你好帅啊！
你真有眼光！！
哈……这么简单！你也夸我一句！
你端庄大气！
哈哈……你真有眼光！！
端庄大气的意思就是：端着架子，很能装样，大脸盘子，巨能生气。
嘭

妈，你这两天是想吃酸的还是辣的？
又问！辣的！！！
怎么可能呢？你前几天不是还喜欢吃酸的吗？你昨天吃辣椒不是辣得吃不下吗？
好吧好吧！酸的，行了吧！
妈，我昨天晚上梦见你生了个小弟弟……
嘻嘻！梦跟现实都是反的！
我知道，反过来就是，你一没一有一生一小一妹妹，所以你看，你还是生了个小弟弟！
还能这么反！太有才了！
耶！！！！
幼稚！！

PM
作业，作业～～
你要学会管理自己的时间，自习课利用起来，不能光玩，想想怎么提高一下效率……
PM
最近不错哦！效率提高了很多，表扬！！！
我上语文课的时候就把英语作业写完了……
神马状况～～～～～～～～

我第一，王××第二，李××第三，吴××第四，……
你这是在排什么名次呢？
幸福名次！
幸福？幸福的标准是什么？
爸爸！！！
高兴什么？他是在讨好你！！！
自恋癌发作……哼……
可能性不大！据我研究，每个家庭的妈妈都是差不多的，主要差别在于爸爸！！爸爸要……

哼！气死我了！
怎么了？
今天发英语试卷，黄××说，什么？竟然连××加都比我考得好……
哈哈哈……被鄙视了吧！
哼！他以为我每一科都很渣吗？
哈哈……被鄙视的滋味很不爽吧……
哈哈，太爽了，我就喜欢看他们鄙视我最后却没我考得好的样子……
这概率……

Chapter 6

你是妈妈，你是你自己

孩子，我可能跟你想要的那种妈妈之间永远都会存在一定的差距，可是请你不要抹掉我在做妈妈的道路上付出的所有努力。我这样努力并不是因为想成为你希望的那种妈妈，而仅仅是因为我爱你！

做妈妈还是做朋友

前几天，有位妈妈留言问我，有没有打算写一篇有关怎样和儿子成为朋友的文章。看到这条信息的时候，我一下子心虚起来，因为我真的不知道儿子有没有把我当成朋友，这种情况下，我有什么资格去给别人提建议呢？

可是，就在下一个瞬间，我的不自信突然被脑中一个大大的问号所覆盖：我为什么要做他的朋友呢？是啊，我放着好好的妈妈不做，干吗要去做朋友呢？朋友关系好像比母子关系要远一层吧！这么一想，我越发觉得别扭起来，甚至有些生气，好像有人要剥夺我妈妈的身份一样。

我脑中出现了自己儿时的画面：妈妈和我一起在家门口的胡同里打羽毛球，邻居家的姐姐站在一旁边看边羡慕地说，你们两个好像朋友一样啊！然后她还说，她的妈妈从来不这样陪她玩，也不跟她聊天。我当时别提有多自豪了，因为有这样一个陪我聊天陪我玩的像朋友一样的妈妈。而且，“朋友”二字让我感觉自己好像摆脱了父母的权威和压迫，地位上升到了可以让别人羡慕的程度，而且还在享受着别人享受不到的幸福，那种感觉很骄傲，又觉得自己跟别人不一样，很特别。

可是，时光轮回，如今我也成了一名资深妈妈。当我站在一个妈妈的角度再次审视“要做孩子的朋友”这句话时，却有了不一样的想法。

试想，当我年少的时候，我的妈妈陪我玩陪我聊天陪我逛街，她难道是抱着要成为我朋友的目的吗？一定不是。并不是说这个目的不正确，而是因为那些陪伴都是一个妈妈应该做的事，而不是必须抱有某种目的才会去做的事，不是吗？所以，同样的，我也从来没有想过自己会不会成为儿子的朋友。我和他的关系不应该以一个目的或者结果为导向，我也不想要通过另外一个关系达到与否来评判我们的母子关系或者亲子关系是不是成功。我和他，就是妈妈和儿子，紧密得不能再紧密的血缘关系。

我想起上周有一天中午去超市买菜，本来打算做鱼头豆腐汤，结果鱼头卖完了，于是我稀里糊涂买了条白鲫鱼，然后又鬼使神差般去买了个白萝卜。回到家我才反应过来，鱼头豆腐汤必须改做鲫鱼萝卜汤了，这个汤我可是七年多都没喝过了。

做好了以后，我看了半天不敢喝，想起喂奶的那些日子，为了保证儿子的口粮，我一天三顿汤，每顿灌好几碗，因为怕鸡汤猪蹄汤太油腻，多数时间喝的都是鲫鱼萝卜汤或者鲫鱼木瓜汤，放很少盐，连着喝了四个多月。

看着面前的汤，我禁不住感慨道："那个时候我到底是有多大的毅力才坚持下来的啊！"

老公听了，淡淡地说："那跟毅力无关，那是本能！"

那一刻，我好像一下子找到了一个可以完美解释亲子关系的关键词：本能！

所以，基于我们牢固的血缘关系，我所做的一切都是一个妈妈本能去做的事。在他小的时候，他哭了我给他换尿布喂奶，他累了我唱着歌抱他哄他入睡；他长大了一些，我带他到户外活动，我带他外出旅行，我陪他玩他喜欢的玩具，我每晚给他讲睡前故事；他上学了，我好好准备一日三餐，我听他讲学校里的趣事，我给他辅导作业。除了这些温馨的画面，我当然也会发火，也会和他吵架，我会严厉地批评他，也很严肃地告诉过他，你可以叛逆不听话，但是你不喜欢听并不代表我是错的，而且你叛逆的同时不可以表现出任何对我的不尊重，因为我是你妈妈。

没错，我是妈妈，我只不过做了一些妈妈该做的事，而这些事都基于一个希望儿子“健康、快乐、幸福、知书达理……”的本能愿望。在此过程中，我会遇到一些问题，我需要不时地自省：**我的“本能”是一直保持着和他产生联系的最开始的样子，还是慢慢偏离了航向变成更多地满足自己的需求？一旦厘清了这个问题，那么接下来只要把该做的事都做了，谁还会去在意结果呢？谁还会去纠结我到底是不是他的朋友呢？根本不重要！**

有一天，我和儿子玩角色互换的游戏，我当儿子，他当妈妈。我模仿他的样子不停地“折磨”他，一会儿喊“妈，我想喝水”，一会儿又喊“妈，我饿了，你怎么还没做好饭”。不到十分钟，他就爆发了，大喊着“不玩了，我再也不玩这个游戏了”。

我嘲笑他说：“你看看你，才当了十分钟就受不了了，我都当了八年了！”

谁知，他还理直气壮地教训我说：“所以你要坚持下去啊！”

听到“坚持”两个字，我一下笑喷了，难道我可以选择不坚持吗？

所以，我听儿子的话，会坚持做他的妈妈，努力做好妈妈该做的事。我想，他想要的也无外乎这些吧！

跟孩子谈人生？你还嫩点

一天，正在一家小书店随意翻看，一个小男孩挤到了我旁边，后面紧跟着他的妈妈。男孩拿起了《侏罗纪公园》，妈妈拿起了另一本书，语气稍显急促地说："买这本吧，我觉得这本比较好！你看，人生永远没有开始！"

我瞟过去一眼，不知她是因为想尽快把话说完以转移孩子眼看着就要陷入侏罗纪的注意力，还是看到这本书个人内心比较激动，书名《人生永远没有太晚的开始》一不小心被简化成了这样。小男孩抬头看了看，不为所动，翻开《侏罗纪公园》津津有味地看了起来，只听得那位妈妈在一旁锲而不舍地唠叨着："这本书真的好啊！你看看！买这本吧！哈？"男孩始终无动于衷。妈妈略显无奈，闭上了嘴，自己打开书看了几页，然后又放回了原处。

我忍不住在一旁着急起来，很想去提醒一下这位妈妈，跟孩子谈人生是急不得的，况且，你自己都不知道这本书讲的啥，怎么谈啊？我一边鄙视着这个妈妈，一边心想，哼，要是我来谈，结果肯定不会这么尴尬。

于是，回到家，为了证明自己的谈人生技能，我和儿子的对话开始了。

我从书架上抽出那本《人生永远没有太晚的开始》，用充满惊喜的语气说："儿子，给你看一本好看的书，里面有很多画的！"为了第一时间引起他的兴趣，我特意强调了里面有很多画。

儿子看了一眼封面，没说话。

为了进一步引起他的兴趣，我说：“你读一下书名，看认识不认识这些字。”

他一字一顿读了一遍，很得意这些字没有不认识的。

我接着问他：“你知不知道这些字的意思？”此时开始渐渐引入。

他说：“什么意思啊，不知道。你说啊！”

我鼓励他说：“你好好想一下，一定能看懂。”

他以为我在测试他，很认真地想了想，说：“意思就是人没有太晚生出来，是不是啊？”

这时，终于到了我一展身手的时候。我开始耐心地讲起来：“这本书讲的是一个老奶奶的故事。她七十多岁才开始画画，然后一直坚持，画到了一百多岁。她……”

刚说到这里就被他打断了：“一百多岁，然后呢？”

思路突然被他干扰，有点儿乱，我吞吞吐吐地说道：“然后，然后就死了。”

他一脸得意地说：“哈哈，我就猜到她死了！”

这都哪儿跟哪儿啊。

清醒过来，我拼命拉回正题：“你有没有觉得这个老奶奶很励志啊？”

他说：“励志是什么意思？”

我用力地解释：“励志就是让人觉得很受鼓舞，很有力量。”

他转了转眼珠子，说：“有点儿吧。”

眼看时机成熟，我说：“那你看看这本书吧。”

他又瞄了一眼封面，突然说：“你起来，上一边儿去，别打扰我看书，烦死了！”然后，抱起《史努比漫画全集》跳上沙发看去了！

本来充满信心的我就这样被打击了。看来，跟孩子谈人生根本没有想象的那么容易。但是，我也从失败中总结出一些教训，毕竟一百岁的人的人生跟他离得也太远了，得谈点儿比较现实的，最好是他熟悉的人，比如我吧。而且，不能太刻意地为了谈人生而谈人生，最好是能够不着痕迹，无形胜有形。

于是，我开始等待下一次机会。很快，机会来了。

期末考试完领了成绩单回家，儿子报告说，他们班的 ××× 是第一名，语文 99.5 分，数学 100 分。那小女孩我也认识，是他们班的学霸。

我自言自语地说："每次看到 ×××，我就想起了我上小学的时候。"

儿子一听来了兴趣："为什么？你上小学怎么了？"

我一看机不可失，赶紧说："我上小学时跟她一样学习好啊！我都是考双百的！"

他好奇起来，问道："那么厉害啊！你小学在哪儿上的，也是在我们学校吗？"

"怎么是在你们学校？我是在我老家上的！"

"你跟爸爸一起上的吗？"

"我怎么跟他一起上的？他是在他老家上的。"

"爸爸，你小学在哪儿上的啊？"

他边喊边去找爸爸了，可我这重要的地方还没讲到呢！我不解，在哪儿上的小学有那么重要吗？

于是，到手的机会就这么溜走了。不过话说回来，我除了小学时还挺辉煌，其他时间也不太能拿出手了。说到更加有教育意义的人生，那舍他爸爸其谁啊，所以，要谈人生，必须他这个高手来啊！那么，就有了如下的一幕。

“我能有今天，还不多亏了那两年嘛！”只听爸爸不紧不慢地开始娓娓道来，一场大戏开演了。

儿子好奇地问：“那两年是哪两年啊？”

“你还记不记得？”爸爸问我。我用力地点点头，表示那么刻骨铭心怎么会忘了呢！

于是，爸爸接着回忆：“那两年我什么也不想，天天躺在床上看书，看着外面的火车……”

“你干吗看外面的火车啊？”被儿子打断了。

“就是刚好能看到嘛！”

“你看书还看外面的火车，学习不认真！”

“我……我是看书看累了才看火车的！”

“你看的是和谐号吗？”

“嗯。”

“跑得快吗？”

“快。”

“车头是尖的还是圆的？”

……

那条铁路是广深线，两年以后，爸爸通过不懈的努力终于去了香港深造，开始每周一次往返在那条铁路线上。可怜爸爸直到最后，都没有找到机会讲出这励志的真相啊。

好了，经过反复试验，我的个人意见是，千万不要跟孩子谈人生，因为他的世界永远跟你的不同步。

难道，你真的希望自己老无所依吗

之前写了那篇《你打算让孩子参加高考吗？》的文章，引发了大家激烈的讨论。本身这件事就是看个人选择，没有对错之分。在和一些朋友讨论的时候，我进一步表达了自己的“自私”想法，不想让孩子太早出国，其实我害怕他万一形成跟我不一样的世界观，到时候变得难以沟通，老无所依。而没想到，“老无所依”这个词引来了更多的讨论。

一听到“老有所依”，大多数人想到的就是“养儿防老”，觉得这都什么时代了，怎么思想还这么陈旧？**作为新一代的父母，我们养儿不为任何回报，也不想着依赖他们。我们不能成为他们的累赘，他们能走多远走多远，能飞多高飞多高，自己照顾好自己就够了。**况且，就算不出国，孩子也不一定靠得住，所以，一切要以孩子为出发点，不能太自私。

曾经，我也是这么想的，因为我的父母就是这么开通民主的父母，他们从来没有表达过类似于“你要是……我们怎么办啊”的担忧，从没限制过我和我妹妹发展的自由，而总是说“你们该干吗就干吗，不用管我们”。所以，我和我妹妹都从小县城里来到了更广阔的世界，一个天南，一个地北。

很多时候，我只能靠打电话和视频来问候，他们总是会说，我们俩身体都挺好的，没事儿，你放心！而其实，他们可能刚刚因为发烧从医院打针回来，这点小事没必要跟我说。他们不想让我操心，不想成为我的累赘。

可是，有一年过年，因为怎么回婆家和娘家需要好好协调，他们怕我为难，怕我麻烦，怕我带着孩子来回折腾，于是说，我们都挺好，你们没事儿不用回来了！那一刻，我真是气得不得了。难道他们“麻烦”我不是天经地义的事吗？难道我就真的“靠不住”？

而我，是多么想成为他们的依靠！

今年上半年，婆婆做了个小手术，可是我和老公是过了很久之后才得知的，因为我们离得远，他们怕说了只让我们徒增麻烦和烦恼。幸好，有老公的姐姐在旁照顾，问题也不严重，也很快恢复。可是，后来知道这件事的时候，我们还是很不舒服，也为没有尽到应尽的责任感到有些愧疚。

当父母老去，我们要承担的不仅仅只是责任，而是不能让他们对自己孩子那永远割舍不了的情感无处安放。他们可能有钱，不需要你一分一毛；他们可能身体健康，所有事情自己都可以料理得很好。可是，他们就是想经常看看你，跟你聊聊天，希望你时不时带着孩子回家看看，热闹热闹。

这就是我所说的“老有所依”。我不觉得这是妨碍，是麻烦，是困扰。

前段时间，我一个同事的爸爸去世了。我们住同一个小区，下班经常一起走。前天，我们走了一条不同往常的路回家。可是，刚刚走到那条路上，她就崩溃地大哭起来。她说，之前她带爸爸去医院打针都是走这条路的。她一边走一边哭一边回忆，我一边安慰一边心酸不已。最后，她说：“什么夫妻吵架，孩子考试考不好，对我来说这算得了什么，我连爸爸都没了！”听了这句话，我也差点泪崩。那一刻，我忽然明白：我们和父母之间，到底谁是谁的依靠啊？他们，难道不是我们一生的依靠吗？

所以，我真的不想等我老了，也只能天天靠电话和视频报个平安，也不想儿子承受我现在的焦灼。我希望我生病住院的时候，儿子能过来给我削个苹果；我希望周末休息的时候，儿子能过来给我捯饬一顿大餐；我还希望……我也不知道还想让他做什么，总之那种可以依赖他的感觉很好很好。

如果说这和他的自由发展之间存在严重矛盾，我当然会毫不犹豫地舍弃一己之利。可是，我很想通过努力，使这两者之间取得一个平衡，而不是只能够二选一。

我也会做个开通民主的妈妈，但我不想老无所依，就这么简单。我为我的贪心负责！

我是妈妈，但我也是我

中午老公有事外出，没人给我们娘儿仨做饭吃，为了保证娃们的健康饮食，不想叫外卖，但又要节省出尽可能多的精力和体力来带娃，我决定做个快手的肉酱意大利面。

把妹妹交给哥哥，赶紧钻进厨房开工。一起画画的兄妹俩传来阵阵欢笑声，可我一点儿也不放松，因为谁也不知道笑声会在哪一刻戛然而止，变成哭爹喊娘声。这么想着，我手上的动作更快了。

终于把该弄的材料都放进了锅里，只等着煮熟开饭，总算松了一口气。可是下一秒，我却愣在了那里，看看一个锅里煮的咕嘟咕嘟的肉酱，又看看另一个锅里翻滚的意面……可是，我吃啥呢？

肉酱意面一直是哥哥的最爱，而妹妹胃口超好从来不挑不拣，他俩的问题解决了，我怎么办呢？我从来都不喜欢吃肉酱意面。

然而，这个问题根本没时间成为一个问题，因为紧接着，老公的一句话响在我的耳边：我们不都是看他俩在吃吗？

这句话出现的背景是这样的。

前些天我们又去三亚度假了，从哥哥三岁起就每个暑假必去一次的地方，只有去年中断了一次。今年带上了妹妹，感觉大不一样。

以前每次来，最大的乐趣之一就是吃，想念了一年的各种美食，每天每顿排着队吃。这一次，依然带着极大的期待和热情，可是几顿饭下来，却发现了一个令我无比委屈的真相。那就是，不管上菜的时候我是多么激动，等到我把妹妹喂饱伺候好终于可以一个人放松下来大饱口福的时候，什么美食都成了剩菜。

我绝对没有抱怨，只是如此跟老公诉了诉衷肠，他听了以后扑哧一笑，然后满脸"百分之百好爸爸"（站着说话不腰疼）的表情悠悠地说："我们不都是看他俩在吃吗？"闻听此言，我感觉自己碎成了渣渣。

准确点说，是作为妈妈的那个我被打击成了渣渣。当妈的，吃点剩菜有什么呀，矫情！**可在我身上，除了作为妈妈的那个我以外，还有一个我，这个我真的就只是想单纯地享受一下自己想吃的东西，吃不到就会觉得委屈。**

可是，这两个我时不时会产生矛盾。而这个时候，我别无选择，舍谁留谁不言自明。

其实我相信不仅仅只有我一个人有这种体验。我最经典的体验时刻就是儿子从我的碗里夹肉的时候，一个我慷慨大方地任他拿走，另一个我却盯着那块被他送进嘴里的肉，很想说：你干吗拿我的肉，我也想吃那块肉。

但是，可能也会有很多人觉得这种体验很可笑，**因为一旦成为父母，父母的角色很容易就会盖过另一个"我"，甚至替代另一个"我"而成为唯一有意义的角色。**看起来，这种妥协不值得一提，根本就是为人父母的本分。可是，不知在哪个时候，我们也会为这种本分所累。

我想起几年前的一件小事。那天我们一家三口出去吃饭，按照儿子的意愿去了大学饭堂二楼的一个独立的西餐厅。老公看了看菜单，看来看去没什么想吃的，就直接出去到饭堂买了两块煮地瓜拿了进来。

儿子甚为不满，他希望的其实也很简单，就是一家人坐在一起开开心心吃一样的东西（其实是他喜欢吃的东西），这也是绝大多数家庭出去吃饭的时候都会上演的情景。于是，他开始嘲讽爸爸的煮地瓜。

我狠狠瞪了他两眼，暗示他所说不妥，他未能领会，终于招来了当场一顿训斥。

但这也不是他一个人的错，我们凡事总是以他的意愿为先，他早已经习惯成自然。他的眼中看到的全是作为父母的我们，而对另外的我们知之甚少或者漠不关心。

那一次，他可能第一次真真切切地学到一件事：爸爸想吃的东西不总是跟他想吃的一样，他不仅应该问问爸爸想吃什么，而且应该主动把爸爸想吃的东西买回来。

然而，事实上，大多数时候我们还是都在“看他们吃”。因为，比起我们“自己吃”，这显然会带来更多更大的心理满足感。

但是这一次，我真的不想吃肉酱意面。

于是，等喂饱了妹妹，哥哥也干掉了一大盘，心满意足地坐回到沙发上，我说：“我不想吃意面。”

哥哥听了说：“以前你给我做意面吃的时候都会单独给自己做三明治吃。”

我说：“现在没空再去折腾三明治了，我想吃个煎饼。”

哥哥想了一下，然后一个人下楼给我买了个煎饼回来。

这天，两个不同角色的我都很开心。

你有没有被“理念”伤害过

好友最近很受伤，不光丢了东西，竟然还产生了自我怀疑，问我说：你是不是觉得我教育孩子时很没有“理念”啊？

事情源自她的女儿和邻居孩子之间的交往。两个小女孩是好朋友，既是同学又是邻居，经常一起玩耍。朋友前段时间带女儿出国游玩的时候给她买了一个漂亮的银戒指，虽算不上贵重，但也不能跟一般玩具相提并论，而且对于朋友来说还有特殊的意义。而她的女儿有一天把戒指带到了幼儿园，被邻居家的女孩儿看见，拿去玩了。过了几天，不见戒指被还回来，朋友有些担心，就打电话给那个小女孩的妈妈询问，问她有没有看到戒指，能不能找一下，并说明了戒指对自己的重要性。可没想到那位妈妈竟当场给她上了一课，告诉她自己的“教育理念”是，小朋友之间的事要小朋友自己来解决，大人不要插手，不要干涉。朋友哑口无言。后来，她虽又再次委婉地提到能不能回家帮忙找一下，可一直没有下文。

听完这件事，几个好友七嘴八舌地表示怀疑那个妈妈的人品，我虽然心里也有这种想法，但不认识人家不能轻易下判断。可是，撇开人品问题不说，我感觉这位妈妈好像一个设定好程序的机器人，遇到不同问题的时候，按下不同的按钮，就自动弹出不同的“理念”来解决。“教养”，真的就是这么简单吗？

借了东西要还，弄丢了别人的东西要道歉要赔偿，这么浅显的道理不需要被冠上高大上的“教育理念”一词，但却是真正高大上的人性和传统美德。拿了别人的东西没有归还，家长有责任询问原因，并做出正确引导，而不是一句话推给“小朋友之间的事要小朋友自己来解决”，并理直气壮地用“教育理念”四个字压死人。**理念再好，实践的时候也不能超越人性的自然淳朴和本真，一味地依赖理念到最后只会变成滥用。**

这不禁让我想起另外一件事。有个朋友，孩子刚出生两个多月，有次见了面热烈地跟我交流了喂养的经验，比如隔多长时间喂一次奶的问题，什么时候分床睡的问题等。

聊完之后，她长叹了一句：“你知道吗？我买了那么多书，中式的、西式的，所有的方法都试过了，最后才发现，该怎么样就怎么样吧。他想什么时候吃就什么时候吃，想什么时候睡就什么时候睡，这样还轻松点儿。”

听了这话，我不禁笑了，想起自己刚开始的时候也曾这样。书上说孩子应该每隔三小时吃一次奶，一天应该拉四到六次，一次应该要睡四小时，可是自己家的小东西经常“不达标”，于是就常常出现焦虑和恐慌。最后，扔下书本，顺其自然，才找回生活的节奏和自信。

现在想想，那么简单的一件事为什么我们非要从书上找到对应的理念以后才有信心去执行呢？这恐怕跟我们所处的时代有关。社会的飞速发展带来层出不穷的新东西。而潜意识里新和旧是矛盾对立的。于是我们作为新时代的新人为了接受新事物而毫不留情地抛弃着旧传统。尤其是在育儿方面，对传统方式的批判更是盛行。只不过这抛弃的速度有点儿快，学习的速度有点儿跟不上，而且对于舍谁留谁选择太匆忙，于是在跟传统决裂的同时内心产生了无物支撑的真空，变得没底气不自信，于是更加急于找到各种“理念”将之填满，好让自己变得理直气壮。殊不知，在这个过程中，我们硬生生地将自己和自然割裂，在自己和教养这种最直接的关系之间硬生生地塞入了程序，将自己变成了不会独立思考甚至是没有心的机器。

美国研究比较神话学的作家约瑟夫·坎贝尔（Joseph Campbell）在谈到生命的意义时说过这么一句话：Life has no meaning. Each of us has meaning and we bring it to life. It is a waste to be asking the question when you are the answer。（生活本无意义，是我们每个人赋予了生活的意义。当你知道这个答案后再问这样的问题就是在浪费时间。）我觉得这句话同样适用于育儿。**教养的主体归根结底是人，是我们自己，而不是书，不是理念，不是其他的任何东西。**书本没有错，而在于我们怎样利用。我们可以从书中学习积累，但是不能忘记思考，不能忽略自己的内心，更不能将自己的主导作用拱手相让。不管遇到什么问题，我们自己才是真正的答案。

所以，别再让“理念”耽误了教养！

妈妈，我要跟你谈谈

星期天上午正和加加玩游戏，接到亚马逊快递员的电话，我马上换了衣服下楼拿书，并嘱咐加加我不带钥匙了，等一下要给我开门。很快拿了书上楼来，敲了几下门，没人应。又边叫加加边敲门，过了一会儿，总算听见他踢着拖鞋“嗒嗒嗒”走过来的声音。

开了门，顾不上问他怎么那么慢，我赶紧去给他爸爸看我买的新书。爸爸正在厨房给煤气灶换电池。我来到厨房门口，刚要说话，只见爸爸冲着客厅怒气冲冲地吼道：“你手怎么那么快，你自己过来修！”这时，我才发现气氛不对头。回头看加加，像个鸵鸟一样把头埋在沙发垫子下面，趴在那里一动不动。不用问，肯定又干坏事儿了。就两分钟的时间都能搞变天，真是服了他。

从爸爸气呼呼的汇报中，我终于明白是怎么回事。原来爸爸要给煤气灶换电池，加加很好奇，要过来一起搞。结果手太快，爸爸还没来得及实施合作计划他已经把跟电池负极相连的弹簧给揪掉了，自然少不了挨一顿批评。幸好，努力了半天，爸爸终于把电池装了进去。不然，眼看着要做中午饭了，又要去吃快餐。

我走到沙发旁边，拍了拍加加的屁股，把他头上的沙发垫子拿开。他不情愿地起了身，一脸晦气地小声说：“妈妈，我要跟你谈话！”于是，我拉着他走进了卧室，关上门，开始谈话。

我又详细问了他一遍事情的始末，证明爸爸所讲完全属实。他也觉得自己这次确实太冒失，犯了不该犯的错，任凭我怎么教育，只是像小鸡啄米一样不停地点头，没做一声反驳。鉴于本次认罪态度良好，最后，我决定不做其他惩罚，只“奖励”一个花生米以示警醒，告诉他不光要学会控制情绪，也要学会控制手脚，做事不能冒冒失失。

谈完话，他出去主动拿了个花生米放在了自己的罐子里（代表一次惩罚），人也比刚才轻松了许多。再加上爸爸的气也消了，刚才的那团乌云很快消散。没过两分钟，两人又行贴面礼去了。

“谈话”制度其实在我们家已经实施很久了。最初是因为加加小时候有时会无理取闹，然后就会被爸爸大声训斥，他就吓得站在那里一动不敢动。这时他的样子真的很让人心疼，于是我会默默地把他带离现场，拉到卧室关上门，跟他谈谈话，讲讲道理什么的，好让大家都冷静一下。

后来慢慢长大了，越来越调皮，谈话都快变成家常便饭了。比如在幼儿园被老师留堂告状以后，回到家第一件事就是关在卧室里谈话。谈完了话，问题解决了，才出来吃饭。还有，在外面玩儿的时候，他有时会嗨到无法无天，多次提醒都没有效果，我们会就地找个不受打扰的地方马上谈话，如果还不行，那么回到家肯定会再谈一次。

渐渐地，他开始主动要求谈话。有时干了坏事儿，光看看爸爸生气的脸就已经把他吓得魂飞魄散屁滚尿流了，他就赶紧把我拉进卧室，要我批评教育他，总好过在外面接受狂风暴雨的摧残。有时连我也被气得不想理他，他就会苦苦哀求我去跟他谈话。因为他觉得，不谈话就代表不肯原谅他。

虽然并不是每次谈话都会有完美的效果，我也不能期待他每次都痛哭流涕地承认错误然后改邪归正，但我们还是坚持了下来。因为，我觉得，至少在现阶段，“谈话”的好处还是很多的。**首先，“谈话”可以减少我和爸爸大发雷霆的机会，让我们也学学控制情绪，在最生气的关头冷静下来，从而减少家庭不和谐因素。其次，“谈话”也让我避免成为一个唠里唠叨的妈妈。**因为谈话已经把事情一次性讲清楚了，谈完话之后，出了卧室门，这件事就算过去了，有没有效果以后再说，不会再接着唠叨他。**最后，“谈话”对加加来说也是一个很好的减压方法。**每次做错事的时候，他其实心里很害怕而且已经有愧疚之感，再劈头盖脸地吼他一顿，他的心理压力会更大，想承认错误都不知道该怎么表达了。“谈话”可以让他自己也冷静一下，把想说的话说出来，心里就舒服多了。

写了那么多，简直把“谈话”奉为教子圣经了。但是，如果在操作过程中不注意细节和要点，“教子圣经”就会变成“神经教子”了。从以往的失败中，我总结了以下两点教训：

1. 严格控制“谈话”时间。对加加来说，超过十分钟就开始变成了煎熬，跟他说话也会变得前言不搭后语，他的注意力也会转移到其他地方去了。所以，应速战速决。

2. 注意讲话方式。不管是声音大声音小，是厉声还是轻语，一定要注意的是同一句话或者同样意思的话尽量不要重复超过三遍。不然他很快就不耐烦了，觉得“这么简单的道理你说一遍我就记住了”或者“要我保证几次你才会相信我啊”？

虽然一“谈话”就说明加加又干什么坏事儿了，但我还是很喜欢的。等到哪天他真的连“谈话”都懒得跟我谈，那可真是麻烦大了。不过，我会努力不让那种事情发生在我们家。

当孩子问我什么是“竞争”

经常去吃饭的那家快餐店旁边又开了一家类似的店，抢走了不少生意。儿子放学回来说，中午和爸爸去那里吃饭人很少，因为旁边那家店在和它竞争呢！

他说话时眉飞色舞的样子，好像在讲一件很不同寻常的事。

我想了一下，大概明白了为什么，于是问他：“竞争是什么意思？”

他说：“不知道，我听爸爸说的。你说竞争是啥意思啊？”

果然不出所料，他之所以眉飞色舞只是因为又学到了一个新鲜的词，逮到了机会卖弄一番而已。

可是，听到他的问题，我却有点儿卡壳了，竞争是什么呢？这么一个熟悉得不能再熟悉的词却一时间让我没了主意，最后只好没有任何技术含量地解释说：“就是他们两家比谁家做的饭好吃！”

事后，我一遍一遍地琢磨“竞争”这两个字，试图找到一个一针见血通俗易懂而又便于实际操作的方法为儿子解惑，可是自己却越想越糊涂，原因有二：一是不知为何，说到“竞争”二字我脑子里能想到的尽是些钩心斗角拼得你死我活争抢利益的狗血画面，一时间竟怀疑是不是自己心理太阴暗；二是基于我对“竞争”的片面理解，我从来都是对此敬而远之避之不及的，缺乏实战经验（哦，除了找工作时经历的两场面试）。而且，我现在这份大学老师的工作，只要不把评职称当回事，认认真真做好自己该做的事，好像也没什么需要竞争的。

于是，越想下去我越觉得，不参加竞争不也挺好的吗？为什么一定要去竞争呢？可是，如果给儿子灌输这种思想，我又觉得不是那么妥当。现代教育中，培养孩子的“竞争意识”是一个经常被提及的理念，我可没有十足的底气反其道而行之。可是，这个时候我却又猛然发现，“竞争意识”这四个字我没有一个不认识，而合在一起却搞不懂是什么意思了。

就在我困惑之际，发生了这样一件事。儿子学校开运动会，他报名参加接力赛。而报名这一项的同学过多，需要淘汰几个。于是，除了那些有绝对优势的，剩下几个不相上下的，包括儿子在内，被要求赛跑，末位淘汰。最终，儿子和另一个同学出局，没能参加这一项目的比赛。

那天，儿子回家跟我说了这件事，我一边对他表示安慰，一边想，这难道不就是竞争吗？原来它离我们的生活这么近，我怎么就没看见呢？可是，就在我恍然大悟之后打算以此来跟儿子解释什么是竞争的时候，问题又出现了。

首先，跑得快不快本身就跟基因有紧密的关系，不是光靠努力就能强求的；其次，如果不是有绝对优势可以凌驾于竞争之上的话，就只能承受竞争残酷的碾压，那干吗不避开而非要搞得自己不开心呢？

于是，这样想着，本来以为自己终于拨云见日，却又一下子坠入更加混乱的迷雾，继续糊涂，直到看了这样一本书，书名叫《从 0 到 1》。

这本书是关于企业管理的，主要讲了初创公司的成功之道，作者是被称作硅谷创投教父的 PayPal 创始人彼得·蒂尔。去年这本书出现在各大读书公号的榜单中，超级畅销。而我对商业一无所知，怕看也看不懂，一直没敢入手。直到最近，终于无法抵制好奇心的强大驱使，买了一本回来。

本来是想假装一下高大上，没想到读完获益匪浅，还澄清了那个关于“竞争”的疑惑。

这本书的第四章标题就叫作竞争意识。作者认为，竞争这种观念“在整个社会中蔓延，扭曲了我们的思想。尽管竞争越来越激烈，我们实际获得的却越来越少，我们把自己困在了竞争中”。

这种现象不光存在于商业社会，也同样体现在教育领域。比如一开始提到的那两家快餐店，比邻而开，却卖着同质化的东西，看似在比谁家更胜一筹，实际上对于整个社会和未来而言没有什么价值，而最终顾客的分流可能会导致两家一起关门大吉。而在教育中也是如此，学生被学校创造成了同质化的产品，智力程度不相上下，他们也会一路从学校竞争到职场，苦苦挣扎，无法脱身。

因此，作者说，企业失败的原因是“它们都无法逃脱竞争”，而成功的企业都是创新型垄断的。放在教育上就是，**与其成为一个各方面都懂一些的“全能人才”，不如“选择一件最该做的事，并专心去做好这一件事”。**

作者还提道，“与其不知疲倦地工作，最终却只把自己变得毫无特色，不如努力培养实力，以求独霸一方”，因为没有特色的努力只能达到从 1 到 *n* 的变化，而独霸一方才是实现了从 0 到 1 的跨越。

读这本书的时候，我想起老公很久以前跟我说过的话。他说，他很讨厌跟别人挤到一块地里去刨红薯，尽管这说明这块地里红薯又多又好，但如果大家都在这块地里刨，他一定另选一块地，尽管不那么好，但动动脑子努努力，他也会刨到最大最好的红薯。当时，我虽然听得懂，但并不十分感同身受。而现在，我终于明白，这就是彼得·蒂尔所说的避免竞争。

同为大学老师，我和老公基本都不受评职称的困扰，但原因大相径庭。我呢，如前所述，是不把评职称当成一回事，听起来好像很清高，而实际原因是在这块地里刨红薯，我实在是抢不过别人。即便我可以很努力，但并不享受那种只是从 1 到 n 的变化，比如论文从 1 篇积累到了 10 篇，但大都雷同，没有独特见解。然而老公是那种已经在另外一块地里刨到了大红薯的人，他评职称的时候，无人够格跟他竞争，看着其他人争得腥风血雨，他可以在旁边笑傲江湖。

如果我们每个大学老师都是一个初创企业的话，那么像老公这种就是实现了创新型垄断的，而我们剩下这些争得再欢，对未来社会却贡献寥寥，逃脱不了失败的宿命。

所以，什么是竞争，还有什么好解释的呢？

我想，每个行业里都会存在那么一批精英，他们之所以成功，就是因为避开了让人分心又费力的竞争，可以专心探索新的秘密，实现从 0 到 1 的突破，这不光对个人，对整个社会和未来也是极有价值的事情。

这样跟儿子解释他肯定听不懂，但是，这给我的育儿教养指出了一个崭新的方向。虽然万事难以预测，但我也是相当激动地打算一步一步开展工作了。

作为一个经常被老师告状的妈妈……

昨天，一位朋友一连给我发了四条信息，说是被老师面谈了，老师当面跟她讲了一些孩子的问题，而她自己又有不同的看法，所以想探讨一下。

具体的问题在这里就不多说了，我想说的是她发给我的第一条信息，是这样的：亲，你经常被老师找，想向你请教个事。

当时，我一看到这条就乐了，心想，原来我这丢人现眼的经历居然还能派上这用场，值了！

于是，为了发挥更大的价值，今天我就来谈一谈被老师告状时的一些体验和感想吧。

从儿子上幼儿园到现在，我经历了大大小小跟老师的面谈，且全都不是我主动发起的。所以，每次对话的主导者都不是我，而是老师。在这种情况下，我所能做的就是多听少说，当然，内心是极度紧张的，表情也是相当尴尬的。

可是，即便是因为紧张而造成一定程度的头脑混乱，也要努力把老师的话听清、听懂。因为老师如果肯花时间跟你面谈，起码说明她是负责任的，她的话是有一定道理的。到底有几分道理，不用当面去争辩，只需在谈话结束的时候对老师的提醒表示感谢，表明自己会好好解决问题的态度，然后，回到家，真正重要的考验从这里才算开始。

可能会有家长因为此事觉得丢脸而会直接对孩子大发雷霆，也有可能会因为护子心切，觉得老师的话失之偏颇而大肆表达对老师的不满，我们当然知道这两种做法都是不妥当的，努力避免就是。那么，到底怎样才能心平气和地把这件事化解呢？

一般来说，我会先让儿子发表一下意见。

我跟他说，老师说你这样这样了，我想听你说一说，你觉得自己有没有这样这样。说话时，要避免逼供的语气，作为当事人，让他讲话也是他的权利。**这样的话，他会讲出更多细节的东西，可以拿来跟老师做出的相对笼统的评价做比对，然后再做出自己的判断。**

比如说，我儿子被老师告状做课间操不认真。如果只是吼吼他“以后给我认真点”，批评一顿了事，估计也起不到什么作用。而如果让他讲，他慢慢就会讲出来哪一天哪一次做课间操具体发生了什么事，你会发现有时候是因为别人对他捣乱，当然也有时候是他故意捣乱。这时你再告诉他不同的情况应该怎样处理才能少挨老师的批评，比一个“认真点”好理解、好操作多了。

然后，**听他讲还有一个好处，就是可以让你更加恰当地判断事情的严重程度。**被老师面谈通常会让人产生很大的心理负担，尤其当老师的话语里出现一些对行为品性的评价的时候，那一刻总会不由自主地想，孩子肯定出了大问题，相当焦虑。

记得儿子上幼儿园的时候有一次被老师告状，说他总是把分给他玩的一种形状像雪花片一样的塑料可拼装的玩具撒得满地都是，一点儿不爱护公物。回到家我问他为什么这么不爱护大家的玩具，他说，他只是想换一种玩法，教室的地板很光滑，把塑料片撒在地上，可以滑来滑去地玩。如果不听他讲，怎么会知道这些呢？而了解了这些，内心的焦虑一下子就释然了，然后再跟他解释一下爱护公物是什么意思，嘱咐他在地上玩完之后一定要收拾好就行了。

最后，让他发言还有一个最大的好处，那就是虽然他被告状了无数次，他从来没有因此失掉自信，因为他觉得我没有只是听信老师的一家之言，或者是站在老师那一边一起打击他。

其实，相对于老师的评价，孩子更介意父母对他的看法。你对他的喜欢或是嫌恶，希望或是失望，放弃或是支持，他都会第一时间感受到并对他产生很大的影响。所以，尽管问题的对象只有他一个人，也要做到对事不对人，只讨论行为的对错和纠正，不扣其他有关人品的帽子，不伤害他的感情。

看似这么平和而又耐心的谈话结束了以后，如果你以为问题就马上一劳永逸地解决了的话，那就大错特错了。若真能达到这个效果，我也不会经常被老师告状了。想要他被教训一次就可以痛哭流涕地深刻反省然后永不再犯，那简直是白日梦。

他的成长就是在这种不断的试错中完成的，所以犯错的机会还是要留给他。而在这种反复解决问题的过程中，他慢慢了解了我的想法，了解了我为人处世的原则，明白了做人做事的界限，也会慢慢对周围的事形成自己的判断和看法。

最后，还有一个问题，也就是一开始提到的那位妈妈说跟老师的看法不一致的问题。不像上一辈人，新一代的爸爸妈妈大都接受了良好的教育，学习能力强，各种信息资源也很丰富，知识理念更新很快，所以，有时会跟老师产生不同的看法，被老师告状会觉得很不服气。

我的看法是，**有分歧不用过分夸大，更不用在孩子面前挑老师毛病。其实，在跟孩子一起解决问题的过程中，你已经在实施自己的教养理念，你真正的目的是自己的孩子，而不是要和老师一争高下。所以在你付出真心的过程中，所有的分歧与不和就自动泯灭了，根本不重要。**

作为一个经常被告状的家长，我还能啰里啰唆谈这么多经验，可见我已经百炼成钢，早就不关心脸皮的事儿了。

说的都是些“正确的废话”，希望你不会用到。

该站在谁的角度考虑问题

一直以来，我坚持记录分享自己家育儿的一些观点和方法，也会遇到持有不同观点的读者，他们会提醒我：不要老是站在家长的角度考虑问题，你这么做，你儿子是怎么想的，你也让他说说自己的想法。

我非常理解这句话的意思。因为我是个老师，每个学期都要接受学生的评价，不管我用什么自以为完美的方法上课，如果大多数学生的评价是负面的，我就根本没有为自己辩解的余地。

育儿也是一样，我把自己的想法用在了儿子身上，他对这方法的好坏是最有发言权的。如果他不满意，他受了伤害，我说什么都没有用了。

但是两者又不完全相同。

因为儿子只有一个，我要一直教下去，曾经对他做过什么，也不是能用阿 Q 精神自我安慰一下就能随便抹掉的。更重要的是，儿子的评价将会影响我整个人生啊。

所以，我比谁都在意他的想法。以至于每天去检查他的作业之前，我都会很委屈地向老公诉苦说：“总是让我负责检查他的作业，他以后肯定会不喜欢我的！”听起来像是开玩笑，但其实我是认真的。

记得曾经有段时间，儿子总是要喝可乐、雪碧之类的软饮料。之前偶尔喝一次的话，觉得无所谓基本都满足他了。可是每天路过便利店就闹着要买，我也是不胜其烦。有时候，我跟他说，昨天不是喝了吗，今天不准喝。他会气得大叫，好吧好吧。然后跟我闹一路别扭。有时候，想了想就算了，天天因为这个闹别扭也着实没有意思，那今天就满足他一下吧，于是说，买去吧！可他依然生气，嘟着嘴狠狠地说，好吧好吧，不喝了，不买了！然后还跟我闹一路别扭。我说我都让你买了，他说其实你心里根本就不愿意。

于是，我内心凌乱了，我怎么做都不落好，这可如何是好啊。一天晚上，我们俩就因为这事吵了起来，两个人都很有意见，他觉得我即便同意给他买也不是真心的，而我觉得我怎么做他都不满意，可能真正的问题不只是喝不喝饮料，我到底是哪里做错了？

我以为老公肯定会把儿子教训一顿，叫他没事儿少喝那些饮料，可是没想到的是，那次受批评的是我。他跟我说，你让他喝他就喝，你不让他喝他就不准喝，这么简单的事你想那么多干吗？过度反思！

那一刻，我突然意识到，我确实因为太在意儿子的想法而变得被他牵着鼻子走，因而无法做出合理的判断，也失去掌控力了。

就像给学生上课，照顾到学生的兴趣很重要，可是一旦凡事以此为主，课就没法上了。作为一个老师，我必须要有掌控课堂的决断力，在尊重他们兴趣的同时更要有能力决定哪些内容对他们来讲是真正有益的。我要做一个老师认为老师该做的事，而不总是学生认为老师该做的事。

对儿子也是如此，我揣摩他的心思，尊重他的想法，从他的立场出发去考虑问题。可是，作为妈妈，我还必须有能力判断哪些对他好那些对他不好，必须去做一个妈妈认为自己该做的事，而不是事事受他的牵制。

想清楚了这一点，心情一下放松了很多。

我不由得想起了自己的小时候。

我虽然是个“别人家的孩子”，可在家里也并不是乖得像天使一样。我想要的衣服老妈不给买，我闹别扭；我想要的鞋老妈不给买，我闹别扭；我还曾经把对老妈的气撒在妹妹身上而把老妈气哭。而且每一次老妈不顺我的意我都会气得咬牙切齿甚至想要离家出走，心想，怎么会有个这样的妈妈。

可是，刚进大学的时候，有同学问我，你肯定是来自老师的家庭吧。我很奇怪，问她怎么这也能看出来。她说觉得我很有教养，就猜到我们家应该有人是做老师的。没错，我妈妈是中学老师。

那一刻，我说不出自己是什么心情。然后，我写了平生第一封长信给爸妈，感谢他们对我的教育能够让我得到这样的评价。我好像一下子什么都理解了，我们之间吵过的架闹过的别扭，也随之灰飞烟灭。

我跟儿子也不时地在闹别扭，我知道他有时也会对我恨之入骨。

有一次他的数学老师告状说他上课不好好听讲，练习全做错了。我狠狠地教训了他一顿，然后把知识点重新给他讲了一遍让他把练习重做。过了十几分钟我去检查，发现他一个字没写，反而在纸上画了幅画，画上有我，有他，从他的眼睛里飞出好多小刀冲着我丢过来。我一看就明白了。我说，你在这发泄情绪呢，发泄完了吗，发泄完了赶紧干正事，说完出去了。又过了十几分钟，我又进来，打算打开电脑干自己的活。可谁知一打开桌上台灯，就看见我的电脑屏幕上的灰尘中显现出了三个字：打死妈！把我气得差点儿吐血了。

我虽然期望儿子也会像我一样长大之后就能有新的理解、新的认识，可是这个结果是不好预测的，我只能尽自己最大的努力去把握。**我也会纠结，生怕哪次没做好就造成了无法扭转的恶果。可是，我是家长，很多情况下，也必须站在家长的角度去考虑问题。这是责任，但是这不代表不尊**

重孩子的想法。

我曾经问过儿子对我和老公的评价。

对于我，他说："你总是说了我没有用之后就打我。"

不去探讨为啥"说了没有用"的问题，我承认我气急败坏的时候有时会忍不住打他的肩膀一下。我说："这个，我道歉，对不起。"

他接着说："不过你也挺可爱的。"

我说："是吗，我哪里可爱了？"

他说："你成天傻呆呆的，也不知道脑子里在想啥！"

这是他曾经描述他们班一个智力有问题的同学的话，如今用在了我身上了。

我说："那爸爸呢？"

他说："爸爸批评我的时候，我就在心里狠狠骂。"

我问："骂什么？"

他说："我在心里说，我就这样，我就这样，看你怎么办！"

我说："那你还喜欢他？"

他说："他不批评我的时候还是很好的呀！"

我说："那你觉得他到底是好还是不好啊？"

他说："他啊，他心理年龄太小……"

如此看来，现在去纠结将来他会不会庆幸有我们这样的父母也是太多虑了。我和他爸目前亟需解决的是智商问题啊！

“中产焦虑”焦虑啥

多年前，“中产阶级”对我来说是个感觉很遥远的词，对这个词的理解全部来自国外电影：有房有车，有两个孩子，还有一条狗。这画面总会给人一种幸福、宽裕而悠闲的印象。

而随着“中产”一词越来越多地出现在国内的媒体上，先前的那种印象几乎已经荡然无存。因为，很多时候“中产”的后面还会跟着另外一个词，“焦虑”。“中产焦虑”，似乎已经成了当前时代的符号，但却完全模糊了我对“中产”的理解。

所以，当看到这样一本书的介绍说，作者描写了日本“典型中产阶级的焦虑”，我毫不犹豫地买了下来。然而，本着释疑解惑的初衷去读，读完却五味杂陈。这本书就是日本著名作家林真理子的《平民之宴》。

小说中所谓典型的中产家庭是福原一家。爸爸福原健治毕业于名校早稻田大学，在一家公司做到了部长的级别；妈妈由美子毕业于一般的地方本科，工作过一段时间，婚后成为家庭主妇；女儿可奈长相漂亮，努力考上了一所很多千金小姐就读的女子大学；儿子翔外表帅气性格温和，考上了一所不错的初高中直升学校，如果一直保持好成绩，就会顺利升入早稻田大学或者庆应大学这类名校，前途无量。

这样的家庭，除了少了一条狗，和我之前从西方电影中得到的对于中产家庭的印象基本上是吻合的。

但是，这只是一个很浅层的描述。事实上，故事一开头就偏离了一个“正常”的中产家庭应该有的面貌和走向，在妈妈由美子极度压抑和焦虑的口气中，我们了解到一件让人吃惊的事情，被寄予厚望的儿子翔竟然在高中时退学了，如今离家出走，成了一名打工仔。这成了由美子心中无法拔除的一根老刺，也设置了一个悬念，让我迫不及待想要知道翔退学的原因。

然而作者并不急着解释这一问题，而是继续不紧不慢描述着一家人在这种现状之下的日常。妈妈由美子继续不遗余力使尽浑身解数劝说翔回来复读参加高考，好走上确保他一生衣食无忧的光明大道；女儿可奈参加一个又一个联谊会，从中筛选将来能够让她自由出入高档百货公司的精英；爸爸健治对儿子的事情束手无策，在由美子眼中也成了不思进取的中年男子形象；翔在一家漫画咖啡店打工，通过网络游戏认识了一个喜欢的女孩，并在二十岁的年纪决定跟这个名叫宫城珠绪来自偏远的小岛的打工女孩结婚。

珠绪的出现，极大地刺激了福原一家的神经，因为他们从没想到会跟宫城家这样的阶层发生任何联系。于是，故事因为两个阶层的碰撞而矛盾重重，冲突不断。

当我想用精彩来形容时，却想到更加精彩的不是小说，而是现实。**那些不和没有英文名的孩子交朋友的鄙视链，那些假期旅游目的地的鄙视链，那些不准其他孩子上自己居住的高端小区的幼儿园的家长，那些层出不穷的社会话题，让“阶层”这个词越发现实和冷冰冰。**

我想起有一次同事间闲聊，又说起孩子升学的问题。

当说到现在在广州考上高中比考大学还难时，我说：“我儿子要真考不上高中，那就……”

还没说完，就被一个同事打断说：“就送他出国对吧！”

我愣了一下，然后说完了后面的话：“不是，我觉得考不上高中就上职业高中。”

“啥？职业高中？”同事简直像看外星人一样地瞪着我。

而我一时间竟莫名其妙起来：这有什么不对吗？怎么好像根本不在人家的考虑范围内呢？

还有一次，去朋友家聚餐，也是聊着聊着就聊到了孩子身上。

老公说起我儿子对地铁特别着迷，对广州地铁各条线路了如指掌，周末有空就出门坐地铁瞎晃悠，下车的时候总要站在车头附近跟司机打招呼，还说自己想当地铁司机。

我接着说，我一直不明白要上什么学校毕业了才能当地铁司机。

老公说，我都查过了，广州有个某某学校是专门培养地铁司机的。

我说，是吗，这你都查过了，学校在哪儿啊，怎么样啊……

然后我们俩你一言我一语越说越兴奋。

这时，朋友笑着说，看你们俩，还当真了！

那一刻，我又有些转不过弯了，这件事，难道不可以当真吗？

不管是职业高中还是地铁司机，之前我只是觉得别人不接受大概只是因为这看上去不是那么光鲜亮丽。而在读完了这本小说以后，我才理解，真正的原因是接受不了孩子跌进自己眼中的所谓下层阶级，因为阶层不是一个人的事，而是关乎一个家族的江湖地位。就像小说中的妈妈由美子，其实焦虑的是整个家庭被高中退学的儿子拖下中产阶层的神坛。这，就是中产阶层最根本的焦虑吧！

至于一开始想要知道翔退学的原因的急迫心情，在读小说的过程中，越往后读反而越淡忘，因为整个人都不由自主陷入福原家的泥沼里，被由美子带入了那种将要家道败落的恐慌。

而在整个故事将要结束的时候，作者毫不刻意地将翔退学的原因引了出来，居然是被小学时因为要考上好中学而到处上补习班的经历伤到了，上了中学之后，厌倦了学习也害怕身边那些拼命努力的人。这原因让我觉得有些不可思议、有些荒诞，但却完全没有力气去推翻它的真实性。

而引出翔的这段坦白的人正是珠绪，这个遭遇了由美子的鄙视之后因不服气而拼命复习考上了医科大学的下层女孩，狠狠碾压了由美子“中产”的傲慢。

故事末尾，由美子对儿子已然绝望。但是女儿可奈的孩子，也就是她的外孙，让她的眼里重新闪耀出光芒，成了她誓要保住中产地位的新希望。

我不禁想问，中产，难道像王位一样要继承？

家长社交恐惧症

小学的期末考还没开始，家长们已经摩拳擦掌在计划考完试以后的疯狂了。昨晚，在加加他们班的家长 QQ 群里，一个妈妈提议考完试的当天晚上，大家一起到周边的某个度假农庄庆祝一下，立马得到了热烈的响应。于是，制订计划的，报名参加的，负责组织的，一系列工作迅速展开，刷屏刷到爆。我手拿一本书躺在沙发上，旁边的手机不停地震动着，搞得我一时间心神不宁。像这样家长们自发组织的活动已经有过很多次，而我们很少参加，因为我患上家长社交恐惧症了。

说起家长社交，应该是从儿子上幼儿园的时候开始的。刚一入园，马上就有了家长QQ群。不好意思地说一下，我就是从那个时候才有了QQ号，名字是加加妈妈，一目了然地明确了我家长的身份。本来建群的目的是及时收到老师的通知或者对孩子表现的反馈，可是，很快我就发现一件让我有点儿吃惊的事。群里整天热闹非凡，孩子咳嗽去哪个医院看哪个医生啊，少年宫几月几日要开始排队报名啊，随便抛出个什么话题，都会引来大家七嘴八舌热烈的讨论。我有种错觉，好像除了我以外，那些爸爸妈妈都是多年的老熟人。

于是，我开始意识到，我的社交又多了一个圈子——家长圈。这个圈子，有着属于自己的话题。我开始努力融入其中。

接孩子放学的时候，我也会和其他妈妈打招呼，站在一起闲聊。说是闲聊，其实我主要是负责听，因为聊天的话题主要是关于兴趣班，我确实没有什么经验分享。在这方面，每个妈妈一张嘴，就能让我自惭形秽。哪个地方教书法的老师特别好，哪个地方的画画老师特别棒，或者孩子应该学点儿音乐，孩子必须学会游泳，等等。我经常消化不了这么海量的信息。不过，也有例外的时候。记得有一次，我刚到学校门口，就看到儿子他们班的几个妈妈围成一圈在聊着什么，于是，也走了过去加入其中。只听一个妈妈一脸严肃地说："……章子怡啊，还有好几个明星都住这里。"其他几个妈妈也一脸严肃地边点头边说："哦……是吗？"我突然脑子短路了一般问了那个妈妈一句："什么，章子怡住你们那栋楼啊？"她的目光"唰"地转向我，仍然很严肃地说："不是，是在北京啦！"我一下有种长知识的感觉："哦，原来章子怡住在北京啊！"就是啊，那个妈妈跟我住一个小区，章子怡怎么可能住我们小区呢？回过神来，我决定以后还是只听不说比较好！

升入了小学，孩子很大一部分还是那帮孩子，家长也还是那帮家长。我也跟其中几个算是比较熟了。有人喜欢一见面就说，我们家 ××× 这次表演又是领舞，老师说她跳得特别好；或者，我们家 ××× 讲故事比赛得了第一名，她的动作全是现场发挥的，特别自然。有人喜欢一见面就说，我们家那个写个作业拖拖拉拉，烦死人了；或者，我们家那个整天不好好吃饭，又挑食吃得又慢，没你们加加那么壮。我对此或表示羡慕祝贺或表示同情宽慰，然后就没词儿了，因为我们家儿子没什么成绩可炫耀，而且我也真心不想把他的所谓毛病放大然后扩散到全世界都知道。

如果光是这样拉拉家常还好，可是有一件事让我感到，我再怎么努力，其实跟她们还是无法待在一个圈子。有一天，在学校门口碰见两个比较熟的妈妈。两人一见我就激动地走过来说："我们打听到了一个特别好的奥数老师，准备等一下放了学直接去拜访一下，一起去吧！"我的头"嗡"的一下。奥数？这不是才上小学吗？有奥数什么事儿啊？我有点儿受惊吓，支支吾吾了半天，心虚地说："今天还有别的事儿，去不了了！"说完以后，特别不好意思，人家把这么高端的信息分享给我，我还拒绝，她们不会嫌我不领情吧！看着她们过了一会儿就带着孩子去找奥数老师了，我只能自叹不如，跟不上她们的步伐！

所以，虽然名字一直在圈内，可我总觉得自己是个圈外人。但是即便如此，在必须出现的社交场合，我自认为谈吐还是很得体的，不是我自夸，其实我属于情商又高性格又开朗的。比如，家长会的时候，我也会很自然地跟其他家长打打招呼聊聊天气之类的。有一次，有个妈妈跟我说，我儿子说经常跟你们加加一起玩。我马上热情地回应说，是啊是啊，我儿子也经常提到你儿子呢，说他们两个是最好的朋友。就这样一句接一句地聊了一会儿，感觉关系因为孩子而变得很融洽。突然，那个妈妈凑到我耳朵边，神情严肃地说："你儿子都提到我儿子什么了，有没有说上课不专心之类的？"我一下子有点儿反应不过来，吞吞吐吐地说："啊，啊，没有，就是说两人在一起玩啊！"说完以后，还觉得自己像是个卧底在传递情报，结果还没能提供什么有价值的干货，逊毙了！

于是，我跟别的家长的聊天也就止于聊聊天气了，这样的话，去参加他们组织的活动还有什么意思呀。可能你会说，这样的活动孩子肯定很喜欢。现在的独生子女都很孤独，多创造点儿这样的机会，孩子们多开心啊！要这样说的话，我马上就要钻到地洞里去了。我也知道孩子们会很喜欢这样的活动，可是为了让他开心，我就要对那么多不那么熟悉的人不停地展现笑容，展现一个好妈妈应有的耐心和育儿技巧，甚至如果两口子一起参加的话，还要全方位地秀恩爱（某次参加完活动的切身体会），原谅我，“臣妾”真的做不到啊！

所以，我只好悲痛地承认自己是有性格缺陷的。只有这样才能安心地说服自己：**孩子是孩子我是我，他有他的社交我有我的社交，没必要总是搅和到一块儿吧！**

“假装”好妈妈

昨天上了一天课，下班回来做晚饭，等到吃完饭，我已经累得不想动了。这时，儿子说有两道题不会，要我讲。

我责无旁贷，耐心给他讲起来。可是，他却心不在焉，还嫌我啰唆，只想赶紧让我给个答案，他好快点儿完成了作业去玩。讲了一遍没听懂，我一边唠叨他让他认真点一边重新讲。他继续跟我对抗，我继续耐着性子讲。终于讲完做完，他还颇为不顺心的样子鼻孔使劲喷气，我强压着火没跟他干上一仗。

不过，这件事很快就告一段落，我的一时之气也慢慢消退。然而就在我暗自庆幸自己成功控制住了情绪没有发脾气的时候，洗完碗的老公登场了。他说我们刚才的事他都听得一清二楚，怒气冲冲地把儿子训了一顿，狠狠批评了他的学习态度，吼得简直窗户都快被震碎了，儿子也瞬间由老虎变成了猫，不敢嚣张。

那一刻，我突然愤怒了。

我愤怒倒不是因为他批评了儿子，该批评还是得批评，而是因为看他吼得那么畅快淋漓的样子，我心里一下子不平衡起来。因为，我本来也是很想那样吼的。

没错，刚才在压着火给儿子讲题的时候，脑子里不断闪过一个念头，差点儿就站在他面前，居高临下，双手叉腰，怒目圆睁，手指狠狠点着他的脑门，把他骂个狗血淋头。

事实上，这种念头不止出现过一次两次，但在现实中从未真正上演过。不管多生气，我都努力克制再克制，拼命展现一个好妈妈应有的耐心和温柔，搞定了熊孩子，再自己化解被憋住的那口气。

所以，我很不爽，我很委屈，凭什么我不能发脾气，不能吼，还要假装很有耐心，很温柔！

至此，这个问题已经跟儿子无关，而已经上升到了男女平等的大问题。儿子在书房继续写作业，我把老公拉到客厅评理。

老公听我叽叽歪歪抱怨了一顿，咧着大嘴“呵呵呵呵”了半天，最后说了一句：母亲是个社会角色，你已经扮演得很好！

那一刻，我脑子里好像亮起了一个电灯泡。

人们常常说，人生就像一出戏。如果真的把人生比作一场戏，我们每个人都是戏里的主角。而且，还扮演着多重角色，每一个角色都有不同的剧本参照。

我们常常用演技来定义一个演员的优秀与否。优秀的演员不光会念台词，还要揣摩角色的内心世界，将自己的灵魂和角色合二为一，直到分不清二者的界限，才会呈现出最精彩最打动人心的表演。这就是演技。

为了扮演一个妈妈的角色，我们是不是也需要这种演技呢？**妈妈这个角色是上天赋予的，而演好演不好全靠自己。我们肯定也都希望自己成为好演员、好妈妈，于是会时常参考和借鉴别人的表演经验，结合自己这部戏的情况，综合学习，给自己量身打造一个合适的剧本。**然后不仅要会念台词，同样需要好好揣摩，什么样的行为符合一个妈妈的身份，什么样的对话体现一个妈妈的角色设定，这个动作行不行，那个眼神妥不妥。我们得努力将自己和妈妈这个角色融为一体，不然就会演得不像，不像个妈妈。

所以，在这一点上，我是无法要求男女平等了。因为爸爸和妈妈角色不同。

我克制，我控制情绪，我有耐心，我温柔相对，这是我对妈妈这个角色的理解。我如何才能将此理解带入表演中，全身心投入，不着痕迹地呈现出一个像好妈妈的好妈妈，这才是最高境界吧。看来，继续修炼还是十分必要的事情。

而老公自有他对自己角色的理解。睡觉前，他把儿子叫到跟前，搂在怀里，心平气和又语重心长地总结了一下刚刚吼过的要点，肯定了儿子以往的良好表现，指出了今后发展的目标，大大激励了一番。完了两人又抱又亲，完全不顾我这个亲妈站在一边插不上腿也插不上嘴。我在心里狠狠鄙视：真能演！

人都是无利不起早的动物，做父母也是，我们这么用力地表演是为了什么呢？真正的演员演好了可以挣到很多钱，拿很多奖，得到很多表扬和肯定。**而我们不为名，不为利，只为了一个在阳光下健康成长的好孩子，还有什么名利比这更重要的呢？这才是值得我们用生命去表演的一场戏。**

晚上儿子睡觉了，我又忍不住感慨了一番，我说："他怎么就那么多事儿呢，我小时候什么事儿都没有，可省心了！"

老公乐了，说："你看我现在不是好好的？"

我说："你现在是好好的，你有没有想过当年你奶奶是什么心情？"（他是被奶奶带大的）

他说："小时候不知道，反正我就知道等我长大以后，我奶奶是村里走路腰杆挺得最直的人！"

我不禁笑了起来！对奶奶而言，真像是拿到了奥斯卡奖里最有分量的终身成就奖！

说了不为名不为利，其实我很羡慕奶奶，那个奖，我也很想要！

儿子，你想要什么样的妈妈

有一次，我开玩笑似的问了儿子这样一个问题："你想要一个什么样的妈妈？是一个不用上班天天都可以在家给你做好吃的的妈妈，还是一个天天上班没空给你做饭的妈妈？"儿子考虑了一下，一本正经地回答："我想要一个要上班但是偶尔也可以给我做好吃的的妈妈。"这小子，不是明摆着拍我马屁吗？正要心花怒放，可一瞬间我突然觉得，这个问题好像不是个简单的玩笑。**正如我们总是想着让他成为什么样的孩子一样，他是不是也反过来对于想要我们成为怎样的父母有着自己的看法？**这么一想，竟忽然间产生了些许压力，而且有些不自信起来。他，到底想要一个什么样的妈妈呢？

我想起每次做蒜蓉西蓝花这道菜时，他都会不厌其烦地说"上次春游×××带的就是这样的西蓝花"。那次春游，我给他准备的是自制的寿司和热狗，用保鲜盒装着。而他提到的那个同学是用保温饭盒带的米饭火腿和蒜蓉西蓝花。虽然在一众只带了些干面包和零食的孩子当中，他的伙食已经算可以了，但他只记住了人家热腾腾的米饭和蒜蓉西蓝花。这是不是有点儿像我们做父母的，本来孩子考得不算差，可我们总是牢牢记住了考得更好的孩子的名字，隔不了几天就提一下。

我还想起有一次在外面玩，看到一个小朋友不知犯了什么错，被妈妈当众狠狠骂哭了。回到家，我问他，我是不是从来没有像那个妈妈一样凶过他，谁知，他没有正面回答，而是说："那个妈妈没有动手，你老是动手啊！"我是动过手，所谓动手也只是拍一下或拧一下以示提醒，免得在公众场合嗓门过大。我也承认这是我的坏毛病。可我也有那么多优点他不提，偏偏就把这缺点记住了。

这么看来，其实不管我再怎么努力，也无法成为他心中的完美妈妈，因为参照物实在太多了。这听起来好像有点儿悲观。但是，做妈妈其实就像一场考试，即便已经知道在这场考试中想得100分是不可能了，也不能成为自己懈怠的理由。正因为考不了100分，才会永远都有提升的空间，每天都有进步的动力和希望，这不是更好吗？

所以，儿子，我可能跟你想要的那种妈妈之间永远都会存在着一定的差距，你长大了以后，也可能会跟人抱怨说"唉，我妈就是那么个人"，可是请你不要抹掉我在做妈妈的道路上做过的所有努力。我努力在工作之余用心地给你做好吃的东西，我努力在你犯错的时候克制住自己的脾气，我努力在跟你产生分歧的时候尊重你的选择，我努力松开双手让你自由地去往自己的天地。**我这样的努力并不是因为想着要成为你希望我成为的那种妈妈，而仅仅是因为我爱你！**

不管往世还是来生，我们都会相遇

我一直不喜欢读那些有关转世或者前世今生轮回之类的故事，总觉得很诡异，让人不舒服。所以，东野圭吾的《时生》，之前读了二十页我就撂到一边去了。

书中说一个叫时生的少年得了家族遗传的绝症，很快将离开人世。他的爸爸宫本拓实在儿子临终前向妻子吐露了一个大秘密。他说其实早在二十年前，也就是自己才二十出头的年纪，就已经遇见了时生。那时的时生就是现在这个年纪，跨越了二十年的时间突然出现在了他面前。

当时读到这里的时候，我有些小小的失望。一向推理故事情节设计丝丝入扣又出人预料而且笔锋老辣的东野大叔，怎么也写这种风格的故事呢？这不是极大地削弱了“推理”的乐趣吗？

过了很长时间，我一直找不到重读下去的冲动，直到有朋友给我留言，说我之前写的那篇文章《将来，孩子会因为我们这样的父母而庆幸吗？》让他想起了这本书，遂让我好奇起来。

于是，我尝试着再次捧起了这本书，抱着一种不确定能再往下多读几页的心情，没想到，却一口气读完了。合上书本的时候，还感动得稀里哗啦，泪流满面。

二十出头的宫本拓实是个不折不扣的失败者，没有工作，即便找到了工作也干不长，连吃饭搭车的钱都要时常伸手向女朋友要，苦苦纠结着自己被领养的身世，饱含着对抛弃自己的生母的怨恨，看似愤世嫉俗却又无所事事，直到时生的出现。

拓实不知道时生是谁，只是感到莫名的亲近，虽然对时生的身份充满了疑惑，又甘心把他带在身边。

拓实的女朋友突然失踪，并受到黑道追捕，拓实也受到牵连，开始一步步调查去解开谜团。整个过程充满了悬疑，此处一如既往的东野风格。

但是，悬疑并不是整本书的重点。重点在于整件事中一直跟拓实待在一起的时生。他总是在拓实犯浑的时候当头棒喝，在拓实怯懦的时候给予鼓励，帮助拓实放下了心中对生母的怨恨，帮助拓实看清了自己以及自己的人生，甚至还在最后的紧要关头在马上要出事故的隧道口救下了将要成为自己妈妈的女人一命。

书的最后，又回到了现在的时间。拓实对着已经没有了意识的时生，用尽力气喊出了最要紧的一件事：时生，我在花敷屋等你！

这句话，一下子让我泪崩。因为，花敷屋（注：东京的游乐园）就是二十年前拓实和时生相遇的地方。

故事中还有一个巧妙的设计，就是时生的绝症。拓实和妻子本不打算要小孩，因为他们知道孩子会有很大概率患上这种遗传病。但是，意外的怀孕打破了生活的平静，在纠结和争吵之后他们还是生下了这个孩子，但却没有得到上天的眷顾，孩子得了病。他们不知道自己这么做对孩子是不是公平，把他带到这个世上，却让他遭受了病痛的折磨。

然而，到底是我们把孩子带到了这个世上，还是孩子过来找到了我们呢？时生在二十年前就找到了自己的父亲，并拯救了他的人生，只能说这种缘分是上天注定。

看完了这本书，我看儿子的眼神不知不觉都有了变化。**看着他，我总会不由自主地去想：我们，是不是很久之前也相遇过呢？是不是不管我在哪里，他都会找到我做他的妈妈呢？**

可是儿子对此并不买账，他气呼呼地跟我提意见说：“妈，你不要总是笑眯眯地看着我，还一副总觉得我怎么这么好的表情！”

我笑喷！于是，为了不招人嫌，我只好偷偷去看他的背影，还是这么笑眯眯的，一副总觉得他怎么那么好的表情。

昨天晚上睡觉前，我又故意挠他，把他给惹毛了。

他说：“你把我生出来，就是为了气我吗？”

我说：“这种话好像都是做妈妈的说才对吧！”

他不理，接着自顾自地说：“我要坐时光机去阻止宇宙大爆炸，那时候没有你，也没有我，我们只是两个原子……”（此处尴尬脸，他说的“科学”我一个字也不懂）

我说：“就算我们是两个原子，也会认识对方吧！”

他大喊：“怎么会呢，原子又没有细胞，也没有记忆……”（再次表示不懂）

我打断他：“肯定会认出来的嘛！”

他停了下来，看了看我，然后讲起了原子妈妈和原子儿子相遇在史前世界的故事。

这，才是我想要的嘛。

其实，我不知道该不该用“相信”二字来表达，可我还是相信，不管在哪个空间遇见，我一定会认出他是我的儿子，他也会认出我是他的妈妈。

过来，让我检查一下这周的学习情况。
课文会读吗？字都会不会写？该订正的有没有订正……
单词会写吗？课文给我读两遍！单词一定要牢记，下周我还会提问，记住没……
数学也要跟上。语文、英语学得好，可数学也不要落下，也要复习复习……你觉得自己哪一科最好？
音乐

有个素描的课你要不要去体验一下？
素描？试试也行！
妈妈，素描太好玩了！
是吗？怎么这么喜欢啊？
都不用涂颜色！！！
今天老师讲了达利……
是吗！！
老师说达利是画家、摄影师……从事很多职业……
熏陶熏陶也不错啊！
我猜达利肯定是累死的……
嘭

好好学习 天天向上
你上课在干吗？过来给我罚站！
好好学习 天天向上
刚才讲到……
好好学习 天天向上
坏了……
???
好好学习 天天向上
快把我熏死了！别站这了……
好好学习，天天向上

妈，我今天去办公室找朱老师……
老师不找你就烧高香了，还敢主动送上门……
然后我进去办公室对朱老师叫了一声ei……
你找朱老师干吗去了？
ei……
我是ei吗？
不是，你是BCDEFG……
出——去——!!!
然后我就出去了……
那你到底找朱老师干吗去了？
忘了……

妈,你知道你在怀我之前我在干什么吗?
哈哈,不知道,在干什么?
我和别的小朋友一起排排坐在天上选妈妈。
然后呢?
我好害怕没福气选到你啊,没想到第二天就被送到你肚子里了,好开心啊……
你为什么选我呀……你觉得我哪里好啊……你……
因为我看见你有个爸爸那样的老公……
嘭

明天中午能不能帮我接娃，拜托啦！
没问题
好朋友
阿姨，你明天中午要去接加加吗？
是啊……
……
那你千万不能穿这双系鞋带的鞋……
为什么？？
他那么调皮，万一走着走着你鞋带开了，你蹲下来系鞋带的时候他肯定就跑得没影儿了，你就再也找不到他了……
哈……有道理啊！！
朋友那天真的穿了双不系鞋带的鞋去帮我接的娃♡♡
从小一起长大的好朋友

咱再生个女儿吧？
养女儿太麻烦……
女儿是小棉袄，怎么会麻烦？？
女儿长大了找对象麻烦……
像我这么又高、又帅、有知识、有理想、有责任感、有担当、有耐心、有……的男人还有第二个吗？？
老爸、老妈你们知道吗？我们家走了
运啦！！

妈，咱俩聊会天儿呗！
好啊！你想聊啥？
我觉得你越来越像超人的妈妈了。
超人的妈妈？是说我很厉害吗？很能干吗？很……吗？怎么听都是在夸我啊！总算会说句好话了，嘻嘻……
很老……
超人的妈妈怎么了？
你看你那么多白头发，电影里面超人的妈妈也是满头白发……
还能不能愉快地聊天啦！